KB003204

세상을 바꾸는 데이터저널리즘 with 뉴스타파

탐사보도워크북 1

세상을 바꾸는 데이터저널리즘 with 뉴스타파

쉽게 배워 실전에 바로 쓰는 데이터 활용법

초판 1쇄 발행 2022년 6월 29일

지은이   최윤원, 김강민, 연다혜, 김지연, 김용진
편집·교열   조연우
디자인   최진규

펴낸이   김중배
펴낸곳   도서출판 뉴스타파
출판등록   2020년 8월 24일 제2020-000128호
주소   (04625) 서울시 중구 퇴계로 212-13 뉴스타파함께센터 4층
전화   02-6956-3665
이메일   withnewstapa@newstapa.org

ISBN 979-11-974123-4-9 13070

이 책은 저작권법에 따라 보호받는 저작물이므로
무단 전재와 복제를 금합니다.

책값은 뒤표지에 있습니다. 잘못된 책은 바꾸어 드립니다.

이 책은 뉴스통신진흥자금을 지원받아 저술·출간되었습니다

뉴스통신진흥총서 35

Data Journalism

탐 사 보 도 워 크 북 1

세상을 바꾸는 데이터 저널리즘 with 뉴스타파

쉽게 배워 실전에 바로 쓰는 데이터 활용법

최윤원, 김강민, 연다혜, 김지연, 김용진 지음

도서출판 뉴스타파

CONTENTS

들어가며

"태초에 데이터가 있었다"라는 말이 있습니다. "태초에 말씀이 있었다"라는 요한복음 구절을 패러디한 표현이죠. 하지만 단순한 말장난은 아닙니다. 138억 년 전, 빅뱅으로 우주가 탄생합니다. 무의 상태인 0에서 유의 상태인 1이 됐습니다. 우주, 그리고 천체와 사물의 시작은 바로 데이터 생성으로 이어집니다. 데이터는 그래서 인류 탄생 훨씬 이전, 즉 빅뱅 때부터 존재했다는 사실을 구약성서 표현을 빌려 강조한 겁니다.

이처럼 데이터는 태초부터 삼라만상에 걸쳐 존재했지만 인간이 그것을 수집하고 분석해서 어떤 결과를 찾아낼 능력을 갖추었을 때 비로소 의미와 가치를 지니게 됐죠. 데이터는 컴퓨터 및 디지털 기술과 떼려야 뗄 수 없는 관계입니다. 그렇다고 인류가 컴퓨터 시대에 접어든 이후에야 데이터를 활용한 건 아닙니다. 데이터는 오래전부터 국가를 관리하고 사회를 통제하는 수단 중 하나였습니다. 또한 생명을 살리거나 어떤 현상을 체계적으로 이해하는 데도 큰 도움을 줬습니다.

우리에게 '백의의 천사'로 널리 알려진 플로렌스 나이팅게일은 놀랍게도 데이터저널리즘 분야의 선구자로 평가받기도 합니다. 나이팅게일은 1854년 크림전쟁 당시 야전병원에 근무하면서 영국군이 전투 중에 사망하는 것보다 열악한 환경 때문에 질병으로 사망하는 경우가 훨씬 많다는 것을 목격합니다. 그는 영국군 사망자 데이터를 수집해 원인별로 분석하고 나이팅게일 다이어그램으로 불리는 파이형 차트로 시각화해서 이 문제를 영국 정치권에 알립니다.

https://www.theguardian.com/news/

datablog/2010/aug/13/florence-nightingale-graphics

    비슷한 시기, 영국 런던에는 콜레라가 창궐해 많은 사람이 죽어나갔습니다. 당시까지만 해도 사람들은 콜레라가 공기로 전염된다고 생각했습니다. 이때 존 스노우라는 의사가 런던 지도 위에 콜레라 발생 지역과 사망자 수를 기록하는 방법으로 데이터 분석을 시도했습니다. 그 결과 이 전염병이 하수에 오염된 식수 펌프 시설과 밀접한 관련이 있다는 사실을 발견했습니다. 그의 데이터저널리즘은 콜레라 감염 원인을 밝히고 수많은 생명을 살립니다. 스노우의 데이터 분석과 지도 활용은 매핑mapping의 시초이기도 합니다.

https://www.theguardian.com/news/
datablog/2013/mar/15/john-snow-cholera-map

    위에서 든 두 사례는 모두 170여 년 전 일어난 일입니다. 컴퓨터는 물론 계산기도 없을 때죠. 그럼에도 나이팅게일과 스노우는 꼼꼼한 관찰과 기록을 토대로 데이터 수집, 치밀한 분석, 명료한 시각화를 해 많은 생명을 살리고 세상을 바꿨습니다.

    우리는 이제 셀 수 없을 정도로 다양한 유형의 데이터를 공유하는 시대에 살고 있습니다. 엄청난 규모의 데이터를 돌리는 컴퓨터와 소프트웨어도 쉽게 구할 수 있습니다. 이런 환경에서 우리는 무엇을 할 수 있을까요?

◆ 고위 공직자들은 어느 지역에 주택을 갖고 있고, 가액은 얼마나 될까? 주택 이외 부동산은 어느 지역에 보유하고 있을까? 부동산 이외에는 어떤 재산을 얼마나 갖고 있을까?

◆ 정치인들은 정치후원금을 누구에게 얼마나 받아서, 어디에 어떻게 사용했을까? 내가 사는 지역구 의원은? 대선후보나 시장후보는?

◆ 내가 사는 지역의 지방자치단체장은 시민이 낸 세금으로 업무 추진비를 어디에 얼마나 사용했을까?

◆ 내가 다니는 대학교의 총장은 학생들이 낸 학비에서 나오는 업무추진비를 어디에 얼마나 사용했을까? 혹시 골프장 이용 이나 호텔 회원권 구입에 사용하지는 않았을까?

◆ 가짜 국제학술지나 학술단체에 참여한 한국인 연구자나 교수 는 누구이고 얼마나 될까? 어느 대학 교수가 가장 많이 갔을 까? 고등학생은 없을까? 대학 입학용 스펙을 만들기 위해 약 탈적 학술지를 이용한 장관후보자 자녀는 얼마나 될까?

◆ 국정원 등 정보기관이 대선에서 특정 후보를 지원하고, 특정 후보를 비방하기 위해 소셜미디어로 여론조작을 시도한 케이 스는 얼마나 될까? 어떤 트위터 계정을 얼마나 이용했고, 이 들이 날린 트윗은 몇 건이나 되며 내용은 무엇일까?

◆ 독자를 기만하는 기사형 광고를 가장 많이 출판하는 매체는 어디일까?

◆ 전국에 유해화학물질을 보관하는 공장이나 창고는 얼마나 되 고, 어디에 있을까? 내가 사는 곳에서 가장 가까운 유해화학 물질 저장 시설은 어디일까? 식수원이나 강에 인접한 시설은 얼마나 될까?

◆ 작업장 안전사고 등 산업재해가 가장 많이 발생하는 사업장은 어디일까?

◆ 영국령 버진아일랜드 등 조세도피처에 역외법인을 설립한 한 국인은 누구고 얼마나 될까? 한국 기업은?

위 질문에 해답을 찾을 가장 유력한 수단은 뭘까요? 네, 바로 데이터저널리즘입니다. 데이터저널리즘으로 할 수 있는 일은 무궁무진합니다. 우리를 둘러싼 환경을 제대로 파악하기 위해 데이터를 수집하고 분석하는 과정은 이 책에서 집중적으로 다루는 내용입니다. 대부분 뉴스타파가 진행한 주요 데이터 프로젝트이기도 하죠.

한국탐사저널리즘센터-뉴스타파는 2013년 공식 창립 당시부터 뉴스룸에 데이터저널리즘팀과 데이터저널리즘연구소를 운영해왔습니다. 2016년부터는 데이터저널리즘 저변 확대를 위해 국내 언론사 중에서는 처음으로 데이터저널리즘스쿨을 시작했습니다.

https://djschool.github.io/

2019년부터 보다 많은 사람들이 스쿨을 수강할 수 있도록 강의 시스템을 온라인으로 전환했습니다. 유튜브 기반 영상 강의도 개발했습니다.

이 책『세상을 바꾸는 데이터저널리즘 with 뉴스타파』는 뉴스타파가 지난 7년간 데이터저널리즘스쿨을 쉼 없이 운영하면서 축적한 교육 역량과 취재 경험을 집약해 만든 한국 최초 데이터저널리즘 실무 교본입니다. 책을 보고 따라하기만 하면 데이터저널리즘 개념부터 실전 노하우까지 누구나 쉽게 익힐 수 있도록 설계했습니다.

1장에서는 데이터저널리즘의 역사, 정의, 그리고 이 특별한 장르로 무엇을 어떻게 할 수 있는지, 상상력을 넓혀 나갑니다. 2장은 데이터 검색 방법을 다룹니다. 원하는 자료를 올바로 찾고 출처를 정확하게 확인하는 능력을 기릅니다. 3장은 정보공개청구제도를 활용해 필요한 정보를 받아내는 노하우를 제시합니다. 4장에서는 구글 스프레드시트 IMPORTXML 함수 등을 활용해 웹상에 있는 데이터를 수집하는 방법을 익힙니다.

5장은 수집한 데이터에 오류가 있으면 수정하고, 데이터에 일관성을 부여해 분석하기 쉬운 형태로 변환하는 데이터 정제 과정을 학습합니다. 6장은 정제한 데이터를 다각도로 분석해서 의미 있는 사실이나 패턴을 찾아내는 방법을 다룹니다. 7장에서는 데이터 분석으로 도출한 결과를 명확하고 효과적으로 전달하기 위한 데이터 시각화를 배웁니다. 마지막으로 8장은 스프레드시트나 파이썬 등을 활용해 다양한 데이터 시각화를 직접 실습하고 익히는 과정을 담았습니다.

이 책은 데이터저널리즘을 체계적으로 배우려는 언론 지망생, 현업에서 간단한 데이터 분석과 시각화를 직접 해보려는 언론인, 정부나 지방자치단체, 대기업 등을 정확한 근거로 감시하고자 하는 시민단체 활동가, 빅데이터 시대에 자신의 손으로 데이터를 체계적으로 다루기를 원하는 학생이나 일반 시민 모두에게 가장 쉽고도 깊이 있는 데이터 길잡이가 될 것입니다.

『세상을 바꾸는 데이터저널리즘 with 뉴스타파』는 저자들뿐 아니라 데이터저널리즘을 수행하는 여러 사람의 실전 경험이 녹아든 협업의 산물입니다. 정보공개 파트 집필에는 문준영 님, 데이터 시각화 파트 집필에는 임송이 님이 크게 기여했습니다. 2016년부터 뉴스타파 데이터저널리즘스쿨에 참여한 수많은 수강생의 피드백도 책의 방향과 난이도 설정에 큰 도움이 됐습니다. 뉴스타파함께재단 조연우 님의 꼼꼼한 교정교열과, 수많은 이미지를 효과적으로 디자인한 최진규 님의 수고도 책의 완성도를 높였습니다. 무엇보다 뉴스타파를 든든하게 지원하는 4만 후원회원님이야말로 이 책이 나올수 있게 한 에너지의 원천입니다. 모든 분에게 감사의 말씀을 올립니다.

데이터저널리즘은 정보의 홍수 속, 가짜뉴스와 무분별한 주장이 난무하는 시대에 반박 불가능한 사실을 찾아내는 가장 유용한 수단입니다. 주권자인 국민이 주권을 올바로 행사하기 위해 꼭 필요한 정보를 얻을 가장 유력한 도구입니다. 이 책 1장에서 소개하듯 지난 몇십 년간 세상을 좀 더 나은 방향으로 이끈 탐사저널리즘의 핵심 엔진이기도 했습니다.

또한 데이터저널리즘은 언론에 투명성과 신뢰성을 부여하는 최선의 장치입니다. 데이터저널리즘은 선택이 아닌 필수입니다.

『세상을 바꾸는 데이터저널리즘 with 뉴스타파』와 함께 우리 사회를 이롭게 하는 데이터의 세계에 빠져보시기 바랍니다.

2022년 6월, 충무로에서 저자 일동

이 책을
이렇게 활용하세요

실습에 사용할 데이터와 코드 파일을 다운로드하세요

깃허브에서 다운받기

이 책 실습에 사용할 데이터와 코드 파일을 도서출판 뉴스타파 깃허브에서 다운로드하세요.

도서출판 뉴스타파 깃허브

https://github.com/newstapabook/
datajournalism

2장, 4장, 5장, 6장, 8장 실습에 사용할 데이터와 코드가 각 폴더에 들어있습니다. 파일 포맷은 xlsx, ipynb입니다. 이 책에서 파이썬

프로그램을 실행할 경우 구글 콜라보레토리 Google Colaboratory
에서 새 파일을 만들어 실행하도록 설명했습니다.

유튜브 동영상 강의와 함께하세요

동영상 시청하기

저자들이 이 책의 내용을 바탕으로 만든 영상 강의를 참고해보세
요. 뉴스타파함께재단 유튜브 채널에서 시청하실 수 있습니다.

뉴스타파함께재단 유튜브 채널

https://youtube.com/c/withnewstapa

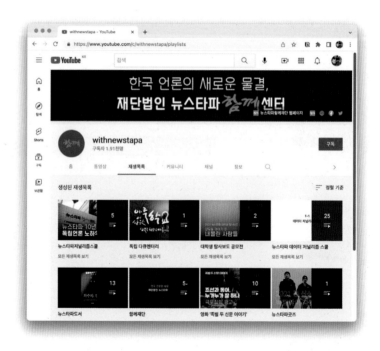

재생목록 '뉴스타파 데이터저널리즘스쿨'에 25개 동영상이 있습
니다. 각 동영상 재생시간은 10분 내외입니다. 실습 예제를 따라할
때 동영상 강의를 함께 보시면 내용을 이해하는 데 도움을 받을 수
있습니다.

LESSON

01

데이터저널리즘이란
무엇인가

1장은 데이터저널리즘의 특징과 정의, 그리고 데이터저널리즘으로 무엇을 어떻게 할 수 있는지 등을 소개합니다. 또 뉴스타파가 지향하는 '데이터저널리즘'은 무엇인지 얘기합니다.

데이터와 저널리즘이 만났을 때

저널리스트들은 오랜 세월 동안 사육사가 던져주는 정
보의 편린을 받아먹으며 사육되는 동물원 안의 동물과
도 같았다. 그러나 좋은 저널리스트들은 원정보Original
Information를 보고 싶어 한다.[1]

미국탐사보도협회IRE, Investigative Reporters and Editors가 펴낸 『컴퓨터
활용 보도-실무가이드Computer-Assisted Reporting-A Practical Guide』 서문
에 나오는 내용입니다. 저널리스트는 사육사가 먹이를 던져주고 기
르는 우리 안의 동물과 마찬가지라는 지적이 뼈아프게 다가옵니다.

기자가 정부기관이나 기업, 연구소, 시민단체의 보도자료에 의존
하거나 검찰 등 수사기관이 슬쩍 찔러주는 한마디에 휘둘리는 건 사
실 어제오늘 일이 아닙니다. 우리나라 언론 신뢰도가 세계 최하위급
이라지만 비단 한국에서만 일어나는 현상도 아니죠.

정보 생산자와 가공자는 자기 입맛에 맞게 정보를 선별해서 조미
료를 뿌리고 당의정을 입혀 언론에 제공합니다. 뉴스 이용자는 이렇
게 유통되는 정보로 짜인 프레임을 통해 세상을 보게 됩니다. 이런
구조에서는 시민이 주권자로서 역할을 제대로 하기 힘듭니다.

공적 가치를 최우선으로 생각하는 좋은 저널리스트는 이런 정
보를 '오염된' 정보라고 말합니다. 누군가의 입맛에 맞게 조리된, 즉
편견과 의도와 이해관계가 개입한 왜곡 정보이거나 역정보逆情報,
disinformation이기 때문이죠.

그래서 동서고금을 막론하고 '좋은' 저널리스트들은 오염된 정
보 대신 때묻지 않은 원정보를 보고 싶어했고, 이를 입수하기 위해
부단한 노력을 기울였습니다. 가공되지 않은 정보를 손에 넣겠다는
열망은 이들의 피에 흐르는 DNA 특질이라고도 할 수 있습니다.

그런데 여기에서 생각해봐야 할 중요한 문제가 있습니다. 기자들이 원정보를 입수하더라도 그것을 제대로 보고 분석해 낼 기술과 능력이 있는가 여부입니다.

이와 관련한 흥미로운 사례 하나를 볼까요? 2010년 세상을 떠들썩하게 만든 사건이 일어나는데요, 바로 '케이블 게이트'Cable Gate라고 불린 미국 국무부 비밀외교전문 대규모 유출 사건입니다.

비밀정보 폭로 전문 사이트인 위키리크스[2]가 미국 비밀외교문서 파일을 입수합니다. 미국 국무부가 세계 180여 개국에 산재한 280여 해외공관과 주고받은 25만 1287건의 외교문서가 미국 정부 부처 간 비밀정보 공유시스템인 「SIPRNet, Secret Internet Protocol Router Network」 내 통제와 비밀의 영역에서 민간 영역으로 넘어온 겁니다.

영국 일간지 가디언 탐사보도팀은 첩보 작전을 방불케 하는 접선 과정을 거쳐 위키리크스 설립자 줄리언 어산지에게서 이 파일이 담긴 메모리 스틱을 받아냅니다. 보안 문제 때문에 인터넷도 연결되지 않는 한적한 숲속 별장에서 파일을 열어본 가디언 탐사보도 에디터 데이비드 리는 자료의 방대함에 혀를 내두르죠. 그가 위키리크스의 미 국무부 외교파일을 수개월간 보도한 이후 쓴 책[3]에서 당시를 회고한 대목입니다.

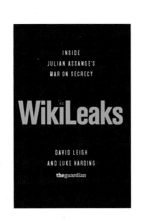

영국 일간지 가디언의 탐사보도 에디터 데이비드 리가 '케이블 게이트'를 취재한 뒤 쓴 책 『위키리크스』

> 단순히 양적 측면에서도 압도적이다. 만약 손톱만한 메모리 스틱에 담긴 외교전문을 인쇄해 제본하면 2천 권 이상의 도서를 소장하는 도서관을 하나 만들 수 있을 정도다. 디지털 시대가 아니었다면 어떤 외교관도 이렇게 많은 양의 보고서를 쓰지 않았을 것이다. 어떠한 스파이도 초대형 트럭을 동원하고 않고서는 수천 권의 미국 외교문서를 훔칠 엄두를 내지 못할 것이고, 훔치더라도 인생의 절반을 책상 앞에서 보내지 않는 한 그 문서를 분석하기는 불가능하다. 그래서 이렇게 엄청난 데이터 세트를 마주하는 건 우리 저널리스트에게도 큰 도전이었다.

가디언 탐사보도팀이 줄리언 어산지에게서 받은 미국 국무부 비밀외교문서 데이터는 주로 텍스트 파일로 구성됐고 크기는 1.7GB였습니다. 위에서 인용한 데이비드 리의 회고록은 가디언 기자들이 원정보, 즉 미국 외교문서 파일을 입수한 뒤 그 규모에 압도당한 상황을 잘 표현하고 있죠.

이제 앞서 제기한 문제로 돌아가보겠습니다. 과연 기자가 이 방대한 정보를 제대로 다룰 기술과 능력을 갖고 있냐는 겁니다. 즉 수많은 데이터를 저널리즘 차원에서 체계적으로 분류하고 분석해서 거기에 담긴 의미를 추출해 좋은 기사를 생산할 수 있는가 여부죠.

산전수전 다 겪은 영국 최고 탐사저널리스트 중 한 명인 데이비드 리[4]도 이런 유형과 규모의 정보는 처음이었습니다. 그래서 가디언 내부 컴퓨터 전문가에게 연락해 도움을 청합니다. 그 전문가는 텍스트 분석용으로 '텍스트랭글러' Textwrangler라는 프로그램을 추천합니다. 가디언 탐사기자들은 이 프로그램을 이용해서 키워드를 입력해 관심 있는 문서를 추출하는 방식으로 범위를 좁혀 자료 분석을 시작했습니다.

그리고 2010년 11월 28일부터 관련 기사를 쏟아냈습니다. 보도 첫 날에만 가디언 웹사이트의 미 외교문서 기사 조회수가 410만 건을 넘어섰습니다. 가디언은 사상 최대 규모 유출 데이터를 다룬 이 프로젝트를 두고 "저널리즘에 혁명이 시작됐으며, 그것은 디지털화와 함께한다" 라고 선언했습니다.

위키리크스는 이 미국 외교문서 데이터를 가디언 등 언론사에 제공한 것과는 별도로 이듬해인 2011년 8월 자체 웹사이트에도 전격 공개했습니다. 키워드 검색과 함께 작성 기관(미 국무부나 주한 미국 대사관 등 해외 공관), 대상 국가, 연도별로 누구나 문서를 찾아볼 수 있는 데이터베이스 페이지를 구축했습니다.

당시 위키리크스는 데이터베이스에 그들이 입수한 미국 외교전문 25만 1287건 전체를 원문 그대로 수록했습니다. 여기서 'KOREA'를 검색하면 모두 1만 4165건의 문서가 나오고, 주한 미국대사관이 작성해 본국에 보낸 외교전문은 1980건이 검색됩니다. 이 데이터에서 '이명박'이 언급된 문서를 찾으려면 간단하게 영문명 'LEE MYUNG BAK'를 검색창에 넣으면 됩니다. 전체 데이터에서

위키리크스 홈페이지
미국외교문서 DB 검색창

는 이명박이라는 이름이 들어간 문서가 911건 검색되고, 범위를 주한 미국대사관 전문으로 좁히면 650건이 나옵니다.[5]

25만 건의 문서를 일일이 읽어서 이명박 관련 문서를 빠짐없이 찾아내려면 수개월, 또는 수년이 걸릴지도 모를 일이지만 위키리크스가 만든 데이터베이스를 활용하면 시간은 1분 이내로 줄어듭니다.

뉴스타파도 2012년에 이 데이터베이스에서 한국 관련 미국 외교문서를 추출해 여러 의미 있는 기사를 썼습니다. 「MB 정부의 대일본 굴욕외교와 미국의 태도」[6], 「탈북자 기록 9천 건 미국에 넘겨」[7] 등이 대표적입니다. 뉴스타파도 가디언 선언처럼 '디지털화와 함께 시작된 혁명'의 수혜자인 거죠.

위키리크스 사례는 중요한 함의를 지닙니다. 컴퓨터와 디지털 기술의 비약적 발전이 저널리즘의 내용과 형식을 모두 바꾼다는 겁니다.

지난 2010년 미국 국무부 외교전문을 보도할 때, 가디언은 이를 언론이 입수한 사상 최대 규모의 자료라고 말한 바 있습니다. 그때나 지금이나 절대적으로는 어마어마한 양이죠. 그런데 요즘 같은 빅데이터 시대에 상대적으로 보면 '글쎄요?'라며 머리를 저을 수도 있습니다. 꼭 빅데이터가 아니더라도 지난 10년 새 언론이 다룬 각종 유출 데이터 규모만 봐도 그렇죠. 이쯤해서 그림을 하나 볼까요.

아래 그래픽은 사상 최대 규모라던 2010년 위키리크스 미국 국무부 외교전문 폭로 사건인 '케이블 게이트'Cablegate의 유출 데이터 규모와 그 이후 사건에서의 유출 데이터 규모를 비교한 겁니다. 3년 뒤인 2013년 국제탐사보도언론인협회 ICIJ가 조세도피처 추적 프로

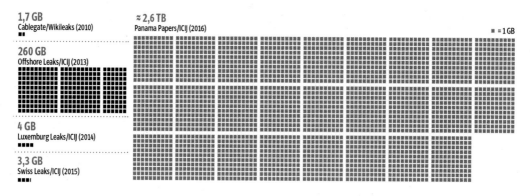

The scale of the leak
Volume of data compared to previous leaks

1,7 GB
Cablegate/Wikileaks (2010)

260 GB
Offshore Leaks/ICIJ (2013)

4 GB
Luxemburg Leaks/ICIJ (2014)

3,3 GB
Swiss Leaks/ICIJ (2015)

≈ 2,6 TB
Panama Papers/ICIJ (2016)

■ = 1 GB

역대 유출 자료 규모 비교
(출처: 국제탐사보도언론인
협회 ICIJ)

젝트를 진행할 때 입수한 역외서비스 제공업체 PTN과 CTL의 유출 데이터 규모는 260기가바이트입니다. 3년 만에 미 국무부 데이터의 150배 넘는 자료가 유출돼 언론에 들어온 것이죠.

하지만 역대 최고 기록은 얼마 안 가 또 경신됩니다. 2016년 ICIJ의 또 다른 조세도피처 추적 프로젝트인 '파나마페이퍼스'Panama Papers는 파나마 로펌 모색폰세카에서 유출된 2.6테라바이트 규모의 데이터를 기반으로 진행합니다. 국무부 파일보다 1천5백 배 이상 큰 규모죠. 기가바이트에서 테라바이트로 단위가 바뀝니다. 하지만 파나마페이퍼스 기록도 2021년 '판도라페이퍼스'Pandora Papers 데이터 사이즈 2.94테라바이트에 의해 또 깨지죠.

위 그래픽에 나오는 대규모 데이터 기반 탐사보도는 모두 현대 '데이터저널리즘' 정수를 보여주는 작품입니다.

데이터 입수 ➜ 비정형 데이터Unstructured Data를 검색 등 연산 작업이 가능한 정형 데이터Structured Data로 변환 ➜ 데이터베이스 분석 ➜ 새로운 팩트나 패턴 및 취재 단서 발굴 ➜ 현장 확인 취재와 인터뷰 ➜ 데이터 시각화 등을 결합한 스토리텔링 등 데이터 기반 탐사보도Data-Driven Investigative Journalism의 모든 과정이 잘 결합돼 있습니다.

이 세계의 발전은 정말 눈이 부실 정도입니다. ICIJ는 조세도피처 추적 등 대규모 국제협업 프로젝트가 끝나면 관련 데이터를 일반 공개용 데이터베이스로 만들어 웹사이트에 올립니다. 아래처럼 그래픽 데이터베이스도 제작해 공유합니다.

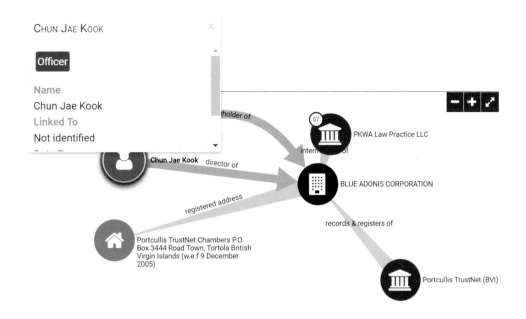

뉴스타파가 2013년 조세도피처 추적보도 Offshore Leaks 프로젝트
당시 ICIJ 그래픽 데이터베이스에서 검색한 전두환 장남 전재국의
관계망 시각화 정보. 조세도피처인 영국령버진아일랜드 BVI에 설립한
유령회사 '블루 아도니스'Blue Adonis의 이사에 전재국이 등재돼 있다.

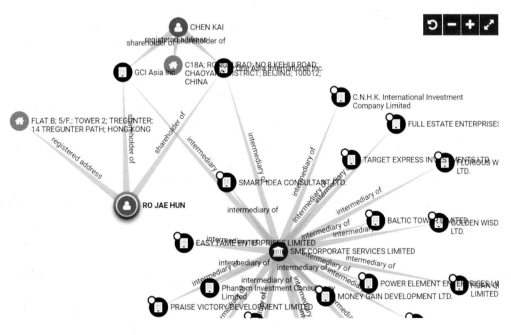

뉴스타파가 2016년 파나마페이퍼스 프로젝트 당시 ICIJ 그래픽
데이터베이스에서 검색한 노태우의 장남 노재헌의 유령회사 설립
관계망

데이터저널리즘은
언제 생겼을까

가디언의 미국 비밀 외교전문 보도와 ICIJ의 조세도피처 프로젝트 사례는 정통 저널리즘이 데이터와 만났을 때 어떤 시너지 효과를 내는지 잘 보여줍니다. 이 둘의 운명적 만남을 가능하게 한 건 바로 컴퓨터와 디지털 기술의 발달입니다.

그렇다면 우리가 지금 익숙하게 부르는 '데이터저널리즘' Data Journalism이라는 새로운 장르는 언제 처음 등장했을까요?

1952년 11월 4일 미국 CBS 방송국은 대통령 선거 개표방송에 사상 처음으로 컴퓨터를 활용했습니다. 유니박UNIVAC이라는 이름의 진공관식 컴퓨터였습니다. 당시 미 대선에서 공화당 드와이트 아이젠하워 후보와 민주당 후보 애들레이 스티븐슨이 격돌했죠. 대부분 두 후보의 초접전 박빙 승부를 예상했습니다. 하지만 CBS가 가동한 유니박은 개표가 5%가량 진행된 시점에서 불과 1% 정도의 표본으로 아이젠하워의 압도적 승리를 예측했다고 합니다. 실제 개표 결과도 그렇게 나왔습니다.[8] 선거 결과 예측에서 컴퓨터의 효용성을 알린 최초의 사례죠.

CBS가 선거 예측에 사용한 유니박은 최초의 상업용 컴퓨터로, 진공관이 5200개 사용되고 길이 4.3미터, 높이 2.6미터에 무게는 13톤이나 나갔다고 합니다. 가격은 125만 달러로 상업용이라고는 하지만 웬만한 곳에서는 엄두도 못낼 고가 장비였죠.[9] 그럼에도 언론사 선거 보도에 최초로 컴퓨터를 활용했고, 개표 데이터 분석으로 결과를 예측했다는 점에서 이를 데이터저널리즘 시초로 보는 견해가 있습니다. 하지만 데이터 분석으로 새로운 사실을 찾아냈다기 보다는 단순한 선거 결과 예측이어서 본격적인 데이터저널리즘으로 보기에는 한계가 있습니다.

그런 점에서 대다수 전문가는 CBS가 컴퓨터로 선거 결과를 예측한 지 15년이 지난 1967년 『디트로이트 프리 프레스』 기자 필립 메이어Philip Meyer가 디트로이트 인종 폭동 사건의 실체를 파헤친 기사를 데이터저널리즘의 '원조'라고 평가합니다. 메이어는 그해 여름 발생한 디트로이트 대규모 유혈 폭동의 원인을 규명하기 위해 해당 지역 주민 437명을 무작위로 선정해 인터뷰를 실시하고 응답 교차 분석과 상관성 검증에 IBM 360 컴퓨터를 사용했습니다.

분석 결과는 사람들의 편견을 깼습니다. 폭동 가담자들이 대도시 생활에 적응할 수 없었던 남부 이주민이라는 일반의 그릇된 인식과는 달리, 모든 교육 수준이나 소득 수준에 골고루 분포했다는 사실이 드러났습니다. 메이어는 폭동의 핵심 원인이 '소외'였다는 결론을 도출해냈습니다.[10]

필립 메이어는 저널리즘에 사회과학 방법론과 컴퓨터 분석 기법을 도입한 선구자로, 저널리즘의 진보에 크게 기여했고 후세 언론인에게도 큰 영감을 줬습니다. 하지만 당시만 해도 데이터저널리즘이라는 용어는 거의 사용되지 않았습니다. 필립 메이어는 자신의 디트로이트 폭동 취재 보도를 '정밀 저널리즘'Precision Journalism이라고 불렀죠. 사회과학 방법론을 적용한 취재 과정을 같은 이름의 책으로 펴내기도 했습니다.

미국탐사보도협회IRE, Investigative Reporters and Editors의 부설기관인 『전미 컴퓨터활용보도 연구소』NICAR,the National Institute for Computer-Assisted Reporting는 필립 메이어의 업적을 기려 매년 봄 개최하는 데이터저널리즘 콘퍼런스에서 '필립 메이어 저널리즘 어워드'를 시상합니다. 사회과학 조사 방법론과 분석기법을 동원한 보도물 가운데 가장 뛰어난 작품을 선정하는데요, 필립 메이어 어워드 2021 최우수상은 월스트리트저널의 '틱톡' TikTok 알고리즘을 추적한 기사에 돌아갔습니다. 수상작은 여기서 볼 수 있습니다.

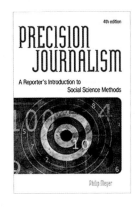

사회과학방법론 등 과학적 취재 방식을 저널리즘에 본격 도입한 필립 메이어의 저작 『정밀 저널리즘』

https://www.ire.org/awards/past-award-winners/2021-award-winners/

필립 메이어의 1967년 보도 이후 이에 영향을 받은 컴퓨터 활용 탐사보도가 하나씩 나오기 시작합니다. 1972년 미국 『필라델피아

인콰이어러』의 전설적인 2인조 탐사보도 전문 기자 돈 발렛과 제임스 스틸 Don Barlett and James Steele 이 필라델피아 사법시스템 문제점을 파헤친 기사가 대표적입니다.

두 기자는 필라델피아 형사법원 기록 25년치 1만 9천개 파일을 살펴서 천 개 넘는 폭력 범죄 사건을 추려냈습니다. 이어 각 사건을 42개 세부 항목으로 기록하고 표에 입력한 뒤, 펀치카드를 이용해 IBM 메인프레임 컴퓨터에 넣어서 교차분석 했다고 합니다. 사건을 하나씩 눈으로 살필 때는 전혀 파악할 수 없던 통계적으로 유의미한 결과가 나왔습니다. 거의 동일한 조건, 동일 유형의 범죄인데도 특정 변수에 따라 선고 형량이 다르게 나오는 패턴을 발견한 거죠. 이들의 탐사보도는 정치와 인종 편견, 기타 다른 요인이 미국 사법정의를 흔들고 있다는 사실을 폭로했습니다.[11]

메이어와 발렛, 스틸의 프로젝트는 컴퓨터와 데이터 분석을 이용한 탁월한 탐사보도였지만 그 시대에선 매우 드문 유형의 저널리즘이었습니다. 이런 방식이 언론계에 점차 확산된 건 1980년대부터입니다. 이때 무슨 일이 있었을까요?

바로 개인용 컴퓨터와 비교적 값싼 소프트웨어가 보급된 시기입니다. 1985년 미국탐사보도협회 IRE 콘퍼런스에서는 컴퓨터를 탐사보도 주요 도구로 소개합니다. 정통 탐사보도기자들도 컴퓨터와 데이터 분석의 가치와 효용성에 눈을 뜨기 시작했죠.

좋은 취재원 발굴, 불굴의 현장 탐문 취재, 기록과의 싸움 등 전통 취재 방법에 의존했던 탐사보도기자들에게 컴퓨터는 새로운 날개가 됩니다. 컴퓨터를 이용해 정치후원금, 기소 및 선고 현황 분석, 관급공사 비리 등을 체계적으로 취재한 탐사보도가 속속 등장합니다.

1979년 광산 노조 부패를 취재해 퓰리처상을 받은『프로비던스 저널 불리틴』The Providence Journal Bulletin 기자 앨리엇 재스핀 Elliot Jaspin도 컴퓨터의 가능성에 주목한 기자였죠. 1986년 여러 데이터베이스를 매칭해서 교통법 위반과 범죄 전과가 있는 스쿨버스 운전기사를 폭로하는 등 스쿨버스 시스템 문제를 파헤친 컴퓨터 활용 보도로 명성을 떨쳤습니다.

1988년에는『애틀랜타 저널 컨스티튜션』The Atlanta Journal-Constitution 빌 데드맨 Bill Dedman 기자가 애틀랜타 주 은행들의 인종 차별적 대출 행태를 고발하는 「돈의 색깔」 The Color of Money로 큰 파장을 일으켰습니다. 대출 자료를 비교 분석해 비슷한 소득과 자산, 신용 상태지만 흑인이 백인보다 주택 대출에서 훨씬 차별을 받고 있다는 사실을 폭로했습니다. 이 시기의 대표적 컴퓨터 활용 보도로 이듬해 퓰리처 탐사보도상을 받습니다. 이와 함께 돈 발렛과 제임스 스틸이 1991년 미국 내 조세 시스템의 문제와 불평등을 다룬 「미국, 뭐가 잘못됐나?」 America: What Went Wrong?도 이 분야의 기념비적인 탐사보도라고 할 수 있습니다.[12]

1980년대 후반은 '데이터저널리즘'이라는 용어에 밀려 이제는 거의 자취를 감춘 '컴퓨터 활용 보도CAR, Computer Assisted Reporting'라는 용어가 본격 등장한 시기이기도 합니다. 물론 훨씬 전인 60, 70년대에도 컴퓨터를 활용한 보도가 존재했지만 80년대 후반부터 'CAR'라는 용어가 드디어 이 장르의 존재를 규정하게 됩니다.

컴퓨터 활용 보도 기법을 전문적으로 연구하고 교육하는 전문기관도 이 시기에 태동합니다. 미국탐사보도협회 IRE와 미주리대 저널리즘스쿨이 1989년 공동 설립한 『전미 컴퓨터활용보도 연구소』 NICAR가 최초 모델입니다. 앞서 언급한 컴퓨터 활용 보도의 선구자 앨리엇 재스핀이 NICAR 창립 책임자였죠.

이후 유사한 연구소나 단체가 미국과 유럽 지역에 하나둘씩 생깁니다. 현업 기자를 상대로 컴퓨터 활용과 데이터 분석 기법을 가르치는 교육 프로그램도 잇달아 나타납니다. 1993년에는 NICAR 주관 연례 CAR 콘퍼런스도 출범하죠. 30년째 계속되는 이 콘퍼런스는 매년 참가자가 수천 명에 이를 정도로 데이터저널리즘 교육과 노하우 공유, 그리고 네트워킹의 중심이 됐습니다.

미국 애틀랜타에서 열린 2022년 NICAR 콘퍼런스는 모두 166개 세션으로 짜였습니다. 상세 프로그램 내역은 아래 링크에서 볼 수 있습니다. 각 세션에서 다룬 주제를 살펴보면 데이터저널리즘의 최신 트렌드를 파악할 수 있습니다.

https://schedules.ire.org/nicar-2022/

1980년대 중반부터 90년대에 들어 PC 보급 확대와 연구개발,

교육 인프라가 확충되면서 컴퓨터 활용 보도 CAR는 전 세계 뉴스룸에서 점점 선택이 아닌 필수가 돼 갔습니다.

이제 시선을 한국으로 돌려볼까요? CAR는 지난 2000년 밀레니엄과 더불어 한국에 본격 상륙합니다. 미국탐사보도협회 IRE와 NICAR의 컴퓨터 활용 보도 교육 프로그램 등을 접한 한국언론재단이 기자들을 상대로 연수 교육 프로그램을 시작하면서 CAR가 국내에도 서서히 알려졌죠.

2001년 5월에는 언론재단이 'CAR Boot Camp'라는 이름으로 국내 최초 언론인 상대 CAR 교육을 시작했습니다. 당시 강의 내용은 격세지감이 들지만 'CAR'의 이해, 엑셀·액세스의 이론과 활용법, SPSS 실습 등입니다.[13]

언론재단은 2000년부터 미국탐사보도협회 IRE에서 가서 CAR를 배우는 해외 단기연수 과정을 시작했습니다. 이때 연수에 참가한 동아일보 기자는 CAR 기법으로 검찰 인사 내역을 정밀 분석해 「정권따라 검찰요직 춤췄다」라는 제목의 기획기사를 보도했습니다.[14] 이 보도는 한국에서 CAR 기법을 활용한 최초의 기사로 평가받습니다.

2000년대 초중반 국내 각 언론사 편집국, 보도국에서도 탐사보도를 강화하면서 컴퓨터 활용 보도 시스템을 적극 도입합니다. 2005년 4월 국내 최대 규모로 탐사보도팀을 신설한 KBS는 첫 팀 워크숍 프로그램을 대부분 CAR 교육으로 채웠습니다. MS 엑셀과 액세스 등 스프레드시트와 데이터베이스 프로그램 활용법, 사회관계망 분석SNA, 지리정보시스템GIS 등을 이용한 탐사보도 기법이 주요 교육 내용이었습니다.

KBS 탐사보도팀은 CAR를 기반으로 2005년 팀 창설 직후 국적 포기자 데이터를 분석해 국적 포기도 강남 3구 거주자가 압도적으로 높다는 사실 등을 보도했습니다. 또 2006년 판사와 변호사 네트워크와 형량과의 상관관계를 분석한 「법은 평등한가」 등 CAR를 활용한 탐사보도를 잇달아 내보냈습니다. 「법은 평등한가」는 수십만 건의 소송정보와 수천 건의 판결문, 만 명이 넘는 법조인 경력 정보를 토대로 한 프로젝트로 당시로서는 최대 규모의 데이터 기반 탐사보도였습니다.

KBS 탐사보도팀은 설립 초기부터 CAR를 도입해 탁월한 성과를 거둔 모델로 손꼽힙니다.[15]

2010년대 들어서면서 빅데이터가 각광받기 시작하자 뉴스룸에 데이터팀을 신설하는 언론사도 잇따랐습니다. 세계적인 추세에 맞춰 '컴퓨터 활용 보도'라는 용어도 이 시기에 '데이터저널리즘'으로 대체됩니다.

컴퓨터 활용 보도 CAR는 한국 언론 기사에 언제부터 얼마나 언급됐을까요? 그리고 언제부터 데이터저널리즘으로 대체됐을까요? 언론진흥재단의 언론기사 데이터베이스인 빅카인즈로 살펴봤습니다.

빅카인즈 서비스로 기사 검색이 가능한 1990년부터 현재까지 (2022년 1월 기준) 이 용어가 언론 기사에 얼마나 등장했는지 검색해봤더니 모두 57건이 나왔습니다. 첫 등장은 2001년, 1건입니다. 2005년에 가장 많았고 2017년 이후에는 기사에서 더 이상 언급되지 않습니다. 더 진화된 용어라고 할 수 있는 데이터저널리즘으로 대체된 것입니다.

'컴퓨터 활용 보도' 연도별 빈도 (출처: 언론재단 카인즈 분석)

2001	2002	2003	2004	2005	2006	2007	2008
1	0	4	2	14	7	7	8

2009	2010	2011	2012	2013	2014	2015	2016
6	2	0	0	1	1	3	2

'데이터저널리즘'도 1990년부터 현재까지(2022년 1월 기준) 빅카인즈 DB로 검색해봤습니다. 모두 765건이 나왔습니다. 컴퓨터 활용 보도에 비해 훨씬 언급량이 많죠. 그만큼 데이터저널리즘이 대중화됐다고 볼 수 있습니다. 데이터저널리즘은 2011년 언론 기사에서 처음 2건이 언급된 뒤 해가 갈수록 많이 등장하다가 2021년 다소 주춤해졌습니다.

'데이터저널리즘' 연도별 빈도(출처: 언론재단 카인즈 분석)

2011	2012	2013	2014	2015	2016	2017	2018
2	11	12	18	30	99	146	97

2019	2020	2021	2022.1.
162	105	72	11

데이터저널리즘의
특징 몇 가지

'데이터저널리즘' 언급량이 비약적으로 증가한 것에 비례해 약 10년 전부터 한국 주요 언론사도 데이터저널리즘을 적극 도입했습니다. 그 결과 이전과는 차원이 다른 기사가 속속 등장했습니다. CAR 도입 초기인 2000년대 중반 KBS 탐사보도팀이 선보였듯이, 대표 유형은 데이터저널리즘의 결합으로 보다 체계적이고 심층적으로 진화한 권력 감시, 공직 감시 보도입니다. 하나의 전범이 등장하면 이를 창조적으로 응용한 보도가 이어집니다.

이런 의미에서 데이터 기반 탐사보도는 어떤 틀을 공유하면서 발전해 나간다고 할 수 있습니다. 틀이란 단어를 템플릿, 모형, 모델로 바꿀 수도 있겠죠. 한 번 만들어 놓으면 재사용도, 다양한 응용도 가능합니다. 그 틀에 새로운 데이터를 입력하면 새로운 결과물이 나옵니다. 프로그래밍에서 코드를 재사용하는 것과 같습니다. 재사용성은 데이터저널리즘의 강점입니다.

2021년 데이터저널리즘코리아 어워즈 데이터 기반 탐사보도 부문 상은 한국일보 사회부 탐사팀과 미디어플랫폼팀이 합작한 「농지에 빠진 공복들」 연속 보도[16]에 돌아갔습니다. 이른바 LH 사건 이후 고위공직자들의 무분별한 농지 소유 실태를 다각도로 추적한 점과 인터랙티브 페이지[17]로 이용자가 손쉽게 고위공직자 농지를 확인할 수 있게 한 것이 좋은 평가를 받았습니다.

한국일보 시리즈는 고위공직자 재산 내역 공개 자료를 활용한 데이터 기반 탐사보도의 여러 변주 중 하나입니다. 공직자윤리법에 근거해 1993년 시작된 고위공직자 재산공개제도는 공직 감시 탐사보도의 원천입니다. 물론 기자의 창의적 시각과 올바른 문제의식이 함께해야겠죠. 고위공직자 재산 데이터를 기반으로 취재하는 과정은 2장 탐사보도를 위한 리서치 '고위공직자 재산 검증하기'에서 상세

한국일보 「농지에 빠진
공복들」 인터랙티브 페이지

히 다룹니다.

앞서 국내외 여러 사례에서 봤듯이 데이터저널리즘은 가급적 취재 대상을 전수조사하는 방식을 취합니다. 이를 통해 분석과 취재 과정에 편견이나 이해 관계가 개입할 소지를 줄이고, 최대한 공정하게 사안의 전체 맥락을 파악할 수 있습니다. 그만큼 보도 신뢰도가 올라가겠죠. 어떤 측면에서는 이것이 데이터저널리즘의 가장 큰 장점이라고 할 수 있습니다.

재산 데이터를 이용한 탐사보도의 전범은 2005년 KBS탐사보도팀의 뉴스9 「고위공직자 재산 검증 시리즈」[18] 와 KBS스페셜 「고위공직자 그들의 재산을 검증한다」[19]를 꼽을 수 있습니다. 고위공직자의 농지 소유 실태, 아파트 소유 현황과 양도 차익, 투기성 부동산 소유 실태 등을 추적한 내용입니다. 공직자의 불법 재산 축적, 증여세 탈루, 부의 편법 대물림, 재산 및 소득 신고 누락 등을 밝혀냈습니다.

2019년 한겨레는 탐사기획 「여의도 농부님, 사라진 농부들」[20]이라는 제목의 기획 시리즈로 국회의원이 소유한 농지의 이해충돌 문제를 파헤쳤습니다. 농지를 보유한 국회의원(부부 합산) 99명의 토지 등기부, 선거 공약, 도로 개설 관련 지자체 고시 등을 비교 분석해 이들이 도로를 내거나 각종 규제 해제에 앞장서면서 자기 소유 땅값을 올린 사례를 밝혀냈습니다.

재산 데이터를 바탕으로 한 탐사보도와 함께, 등기부 전수조사 등으로 숨은 패턴을 찾아내는 취재 방법도 데이터저널리즘의 주요 틀로 자리잡았습니다. 강남 3구와 용산의 아파트 거래 598건을 등기부 전수조사로 분석한 서울신문의 「2020 부동산 대해부 계급이 된 집」[21]과 서울 쪽방촌 318채 등기부를 전수조사해 극빈층 거주지마저 큰손의 돈벌이 대상이 된 실태를 폭로한 한국일보의 「지옥고 아래 쪽방」[22] 시리즈가 대표적입니다.

고액체납자 3만 8천여 명 정보와 조세포탈범 176명의 법원 판결

고액 체납자 많은 곳 TOP5

1	경기 용인시	1,205명(3.2%)
2	경기 고양시	1,099명
3	경기 수원시	963명
4	경기 성남시	842명
5	서울 강남구	828명

체납액 많은 곳 TOP5

1	경기 용인시	1조 3,985억(3.7%)
2	서울 강남구	1조 3,233억
3	경기 고양시	1조 2,836억
4	서울 서초구	1조 760억
5	경기 성남시	9,328억

KBS 데이터저널리즘팀이 만든 고액체납자 지역별 분포 현황과 체납 지도

문을 분석해 대한민국 조세정의 현주소를 파헤친 KBS 2020년 프로젝트「고액체납 보고서」와「조세포탈 보고서」시리즈도 데이터 전수 조사의 위력(그 이면의 인내와 열정)을 보여준 데이터저널리즘 사례입니다.

서울신문이 2018년 보도한「간병살인 154인의 고백」은 판결문과 언론보도, 중앙심리부검센터 자료를 전수분석해 우리 사회 사각지대인 간병 문제를 정면으로 다뤘습니다. 역시 데이터를 기반으로 한 탐사보도의 진수를 보여줬죠. 우리가 사회면에서 흔히 보는 일회성 사건 보도를 뛰어넘어 문제의 본질을 보고, 해결 방안까지 고민하게 만드는 수작입니다.

탐사보도와 결합한 데이터저널리즘의 또 다른 특징은 바로 연대, 공유, 공개입니다. 일반 보도에서 언론사들이 단독, 속보 경쟁을 중시하는 것과는 매우 다르죠. 앞서 소개했듯이 지난 1993년 이후 30년째 이어지는 미국의 NICAR 콘퍼런스는 해마다 천 명 넘는 데이터저널리스트, 개발자, 탐사기자 등이 참가해 데이터저널리즘 노하우와 최신 트렌드를 공유하는 데이터저널리즘의 제전으로 자리잡았습니다. 협업과 연대를 위한 네트워킹 자리이기도 하죠.

전 세계 차원에서는 글로벌 탐사저널리즘 네트워크GIJN, Global Investigative Journalism Network가 그런 기능을 수행하고 있습니다. GIJN은 탐사보도와 데이터저널리즘 교본과 각종 실무 팁을 만들어 전 세계 200개 가까운 회원 매체와 그 구성원에게 전파하고 있죠. 해마다 가장 탁월한 데이터저널리즘 사례를 선정해 공개하기도 합니다. GIJN이 꼽은 2021년 10대 데이터저널리즘 사례는 뭔지 여기서 확인해보세요.

GIJN의 2021년 10대 데이터저널리즘 프로젝트
https://gijn.org/2021/12/17/top-10-data-journalism-2021/

유럽 저널리즘센터가 지난 2010년 만든 데이터저널리즘닷컴 (datajournalism.com)도 데이터저널리즘을 확산하기 위해 활동합니다. 이곳에서 펴낸 데이터저널리즘 핸드북1, 2는 전 세계 언론인을 위한 데이터저널리즘 교과서 역할을 하고 있습니다.

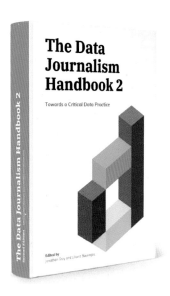

The Data Journalism Handbook 1[23]   The Data Journalism Handbook 2[24]
데이터저널리즘닷컴이 발간한 데이터저널리즘 핸드북 1,2

데이터저널리즘닷컴도 해마다 탁월한 데이터저널리즘 사례를 선정해 공개하고 있습니다.

데이터저널리즘닷컴이 선정한

2021년 12대 데이터저널리즘 프로젝트

https://datajournalism.com/read/handbook/

two

GIJN과 데이터저널리즘닷컴이 1위로 선정한 2021년의 가장 탁월한 데이터저널리즘 프로젝트는 국제탐사보도언론인협회 ICIJ의 판도라페이퍼스 프로젝트였습니다. 앞서 소개한 대로 2.94테라바이트의 조세도피처 파일을 분석한 국제 협업 취재였죠.

왜 두 기관 모두 판도라페이퍼스 프로젝트를 2021년의 가장 뛰어난 데이터저널리즘 사례로 선정했는지 여기에서 확인해보시죠.

https://www.icij.org/investigations/pandora-papers/

데이터저널리즘은
[ ]다

지금까지 데이터와 저널리즘이 어떻게 운명적 조우를 하게됐는지, 데이터저널리즘은 어떻게 시작돼 지금까지 이어져 왔는지, 데이터저널리즘의 특징은 무엇인지 살펴봤습니다. 이제 데이터저널리즘을 오랜 기간 수행해온 전문가들은 이 장르를 어떻게 규정하는지 알아보겠습니다.

데이터저널리즘닷컴이 발간한 『데이터저널리즘 핸드북 1』에서 영국 언론인 폴 브래드쇼는 데이터저널리즘이란 "간단히 말해 데이터를 다룬 저널리즘이다"라고 설명하면서도 "그것으로는 데이터저널리즘을 이해하는 데 충분하지 않다"고 말합니다.

Paul BradShaw 『Data Journalism Handbook 1』[25]

알렉산더 벤자민 하워드는 『데이터저널리즘 - 스토리텔링의 과학』에서 데이터저널리즘이란 "저널리즘에 데이터 과학을 적용하는 것"이라고 정의합니다.

> 저널리즘 행위로 만들어낸 창조물을 뒷받침하기 위해 데이터를 수집, 갈무리, 조직, 분석, 시각화, 그리고 출판하는 행위이다. 좀 더 간결하게 정의하면 저널리즘에 데이터 과학을 적용하는 것이라고 할 수 있다. 여기서 데이터 과학이란 데이터로부터 지식을 끌어내는 방법을 탐구하는 것을 의미한다.

영국 일간지 가디언에서 데이터 에디터를 맡았던 사이먼 로저스는 데이터저널리즘이란 '단순히 그래프와 시각화를 말하는 것이 아니라 가장 효과적으로 이야기(취재 내용)를 전달하는 방법'이라고 설명합니다.

데이터저널리즘은 단순히 그래픽과 시각화가 아니다. 데이터저널리즘은 가장 효과적으로 이야기를 전달하는 방법이다. 그 방법이 때로는 시각화나 지도가 될 수 있다. 때로는 단신 뉴스 기사이고, 가끔은 숫자만 공개해도 충분할 때가 있다. 데이터저널리즘이 중요하다면, 그것은 새로운 스토리텔링 방법을 만들어내는 유연성 때문이다. 그리고 점점 더 많은 기자들이 그것을 깨달으며 어느 순간 우리는 동료와 데이터저널리즘 경쟁을 하게 되었다. 따라서 데이터저널리스트가 되는 것은 더 이상 특별한 일이 아니다. 그것은 그냥 저널리즘일 뿐이다.

Simon Rogers 『Data journalism at the Guardian: what is it and how do we do it?』[26]

현재 전 세계 언론사 가운데 데이터저널리즘을 탐사보도에 접목해 가장 뛰어난 성과를 거둔 매체는 단연 미국의 비영리 독립탐사기관 프로퍼블리카라고 할 수 있습니다. 월스트리트 주필 출신인 프로퍼블리카 설립자 폴 스타이거는 자기 일생 동안 언론계에 일어난 가장 중요한 발전 중 하나가 데이터저널리즘이라고 말했습니다.

데이터저널리즘은 지난 몇 년 사이 (저널리즘에서) 가장 핵심적인 발전 가운데 하나이며, 더욱 더 중요해지고 있습니다. 디지털 도구들은 데이터를 서로 연결해 새로운 정보를 찾아내는 데 매우 유용하죠. 또 그래프와 차트, 애니메이션 등으로 사람들이 복잡한 상황을 이해하도록 돕는 데도 엄청나게 가치가 있습니다. 내 일생 동안 저널리즘에서 일어난 가장 중요한 발전 가운데 하나죠.

프로퍼블리카는 데이터 활용에 깊이 초점을 맞추고 있는데 우리 자체 기사를 위해서이기도 하고 데이터를 공개해서 다른 기자들이 그것을 활용하도록 돕기도 합니다.

프로퍼블리카 설립자 폴 스타이거 인터뷰 「저널리즘 지형이 바뀐다」(2013.10.11.)[27]

이렇게 전문가들도 데이터저널리즘을 보는 시각이 각양각색입니다. 하지만 분명한 것은 폴 스타이거의 말처럼 데이터가 더 좋은 저널리즘을 가능하게 하는 최상의 도구 가운데 하나라는 사실입니다.

뉴스타파 데이터저널리즘 스쿨 7기 1강 과제 '데이터저널리즘이란 [ ] 이다'

35

데이터로 더 좋은
저널리즘을

2000년대 초 데이터저널리즘(당시에는 컴퓨터 활용 보도)이 한국에 들어왔을 때 언론 현장 일부에서는 이를 향한 오해가 있었고, 아직도 어느 정도 지속되고 있습니다. 데이터저널리즘을 단순히 통계 분석이나 데이터를 '예쁘게' 시각화하는 정도로 받아들이는 태도죠. 다시 말해 메인 콘텐츠가 아니라 부록이나 보조 상품, 또는 액세서리 같은 것을 만드는 하위 장르로 여깁니다. 한편으로는 데이터저널리즘을 무에서 유를 창조하는 '요술 방망이'로 간주하거나, 보여주기식의 특별한 프로젝트를 수행하는 도구로 삼는 경향도 있습니다. 데이터저널리즘이 뉴스 취재와 제작 과정에 자연스레 녹아들지 못하는 이유죠.

2015년을 전후해 빅데이터 붐에 편승해 우후죽순처럼 데이터팀을 만든 여러 언론사가 지금은 일종의 '손절'에 나섰다고 합니다. 데이터저널리즘에 대한 몰이해가 이런 식으로 귀결되는 것입니다.[28]

하지만 적어도 탐사보도에서 데이터저널리즘은 일반 취재로는 파악이 불가능한 팩트를 찾아내는 최적의 도구로 자리잡았습니다. 탐사보도 전문 기자들이 오래 전부터 데이터저널리즘의 효용성에 주목하고 이를 발전시킨 이유입니다.

뉴스타파는 2012년 창립 당시부터 탐사보도에 데이터저널리즘을 접목해 기성 언론매체와는 차원이 다른 기사를 생산해 냈습니다. 몇 가지 사례를 보겠습니다.

먼저 2013년 보도한 '국정원 불법 대선 개입 사건'입니다. 처음에는 '국정원 댓글 사건'으로 불렸죠. 사건이 '불법 대선 개입'으로 비화한 건 뉴스타파 보도[29] 때문입니다.

https://newstapa.org/tags/불법대선개입

이 사건은 2012년 연말 대선 직전 한 국정원 직원이 '오늘의 유머'라는 온라인 커뮤니티에 정치 관련 댓글을 올렸다는 의혹에서 시작됐죠.

뉴스타파는 국정원이 '오늘의 유머' 보다 영향력이 큰 SNS 등에도 여론 공작을 했을 것이라는 가설을 세우고 취재에 나섰습니다. 트위터상에서 해당 국정원 직원이 올린 글과 유사한 내용, 또 별도로 입수한 '국정원장 지시말씀' 문건에 있는 메시지와 비슷한 내용을 '크롤링'해서 수집했습니다. 또 이런 트윗을 올린 트위터 계정도 수집했습니다. 이를 통해 국정원 직원들이 운영한 것으로 보이는 트위터 계정 660여 개와 게시글 수십만 개를 확보했습니다.

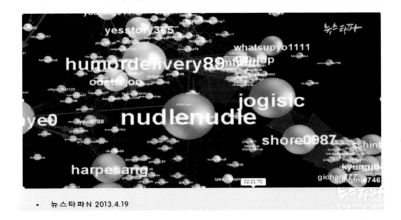

뉴스타파는 2012년 대선 때 국정원이 운영했다고 의심되는 트위터 계정 600여 개를 찾아내고, 이 중 하나인 'nudlenudle'이 실제 국정원 요원이 개설한 것임을 밝혀냈다.

취재팀은 사회관계망 분석SNA 기법으로 수백 개 계정을 분석해 이들이 모두 10개의 그룹으로 나뉘어 활동한 사실을 확인했습니다. 이어 별도의 '필드' 취재로 소위 '대장 계정' 중 하나인 'nudlenudle'이 국정원 직원 계정이라는 사실 등을 밝혀냈습니다.

국정원이 대선 기간에 트위터 등 SNS를 무대로 여당 후보를 옹호하고 야당 후보를 비방하는 글을 올리는 등 여론을 조작한 사실이 데이터 분석을 동원한 뉴스타파 취재로 확인된 겁니다. 이에 따라 검찰도 특별수사팀을 구성해 수사에 나섰고 국정원이 121만 228건(선거 관련 64만 7443건, 정치 관련 56만 2785건)의 트위터 글을 올린 사실을 확인해 원세훈 원장 등 국정권 고위간부를 무더기 기소했습니다. 이들은 대부분 법원에서 유죄를 선고받았습니다.

1년 넘게 진행된 뉴스타파의 국정원 대선 개입 사건 취재는 데이터저널리즘의 위력을 여실히 보여준 프로젝트였죠.

다른 사례를 들어볼까요? 뉴스타파는 2018년 7월 독일 공영방송 NDR 등과 함께 '와셋'WASET과 '오믹스'OMICS 등 사이비 학술단체가 운영하는 해적 학술지, 가짜 학술대회 문제를 심층취재해 보도했습니다. 한국인 교수, 연구자들이 지난 십여 년 동안 가짜 학술단체가 운영하는 학술지에 논문을 게재하고 이들이 개최한 학술대회에 참여했다는 내용입니다. 지금은 해외 학술단체뿐만 아니라 국내 학술단체 사례까지 취재 범위를 넓혀 20회가 넘는 기획보도[30]를 이어오고 있습니다.

뉴스타파 보도 후 과학기술정보통신부와 교육부는 정부 합동조사단을 꾸려 국내 200여 개 대학과 정부 출연 연구기관, 4대 과학기술 연구원을 대상으로 가짜학회 참여 실태를 전수조사하고 인사 및 행정조치를 내렸습니다. 국정감사에서도 연구 부정 사실이 드러난 교수와 연구자를 면밀히 살펴 처벌하고 대책을 마련하라는 지적이 나왔습니다.

이 보도는 가짜 학술단체가 운영하는 웹사이트 자료 수집에서 시작했습니다. 학술대회 개최 이력과 게재 논문을 수집하고, 참석자와 발표자 이름, 소속 등도 추출해 분석했습니다.

뉴스타파는 단순히 수집한 데이터만 분석해 가짜 학문 시장 현황을 폭로하는 데 그치지 않고, 현장 취재로 한국 학자들이 가짜 학술대회의 단골이 될 수밖에 없던 제도적, 사회문화적 원인도 밝혀냈죠. 그뿐만 아니라 시민들의 알 권리를 위해 수집한 원데이터[31]를 공개했습니다.

뉴스타파 「국회 세금도둑 추적」 프로젝트[32] 또한 데이터저널리즘의 좋은 예입니다. 국회는 의원 1인당 연간 3억 원가량 지급하는 세비 사용 내역을 1948년 제헌의회 구성 이래 한 번도 공개한 적이 없습니다.

뉴스타파와 시민단체 3곳은 국회를 상대로 국회의원들의 세비 사용 내역 정보공개를 청구했습니다. 국회는 비공개로 버텼습니다. 하지만 뉴스타파는 포기하지 않고 행정소송을 했고, 3년 만에 최종

승소했습니다. 사상 처음으로 국회의원의 각종 예산 사용 내역을 입수한 뉴스타파는 이를 분석, 취재, 보도하고 데이터를 공개[33]했습니다.

뉴스타파와 시민단체가 함께한 국회 예산 오남용 추적 탐사보도는 국회의원이 불법, 편법으로 사용한 돈을 스스로 국회사무처에 반납하게 만들었습니다. 그 결과 2억 원이 넘는 세금을 환수했습니다.

또 국회 정책연구보고서와 정책자료집 등 정책개발비를 투입해 생산한 모든 자료는 국회사무처가 인터넷에 사전 공개[34]하기로 하는 등 제도 변화를 이끌어냈습니다.

이번에는 데이터저널리즘으로 이면에 감춰진 진실을 찾아낸 해외 사례를 몇 가지 볼까요?

마이애미헤럴드가 1992년 허리케인 앤드류 피해 상황을 다룬 탐사보도는 '지리정보시스템'GIS, Geographic Information System을 활용한 최고의 데이터저널리즘으로 평가받습니다. 범죄 현장에 눈에 보이지 않는 지문이 남겨지듯이 허리케인 피해 지역 지도 위에 두 개의 다른 정보를 겹쳐보니 눈에 띄지 않던 패턴이 뚜렷하게 떠오릅니다. GIS, 또는 '매핑'mapping의 위력이죠.

마이애미헤럴드 탐사보도팀은 컴퓨터를 이용해 허리케인 앤드류가 덮치고 간 플로리다 주 데이드 카운티 지역의 피해 조사 보고서 6만여 장을 분석했습니다. 모두 420개 지역을 피해 정도에 따라 별도의 색으로 지도 위에 표시했죠. 그 위에 허리케인 경로와 바람 강도를 겹쳐봤습니다. 놀라운 사실이 드러났습니다. 최악의 강풍이 몰아친 지역보다 상대적으로 약한 바람이 분 지역의 주택 파손 피해가 더 크게 나타난 겁니다.

상식적으로는 도저히 납득하기 힘든 현상이죠. 취재팀은 이 의문을 풀기 위해 다각도로 현장취재에 나섰습니다. 1980년 이후 건축된 집들이 그 이전에 지어진 집보다 더 큰 피해를 입은 것으로 나타났습니다. 무슨 일이 있었을까요? 취재팀은 건축 관련 규제 완화가 원인임을 확인했습니다. 주택개발업자, 건축업자 등이 로비를 해서 지구 지정, 감리, 건축법 등을 느슨하게 만든 것입니다. 그 과정에 뇌물이 오간 사실도 밝혀냈습니다.

마이애미헤럴드는 1992년 12월 20일자 신문에 이 기사를 8개 면에 걸쳐 보도했습니다.

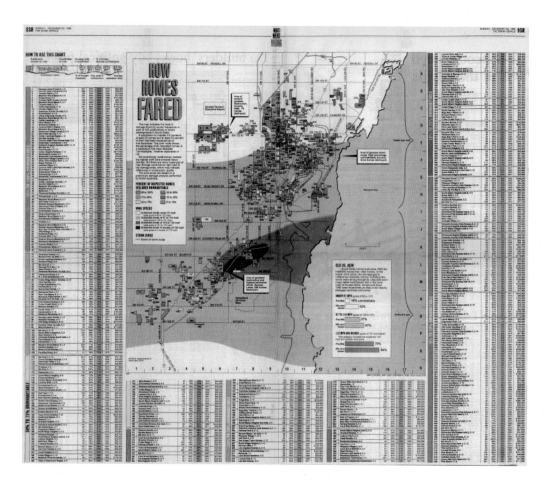

마이애미헤럴드 1992년 12월 20일 기사. GIS 기법을 활용한 기념비적 탐사보도다.

데이터저널리즘의 주요 기법 가운데 하나인 매핑을 활용한 이 기사는 1993년 퓰리처상 공공봉사부문상을 받습니다.[35]

마이애미헤럴드의 선구적 보도는 매핑을 이용한 여러 탁월한 변주로 이어집니다. 미국 남부 플로리다 지역 일간지 『선 센티널』탐사보도팀은 2005년 허리케인 카트리나가 플로리다 지역을 강타할 때 매핑을 활용해 미 연방 재난관리청의 무능과 예산 낭비 실태를 파헤쳤습니다.

https://www.sun-sentinel.com/news/fl-xpm-2005-09-18-0509180009-story.html

How FEMA spent $1.46 billion in Katrina aid

In Alabama, Louisiana and Mississippi, more than 720,000 applicants had received emergency assistance checks for $2,000 from FEMA as of Sept. 22. One check per household was permitted for victims displaced from their homes. In three Louisiana parishes, the number of recipients exceeds the number of households.

Areas receiving individual FEMA emergency aid

Parishes where claims exceeded households

	Recipients	Households*
Orleans Parish	224,008	182,120
St. Bernard Parish	28,847	24,918
Plaquemines Parish	11,337	9,461

* 2004 estimates

SOURCES: Claritas, Federal Emergency Management Agency

Staff graphic/Len De Groot Staff research/John Maines

선 센티널 취재팀이 그린 미 연방 재난관리청의 긴급구호지원금 수급 현황 지도. 노란색은 지원금을 받은 지역, 붉은색은 가구수를 초과해 지원금을 신청한 지역.

선 센티널 탐사보도팀은 허리케인 카트리나 피해 지역 지도 위에 미 연방 재난관리청의 긴급구호지원금 받은 지역을 표시하고, 그 위해 해당 지역 가구 수 데이터를 입력했습니다. 그 결과 3개 패리시(행정구역)에서 실제 가구 수보다 지원금을 수령한 가구 수가 훨씬 많다는 사실이 드러났습니다. 위 지도의 붉은색 부분이 초과 지역입니다. 올리언스 패리시에는 182,120가구가 거주하는데 지원금 수령은 무려 224,008가구나 됐습니다.

자료를 눈으로 볼 때는 확인하기 힘들었던 지원금 이중 청구, 수령 사실을 매핑으로 찾아낸 것이죠.

선 센티널은 현장취재로 미 연방 재난관리청이 카트리나 피해 지역 조사관을 고용하면서 사기 전과자 등을 무분별하게 모집했고, 이들이 일부 주민과 짜고 구호지원금을 이중 수급하는 등 불법을 저지른 사실도 밝혀냈습니다. 그 결과 당시 조지 부시 대통령 측근이던 마이클 브라운 재난관리청장이 사임합니다.

이제 데이터저널리즘이 왜 좋은 저널리즘에 필수적인가를 보다 잘 이해하게 됐죠. 데이터저널리즘은 일반 취재로는 파악하기 힘든 새로운 팩트를 발굴하는 가장 유용한 수단입니다.

위 사례들을 본 여러분은 데이터저널리즘의 또 다른 특징을 하나 발견했을 겁니다. 데이터저널리즘은 컴퓨터 앞에서 일하는 것만으로는 완결성을 가질 수 없다는 점, 바로 발로 뛰는 현장취재가 반드시 뒤따라야 한다는 사실입니다.

현장취재 없이 데이터 분석으로만 쓴 기사는 진정한 데이터저널리즘이라고 할 수 없습니다. 데이터를 활용한 인포그래픽, 데이터 분석, 데이터 사이언스와 '데이터저널리즘'의 차별성도 여기에 있습니다. 데이터저널리즘에는 기자의 문제의식과 이를 기반으로 한 취재 내용이 반영됩니다. 데이터저널리즘은 바로 저널리즘이기 때문입니다.

미국의 유서 깊은 비영리 독립탐사매체, CPICenter for Public Integrity[36] 데이터 에디터였던 데이비드 도널드는 데이터는 취재의 시작일 뿐이라며 데이터저널리즘에는 현장을 발로 뛰는 전통적인 탐사취재가 수반돼야 한다고 말합니다.

> 탐사취재를 뒷받침해줄 수 있는 수많은 좋은 증거, 좋은 자료는 공공문서, 정부 문서에 있습니다. 이제 정부 문서도 종이 형태에서 전자 데이터베이스 형태로 바뀌었죠. 그래서 탐사취재를 위한 좋은 증거를 뽑아내려면 '컴퓨터 활용 보도Computer Assisted Report' 기술이 필요합니다.
>
> CPI의 거의 모든 기사는 기자들이 팀을 이뤄 함께 취재해 만듭니다. 데이터 분석 기술을 지닌 기자와 훌륭한 인터뷰 기술, 탐사취재 기술을 가진 기자가 함께하는 거죠. 데이터저널리즘이라고 해서 오직 데이터 분석으로만 이뤄지는 기사는 드뭅니다.
>
> 팁이나 기사 아이디어, 실질 증거가 데이터 속에 있다 하더라도 그것은 취재의 시작일 뿐입니다. 데이터는 어떤 일이 언제, 어디서, 어떻게 발생했는지는 알려줍니다. 하지만 데이터는 '어떤 일이 왜 일어났는가'를 제대로 알려주지 않습니다. 그래서 전통적인 탐사취재 기술이 필요한 것이죠.
>
> 내가 하는 데이터 분석이 끝나면 그 결과를 탐사기자들에게 넘겨줍니다. 그때 바로 재미있는 일이 시작되는 거죠.
>
> David Donald 「세상을 바꾸는 힘, 비영리 탐사매체

CPI편 '글로벌 감시견으로 서다'(2013.11.8.)」[37]

자 이제 모두 데이터저널리즘의 세계로 뛰어들 준비가 됐나요?

You need
Python

Life is too short, You need Python.
인생은 너무 짧아요. 파이썬이 필요해요.

파이썬 사용자들에게 널리 알려진 문구입니다. 데이터를 다루다보면 이 문구에 매우 공감하게 됩니다. '프로그래밍을 좀 더 잘하면 지금 하는 일을 더 쉽게, 빨리 처리할 수 있지 않을까'라는 생각이 들죠.

혹시 이런 경험 있었나요?

외장하드 가득 엄청난 양의 자료를 입수했는데 셀 수 없이 많은 폴더가 있고, 폴더 안에 더 많은 폴더와 각종 확장자 파일이 있는 경우. 용량이 큰 엑셀 파일이 로딩만 계속되고 열리지 않는 경우. 정보공개를 청구했는데 인터넷에 올렸다는 답을 듣고 사이트에 가보니 게시목록만 수백 개인 경우.

여러분은 어떻게 처리하셨나요? 이런 문제를 컴퓨터 프로그래밍으로 해결할 수 있습니다. 물론 프로그래밍으로 할 수 있는 일은 이것 이외에도 굉장히 많죠.

요즘 컴퓨터 프로그래밍 언어 중 각광받는 언어가 파이썬Python입니다. 파이썬은 배우기 쉽고 참고할 자료도 많습니다. 파이썬을 익히는 가장 좋은 방법은 여러분에게 닥친 문제를 파이썬을 이용해 해결하는 것입니다.

Colaboratory[38]라는 프로그램이 있습니다. 줄여서 'Colab'(코랩)이라고 합니다. 코랩은 구글에서 교육과 과학 연구 목적으로 개발한 도구입니다. 구글 드라이브에서 문서를 생성하고 작성할 수 있습니다. 구글 독스나 구글 스프레드시트처럼 웹브라우저에서 실행합니다. 파이썬 코드뿐만 아니라 텍스트를 작성할 수도 있고, 이미지와 유튜브 동영상 등도 넣을 수 있습니다. 웹브라우저에서 실행하는 프로그램이기 때문에 휴대폰과 테블릿에서도 실행 가능합니다.

코랩을 실행하기 위해 구글 검색창에 '구글 코랩'을 입력하고 검색합니다. 검색 결과 중 Colaboratory에 오신 것을 환영합니다. - Colaboratory - Google을 클릭합니다. 구글 계정에 로그인한 후 새 노트를 클릭합니다.

구글 드라이브에서 새문서 생성 > 더보기 > Google Colaboratory 를 클릭해 코랩을 실행할 수도 있습니다.

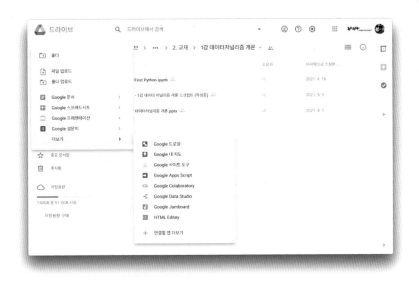

구글 드라이브에서
코랩 새 문서 만들기

프로그램 언어를 공부하면 제일 처음 실행하는 예제가 있습니다. 바로 Hello world!를 프린트 하는 거죠. 40년이나 된 개발자들의 전통이랍니다.

왜 Hello world를 치는 거지? Hello world!의 유래[39]

코드 셀에 print ('Hello, world!')를 입력한 후에 코드 셀 왼쪽 끝에 있는 삼각형 모양 실행 버튼을 클릭합니다.

```
print ('Hello, world!')
```

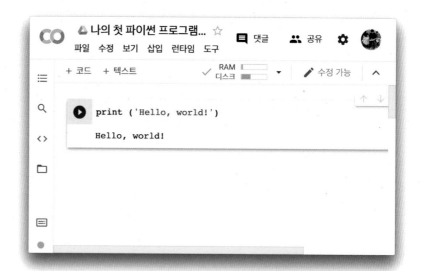

구글 코랩에서 print
('Hello, world!') 실행

　　여러분 화면에도 'Hello, world!'가 출력됐나요? 여러분은 방금
파이썬 프로그래밍에 입문하셨습니다. 파이썬 강의는 다음 장에서
계속합니다. 데이터저널리즘, 그리고 프로그래밍 세계에 오신 것을
환영합니다.

LESSON

02

탐사보도를 위한
리서치

2장에서는 탐사보도를 위한 리서치 노하우를 학습합니다. 뉴
스타파가 보도한 사례를 실습 예제로 활용해 원하는 자료를
올바로 검색하고 출처를 정확하게 확인하는 능력을 기릅니다.

인터넷 정보와
검색

우리는 하루에도 몇 번씩 궁금한 것들을 직접 찾아봅니다. 포털사이트에서 어제 야구 경기 결과를 확인하고 오늘 날씨를 검색합니다. 유튜브에서 가구 조립하는 방법을 찾아보고, 인스타그램에서 구매할 물건을 둘러보기도 합니다. 뭔가 필요해서 검색하는 것 말고도 습관적으로 잡다한 가십과 뉴스를 보고 듣고 검색합니다. 그런데 이렇게 확인하는 정보들, 모두 믿을 수 있을까요? 그 많은 정보는 모두 어디에서 왔을까요?

'나무위키'에 나온 내용을 인용해 보고서나 발표를 준비해도 될까요? 예를 들어 뉴스타파 데이터팀과 다른 언론사 데이터팀을 비교하는 보고서를 작성해야 한다고 가정해 봅시다. 먼저 인원이 궁금합니다. 포털사이트에서 뉴스타파를 검색하면 뉴스타파 웹사이트와 함께 뉴스타파-나무위키 페이지도 뜹니다. 2021년 7월 기준으로 나무위키에는 뉴스타파 데이터팀 구성원이 모두 3명이라고 돼 있습니다. 하지만 같은 시점에 뉴스타파 홈페이지에서 제작진 소개를 찾아보면 데이터팀 구성원은 네 명이 나옵니다. 나무위키에 틀린 정보가 유통된 거죠. 현재(2022년 4월 기준) 나무위키에는 뉴스타파 데이터팀 구성원이 4명이라고 돼 있습니다. 오류가 한참 뒤에야 정정된 겁니다.

인터넷에는 수많은 정보가 떠다닙니다. 그러나 모든 정보가 정확한 건 아니죠. 애써 검색해 찾은 자료가 가짜뉴스이거나 광고일 때도 있습니다. 탐사보도를 할 때 얼마나 많은 자료를 찾고 보고 확인할까요? 우리는 어떤 정보를 믿어야 할까요?

취재 과정에서 믿을 수 있는 자료를 신속하게 찾는 일은 무엇보다 기본이고 중요합니다.

2. 제작진

- 대표: 김용진
- 탐사1팀: 박중석, 임선응, 강현석
- 탐사2팀: 한상진, 조원일, 김새봄, 홍주환
- 탐사3팀: 심인보, 김경래, 조현미, 오대양, 홍여진, 강민수
- 탐사4팀: 황일송, 김성수, 송원근, 신동윤
- 탐사5팀: 김지윤, 홍우람, 이명주, 강혜인
- 다큐팀: 최승호
- 영상팀: 정형민, 최형석, 김기철, 신영철, 오준식, 이상찬
- 편집팀: 정지성, 윤석민, 박서영, 정동우
- 데이터팀: 최윤원, 김강민, 연다혜
- 뉴미디어팀: 최기훈, 박종화, 이도현, 허현재
- 경영기획실: 김성근, 정은아, 박수진, 장광연, 조연우
- 신우열 전임연구원 / 신학림 전문위원 / 이정호 이은용 객원기자

최윤원	팀장	soulabe@ne
김강민	데이터 기자	kangminq@r
연다혜	데이터 기자	dahye@news
김지연	데이터 기자	jiyeon@news

위-나무위키 뉴스타파 검색화면, 아래-뉴스타파 제작진 소개 (2021년 7월 화면캡처)

49

더 정확하게
검색하기

인터넷 검색창을 활용한 정보 검색은 누구나 할 수 있습니다. 누구보다 정확하고 신속하게 원하는 정보를 찾는 게 중요합니다.

뉴스타파는 이른바 '비즈니스계의 오스카상'이라 선전한 국제 비즈니스 대상 '스티비 어워즈'를 받은 우리나라 정부 부처와 지자체, 공공기관이 이 상을 받기 위해 쓴 세금을 전수분석해 보도[1]한 바 있습니다. 분석 결과 2006년부터 2020년까지 총 183개 기관이 770개 스티비상을 받은 사실을 확인했습니다. 스티비상이 무엇인지 궁금하지 않나요? 같이 검색해볼까요?

구글에 스티비를 검색하면 약 71만 5천 개의 검색 결과가 뜹니다.(2022년 4월 기준) 하지만 이 숫자가 중요한 건 아닙니다. 검색 결과는 수시로 변합니다. 확실한 건 스티비라는 단어가 들어간 자료가 매우 많다는 겁니다. 검색 결과 페이지를 계속 넘겨도 한참 동안 같은 이름의 뉴스레터 서비스 관련 내용이 나옵니다.

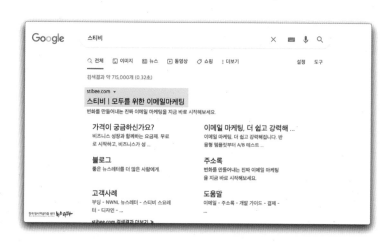

구글 '스티비' 검색 결과

이번엔 영어로 stevie를 검색해봅니다. 검색 시점에 따라 수천만 개에서 수억 개의 검색 결과가 나옵니다. 여전히 너무 많죠. 가수 스티비 원더가 같이 검색됩니다. 원하는 자료를 빠르고 정확하게 찾으려면 어떻게 해야 할까요?

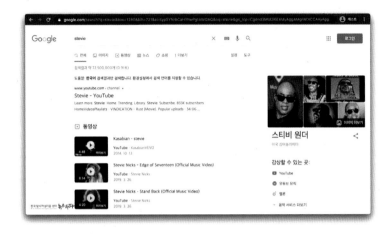

구글 'stevie' 검색 결과

상, 어워드처럼 관련 단어를 함께 검색하면 원하는 자료를 좀 더 쉽게 찾을 수 있습니다. 이번엔 stevie awards, 영어로 검색해봅니다. 검색 결과가 여전히 많기는 하지만 스티비 어워즈 공식 사이트가 드디어 첫 번째로 나옵니다.

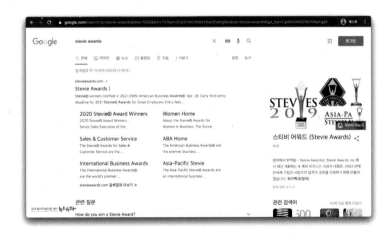

구글 'stevie awards'
검색 결과

다른 방법으로 검색 연산자를 사용할 수도 있습니다. stevie를 검색하되, wonder는 검색하고 싶지 않다면 제외할 단어인 wonder 앞에 빼기 - 기호를 넣어줍니다. 검색창에 stevie -wonder 라고 입력해볼까요? 빼기 기호와 제외할 단어 사이에는 공백이 없어야 합니다. 결과가 여전히 많지만 스티비 원더 관련 검색 내용은 사라졌습니다.

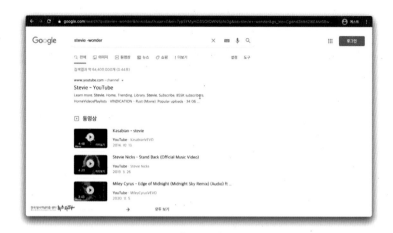

구글 'stevie -wonder' 검색 결과

이 밖에도 다양한 연산자를 활용해 구글, 네이버, 다음 등 포털사이트에서 좀 더 효과적으로 자료를 검색할 수 있습니다. 구글에서 정확히 일치하는 결과를 찾기 위한 방법으로 단어나 문구를 따옴표 안에 넣어 검색합니다.

공항철도는 2018년부터 3년 연속 「CEO 김한영」 시리즈를 출품해 스티비상을 받았는데요.

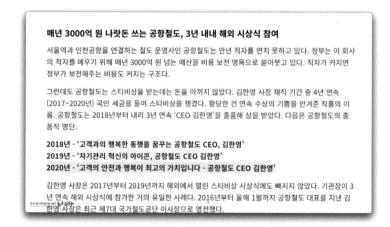

매년 3000억 원 나랏돈 쓰는 공항철도, 3년 내내 해외 시상식 참여

서울역과 인천공항을 연결하는 철도 운영사인 공항철도는 만년 적자를 면치 못하고 있다. 정부는 이 회사의 적자를 메우기 위해 매년 3000억 원 넘는 예산을 비용 보전 명목으로 쏟아붓고 있다. 적자가 커지면 정부가 보전해주는 비용도 커지는 구조다.

그런데도 공항철도는 스티비상을 받는데는 돈을 아끼지 않았다. 김한영 사장 재직 기간 중 4년 연속 (2017~2020년) 국민 세금을 들여 스티비상을 챙겼다. 황당한 건 연속 수상의 기쁨을 안겨준 작품의 이름. 공항철도는 2018년부터 내리 3년 연속 'CEO 김한영'을 출품해 상을 받았다. 다음은 공항철도의 출품작 명단.

2018년 - '고객과의 행복한 동행을 꿈꾸는 공항철도 CEO, 김한영'
2019년 - '자기관리 혁신의 아이콘, 공항철도 CEO 김한영'
2020년 - '고객의 안전과 행복이 최고의 가치입니다 - 공항철도 CEO 김한영'

김한영 사장은 2017년부터 2019년까지 해외에서 열린 스티비상 시상식에도 빠지지 않았다. 기관장이 3년 연속 해외 시상식에 참가한 거의 유일한 사례다. 2016년부터 올해 1월까지 공항철도 대표를 지낸 김한영 사장은 최근 제7대 국가철도공단 이사장으로 영전했다.

뉴스타파 「트로피 스캔들 ② 이명박처럼...엉터리상에 세금 쓴 183개 공공기관」

만약 2020년 출품작 이름을 정확히 아는 상태에서 해당 수상 기록을 찾는다면 "고객의 안전과 행복이 최고의 가치입니다" 라는 출품작 문장을 따옴표 안에 넣어 검색합니다. 따옴표를 사용하지 않은 경우와 사용한 경우 검색 결과가 하늘과 땅 차이죠. 맨 위 검색 결과에 출품 사실이 보이네요.

구글 "고객의 안전과 행복이 최고의 가치입니다" 검색 결과

구글에서 특정 사이트로 제한해 자료를 찾고 싶을 때는 사이트 또는 도메인 앞에 site:를 입력합니다. 만약 서초구청 홈페이지에서 스티비 수상을 홍보한 자료를 찾고 싶다면 스티비 site:seocho.go.kr 이라고 입력합니다. 서초구청에서 직접 작성한 보도자료 등이 나타납니다.

구글 '스티비 site:seocho.go.kr' 검색 결과

구글에서 원하는 형식의 파일을 찾고 싶을 때는 파일 형식 앞에 filetype:을 입력합니다. 만약 pdf로 작성된 파일 중 스티비란 단어를 포함한 자료를 찾고 싶다면 스티비 filetype:pdf 라고 입력합니

53

다. pdf, csv, doc, ppt, xls 등 다양한 형식의 파일 검색이 가능합니다.

구글 '스티비 filetype:pdf' 검색 결과

xls 확장자 엑셀 파일과 pdf 확장자 PDF 파일을 함께 검색하고 싶다면 대문자 OR 검색 연산자를 사용해 스티비 filetype:xls OR filetype:pdf 로 검색어를 입력합니다. 두 개의 연산자를 결합해 site: 연산자와 filetype: 연산자를 함께 사용할 수도 있습니다. 스티비 filetype:pdf site:go.kr 이라고 입력하면 우리나라 정부 기관 도메인인 go.kr을 사용하는 웹사이트에 업로드한 pdf 파일 중 스티비라는 키워드가 들어간 파일을 찾을 수 있습니다.

구글 '스티비 filetype:pdf site:go.kr' 검색 결과

구글, 네이버, 다음과 같은 포털사이트에서 자료를 검색할 때 다양한 연산자를 사용할 수 있습니다. 구글 고급 검색 페이지[2]를 활용하면 옵션을 선택해 여러 방법으로 자료를 검색할 수 있습니다.

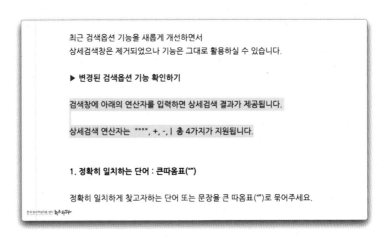

구글 고급 검색

포털사이트 네이버에서는 구글에서 사용하는 큰따옴표 "", 더하기 +, 빼기 -, 수직선 | 총 4가지 상세검색 연산자 사용이 가능합니다. 검색 옵션 가이드[3]로 자세한 설명도 제공합니다.

최근 검색옵션 기능을 새롭게 개선하면서
상세검색창은 제거되었으나 기능은 그대로 활용하실 수 있습니다.

▶ 변경된 검색옵션 기능 확인하기

검색창에 아래의 연산자를 입력하면 상세검색 결과가 제공됩니다.

상세검색 연산자는 "", +, -, | 총 4가지가 지원됩니다.

1. 정확히 일치하는 단어 : 큰따옴표("")

정확히 일치하게 찾고자하는 단어 또는 문장을 큰 따옴표("")로 묶어주세요.

네이버 검색 옵션

포털사이트 다음은 다른 검색엔진에 없는 검색 연산자 / 를 사용할 수 있습니다. 검색 사이트 또는 검색 카테고리로 이동하는 기능인데요. 예를 들어 다음 검색창에 뉴스타파/네이버 라고 입력하면 다음 내에서 결괏값을 찾아주는 것이 아니라 네이버 검색 결과 페이지로 이동합니다. 뉴스타파/구글 이라고 입력하면 구글 검색 결과 페이지로 이동합니다. 구글이나 네이버에서 검색한 결과를 바로 보여주기 때문에 편리합니다.

다음 검색 옵션

다음에서 뉴스타파/이미지 라고 검색하면 다음 포털의 '이미지' 카테고리에서 '뉴스타파' 키워드로 검색한 결과를 보여줍니다. 동영상, 뉴스, 카페 등의 카테고리에도 적용할 수 있습니다.

구글 검색 결과는 이용자에 따라 차이가 있습니다. 구글은 웹페이지를 검색 색인해 정렬한 순위 시스템을 활용합니다.[4] 이용자의 로그인 정보, 과거 검색 결과, 방문 기록 등을 시스템 알고리즘 구성에 반영합니다.

검색 사이트 이용자는 인터넷에서 자료를 검색하면 누구나 같은 결과를 찾는다고 생각하지만 사실 그렇지 않습니다. 포털은 이용자에 따라 검색 결과 콘텐츠를 다르게 배열하고, 이용자의 검색 패턴을 파악해 맞춤형 검색 결과 서비스를 제공합니다. 이용자 입장에서는 원하는 자료를 빠르고 쉽게 찾을 수 있어 장점으로 느껴질 수도 있지만 자신이 이용하던 자료들에만 계속 접촉하게 돼 새로운 자료로부터 차단된다는 단점도 있습니다. 이것을 필터버블[5]이라고 합니다. 편견 없이 다양한 자료를 확인해야 하는 기자들은 이를 유념해 검색해야 합니다.

구글에서의 일반적인 검색 기술

소셜미디어 검색
소셜미디어에서 검색하려면 단어 앞에 @ 기호를 입력합니다. 예: @ twitter

가격 검색
숫자 앞에 $ 기호를 입력합니다. 예: 카메라 $400

해시태그 검색
단어 앞에 # 기호를 입력합니다. 예: #throwbackthursday

검색어에서 단어 제외
제외하려는 단어 앞에 - 기호를 입력합니다. 예: 재규어 속도 -차

정확히 일치하는 결과 검색
단어 또는 문구를 따옴표 안에 넣습니다. 예: "가장 높은 빌딩"

와일드 카드 또는 알 수 없는 단어 검색
단어 또는 문구에서 자리표시자를 두려는 곳에 * 기호를 입력합니다. 예: "세상에서 가장 큰 *"

숫자 범위 내에서 검색
두 숫자 사이에 .. 기호를 입력합니다. 예: 카메라 $50..$100

검색어 조합
각 검색어 사이에 'OR'를 입력합니다. 예: 마라톤 OR 경주

특정 사이트 검색
사이트 또는 도메인 앞에 'site:'를 입력합니다. 예: site:youtube.com 또는 site:.gov

관련 사이트 검색

이미 알고 있는 웹 주소 앞에 'related:'를 입력합니다. 예: related:time.com

사이트 세부정보 보기

사이트 주소 앞에 'info:'를 입력합니다.

Google에서 캐시한 사이트 버전 확인

사이트 주소 앞에 'cache:'를 입력합니다.

구글 책
미리보기

각 포털사이트에는 그 사이트에서만 제공하는 특별한 서비스들이 있습니다. 구글은 책 미리보기 서비스를 제공합니다. 구글 도서 검색 사이트 books.google.com[6] 에서 키워드 또는 책 제목으로 도서를 검색할 수 있습니다.

구글 도서 검색 사이트
books.google.com

일부 페이지로 제한되지만 국내 도서뿐만 아니라 해외 도서도 미리보기가 가능합니다. '미리보기' 옵션을 클릭하면 도서 페이지로 이동합니다. 아래로 스크롤을 하며 본문 내용을 볼 수 있습니다.

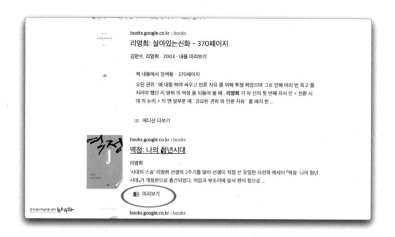

구글 도서 검색 '미리보기'

왼쪽 사이드바에 있는 '이 책에서 검색' 기능을 활용하면 책 본문에서 검색한 키워드를 포함한 문장을 찾을 수 있습니다.

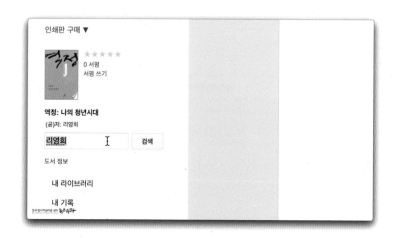

구글 도서 검색 '이 책에서 검색'

이번에도 직접 찾아볼까요? 뉴스타파는 리영희 선생 10주기를 맞아 연작 다큐멘터리를 방송했습니다. 그의 기자 생활을 정리한 「리영희 2부 -기자」편[7]을 보니 리영희 회고록 『대화』의 여러 대목이 담겨있습니다.

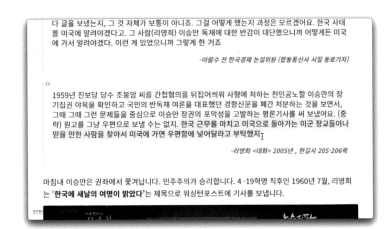

뉴스타파 목격자들- 리영희
연작 다큐멘터리 2부
「기자」

그는 미국 워싱턴포스트에 이승만 독재정권을 고발하는 평론기사를 익명으로 여러 차례 기고했는데요. 기사를 보니 "한국 근무를 마치고 미국으로 돌아가는 미군 장교들이나 믿을 만한 사람을 찾아서 미국에 가면 우편함에 넣어달라"고 부탁했다는 회고록 발췌문이 있습니다. 구글 도서 미리보기 서비스를 활용해 우편함 관련 내용이 있는지 한번 찾아볼까요?

구글에서 리영희, 대화 site:books.google.com으로 키워드와 연산자를 입력해 검색합니다. 이 중 발췌문이 있는 2006년 버전을 선택하고 도서 본문에서 우편함을 검색합니다. 같은 결과가 확인됐나요? 워싱턴포스트는 한 칼럼 600자에 60달러의 원고료를 보내왔군요.

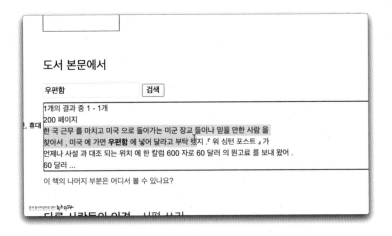

2부 「기자」 편 기사 하단에 있는 "취재 기자는 세 가지 스타일이

있어. 발로 뛰는 기자, 남의 기사들을 모아서 쓰는 기자, 안건의 연구를 통해서 접근하는 기자, 이 세 가지예요. 나는 이 세 번째의 연구·조사하는 방식이 주특기였기 때문에 혼자 정보원을 만나는 그런 취재는 필요가 없었어요."를 예시로 다시 실습해보세요.

구글에서 리영희, 대화 site:books.google.com으로 키워드와 연산자를 입력해 검색한 『대화』 책을 선택합니다. 발췌문이 있는 2006년 버전을 선택하고 도서 본문에서 스타일을 검색합니다. 이번에도 같은 결과가 나왔나요?

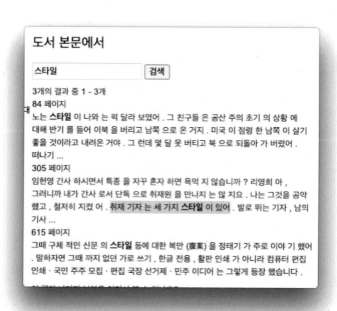

리영희 『대화』 '이 책에서 검색'

네이버 뉴스
라이브러리

포털사이트 네이버의 특징은 무엇일까요? 네이버 뉴스 라이브러리[8]
는 1920년부터 1999년까지 발간된 옛 신문들의 디지털 서비스입니
다. 경향신문, 동아일보, 매일경제, 조선일보, 한겨레신문의 기사를
검색할 수 있습니다. 기사는 텍스트로도 제공하고 지면을 이미지로
볼 수도 있습니다.

네이버 뉴스 라이브러리

이번에는 리영희 선생 다큐멘터리 3부 「진실」편[9]에서 인용한 지
면 기사를 찾아보겠습니다. 1989년 1월 1일 「25년전 마음의 부채
갚고 싶었소」라는 제목으로 한겨레신문에 실린 칼럼인데요.

뉴스타파 목격자들- 리영희
연작 다큐멘터리 3부
「진실」

네이버 뉴스 라이브러리를 검색해 들어갑니다. 상세검색 탭을 선택하고 기간을 1989년 1월 1일부터 1989년 1월 1일까지로 설정합니다. 칼럼 제목 「25년전 마음의 부채 갚고 싶었소」를 검색했습니다. 한겨레 26면의 기사가 확인됩니다. 기사 제목을 클릭하면 해당 기사의 지면으로 이동합니다. 지면 보기에서는 확대 축소 기능도 지원합니다.

네이버 뉴스 라이브러리
한겨레신문 1989년
1월 1일

오래 전 기사로 하나 더 확인해볼까요? 뉴스타파가 조선일보와 동아일보 창간 100년을 맞아 보도한 「조동(朝東)100년」 시리즈에는 두 신문이 지원병이 저조한 지역을 비판하거나 비교하며 지원병 신청 경쟁을 유도했다는 내용[10]이 있습니다. 1939년 2월 6일 동아일보 기사를 찾아볼게요.

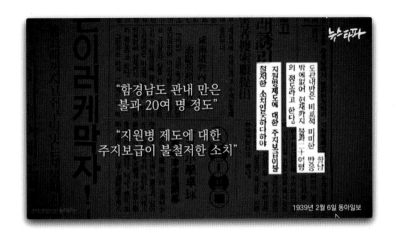

뉴스타파
「조동(朝東)100년 ④
어떻게 18살 소년을
전쟁터로 내몰았나」

네이버 뉴스 라이브러리 상세검색 탭에서 기간을 1939년 2월 6
일부터 1939년 2월 6일까지로 선택합니다. 이번에는 뉴스타파 보
도 영상에 보이는 대로 지원병 제도에 대한 주지보급을 검색합니다.
동아일보 2면 기사가 나옵니다.

네이버 뉴스 라이브러리
'지원병 제도에 대한
주지보급' 검색 결과

지금까지 인터넷 포털사이트 자료 검색을 배웠습니다. 본인이 원
하는 자료가 무엇인지 정확히 파악하고 특성에 맞는 포털에서 검색
하면 필요한 결과를 빠르게 얻을 수 있습니다.

고위공직자 재산
검증하기

인사 발표를 하거나 청문회가 열리면 기자들은 후보자 재산을 검증합니다. 관보에 공개한 고위공직자 재산공개내역을 살피고, 재산 공시지가와 법인 현재자산 등을 확인합니다. 이번엔 이 세트를 실습해 보겠습니다.

고위공직자 재산은 매년 3월 넷째 주 목요일 관보에 정기 공개합니다. 대한민국 전자관보[11] 사이트에 들어가 상단 메뉴 중 검색하기 > 공직자 재산공개를 선택하면 정부, 선관위, 법원 공직자윤리위원회에서 관리하는 재산 내역이 실린 관보가 있습니다.

대한민국 전자관보 공직자
재산공개

문재인 대통령의 2021년 재산공개 내역을 살펴보겠습니다. 연도는 2021년, 기관은 정부공직자윤리위원회를 선택합니다. 더보기 버튼을 클릭하고 몇 페이지를 넘기면 〈정부공직자윤리위원회공고 제2021-5호 (2021년도 정기재산변동 신고사항 공개, 대통령)〉항목이 나옵니다.

대한민국 전자관보
정부공직자윤리위원회공고
제2021-5호

항목을 클릭하면 문재인 대통령의 정기재산변동 신고내역이 나옵니다. 대통령 본인과 배우자의 토지, 건물, 자동차, 예금, 증권, 채무, 지식재산권 규모를 알 수 있습니다. 자산총액은 20억 7692만 2천 원이네요. 고위공직자 재산공개 내역의 토지, 건물 가격은 공시지가를 기준으로 작성합니다. 문재인 대통령의 재산공개 내역 중 양산시 매곡동에 대통령 본인이 소유한 주차장의 1제곱미터당 공시지가를 알아볼까요?

본인과의 관계	재산의 종류	소재지 면적 등 권리의 명세	종전가액	증 (실거
▶ 토지(소계)			219,431	
본인	잡종지	경상남도 양산시 매곡동 28번지 159.00㎡	26,155	
본인	주차장	경상남도 양산시 매곡동 29번지 577.00㎡	94,916	
본인	답	경상남도 양산시 매곡동 30-2번지 15.00㎡	409	
본인	답	경상남도 양산시 매곡동 30-3번지 14.00㎡	382	
본인	답	경상남도 양산시 매곡동 30-4번지 47.00㎡	1,283	
본인	대지	경상남도 양산시 매곡동 34-10번지 51.00㎡	8,476	
본인	임야	제주특별자치도 제주시 한경면 청수리 1844번지 4,485.00㎡ 중 1,121.25㎡	17,940	
본인	도로	경상남도 양산시 매곡동 28-1번지 3.00㎡	68	
본인	도로	경상남도 양산시 매곡동 29-1번지 48.00㎡	1,089	
본인	대지	경상남도 양산시 매곡동 30번지 413.44㎡	68,713	

문재인 대통령 2021년
정기재산변동 신고내역

공시지가는 국가공간정보포털[12]에서 확인할 수 있습니다. 상단 메뉴에 열람공간 > 국토정보조회를 선택합니다. 주차장의 주소인 경상남도를 선택하고 개별공시지가 바로가기를 누릅니다. 상세주소로 경남 양산시 매곡동을 선택하고 일반 29번지를 입력합니다. 가격기준년도 2020년 1제곱미터당 개별공시지가는 172,000원입니다. 대통령이 소유한 매곡동 주차장 면적은 577제곱미터이니 단위 면적당 개별공시지가를 곱하면 현재가액은 99,244,000원이군요.

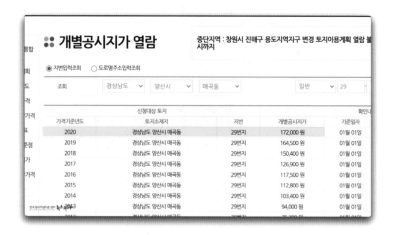

경상남도 양산시 매곡동
29번지 개별공시지가

재산공개내역으로 돌아와서 주차장 항목의 현재가액을 살펴보면 99,244,000원으로 찾아본 금액과 일치합니다.

가격기준년도	토지소재지	지번	개별공시지가	기준일자
2020	경상남도 양산시 매곡동	29번지	172,000 원	01월 01일
2019	경상남도 양산시 매곡동	29번지	164,500 원	01월 01일
2018				01월 01일
2017				01월 01일
2016				01월 01일
2015				01월 01일
2014				01월 01일
2013	경상남도 양산시 매곡동	29번지	94,000 원	01월 01일

577제곱미터 X 172,000원 = 9,924만 원

본인과의 관계	재산의 종류	소재지 면적 등 권리의 명세	종전가액	변동액 증가액 (실거래가격)	감소액 (실거래가격)	현재가액
▶ 토지(소계)			219,431	796,793	0	1,016,224
본인	잡종지	경상남도 양산시 매곡동 28번지 159.00㎡	26,155	1,193	0	27,348
본인	주차장	경상남도 양산시 매곡동 29번지 577.00㎡	94,916	4,328	0	99,244
본인	답	경상남도 양산시 매곡동 30-2번지 15.00㎡	409	36	0	445
본인	답	경상남도 양산시 매곡동 30-3번지 14.00㎡	382	33	0	415
본인	답	경상남도 양산시 매곡동 30-4번지 47.00㎡	1,282	113	0	1,395

개별공시지가와 재산변동
신고내역 비교

추가로 이 주차장의 소유권을 재확인하고 싶다면 등기부등본을 떼면 됩니다. 대법원에서 제공하는 등기부 인터넷 열람 및 발급 서비스를 이용하면 등기소를 방문하지 않더라도 부동산, 법인, 동산·채권담보 등의 등기부 열람 및 발급이 가능합니다. 로그인 후 부동산 등기 열람 > 소재지번으로 찾기 메뉴에서 토지, 매곡동, 29번지를 입력해 검색하면 소유자 항목에서 문씨 성을 가진 사람이 소유한 사실을 알 수 있습니다. 수수료를 납부하면 소유자의 전체 이름 확인이 가능합니다.

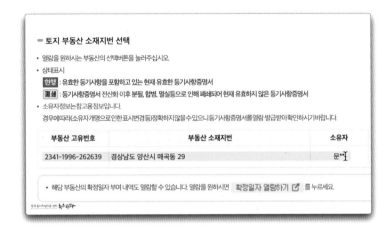

경상남도 양산시 매곡동 29
부동산 등기 열람 조회

    국회, 행정부, 선관위, 법원 소속 고위공직자 재산을 직접 검증해
보세요. 본인이 관심있는 인물을 추적하면 훨씬 흥미롭게 공부할 수
있습니다.

전문 사이트 활용
보도사례

한 분야에 관한 자료들을 전문적으로 모아 둔 웹사이트나 특정 기능을 서비스하는 웹사이트를 활용하면 포털에서 키워드로 검색하는 것보다 양질의 자료를 얻을 수 있습니다.

기업정보 전자공시시스템 DART[13]

금융감독원에서 운영하는 기업정보 전자공시시스템, DART는 상장법인 등의 공시정보를 제공하는 사이트입니다.

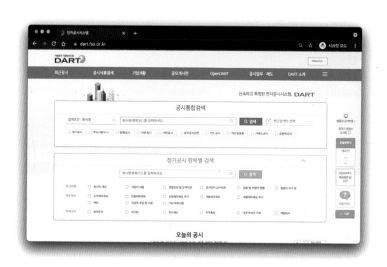

기업정보 전자공시시스템
DART

보도사례 뉴스타파 「민방 '대주주 보도' 추적① 회장님, 우리동네 뉴스지배자」[14]

공공기관 경영정보시스템 ALIO[15]

기획재정부에서 관리하는 공공기관 경영정보시스템 ALIO는 공기업의 경영실적평가, 경영정보 등을 제공하고 기관 간 비교조회가 가능합니다.

공공기관 경영정보 시스템
ALIO

보도사례 뉴스타파 「코레일 자회사 낙하산의 슬기로운 '법카'생활」[16]

정책연구관리시스템 PRISM[17]

행정안전부에서 운영하는 정책연구관리시스템 PRISM은 정부 정책연구 수행과정을 관리하고 연구결과를 공유하는 시스템입니다. 여러 기관의 정책연구를 종합 관리해 예산낭비를 줄이는 것이 목적입니다. 뉴스타파는 입법부인 국회의 정책연구 중 상당수가 행정부의 정책연구관리시스템에 이미 등록된 정책연구를 그대로 배껴 세금을 낭비한 실태를 찾아 보도했습니다.

정책연구관리시스템
PRISM

보도사례 뉴스타파「국회 세금도둑① 김정훈, 특정인
에 '표절 연구' 몰아주고 세금 4천만 원 '펑펑'」[18]

중앙선거관리위원회 선거통계시스템[19]

투표소 정보, 후보자 명부, 선거 투·개표 결과 등 선거관련 데이터를
확인합니다.

중앙선거관리위원회
선거통계시스템

보도사례 뉴스타파「당선자 23%가 종부세 납세자...미
래통합당·미래한국당은 41%」[20]

보도사례 뉴스타파「서울시장 투표구별 득표 격차 압
구정현대아파트가 최대」[21]

국회 의안정보시스템[22]

의안정보시스템에서는 국회에서 발의, 처리, 계류되는 의안 관련 데이터를 확인할 수 있습니다.

국회 의안정보시스템

보도사례 뉴스타파 「국회작동법 1부 '최악의 국회'는 이렇게 만들어진다」[23]

보도사례 뉴스타파 「국회작동법 2부 '법 같지 않은 법'」[24]

보도사례 뉴스타파 「국회작동법 3부 국회개혁, 총선과 만나다」[25]

뉴스타파 데이터포털[26]

뉴스타파가 보도를 위해 수집하고 정리한 모든 데이터를 데이터포털에 공개합니다. 뉴스타파 기사에 활용한 데이터를 원문으로 모두 볼 수 있습니다.

뉴스타파 데이터포털

뉴스타파 고위공직자 재산공개 사이트[27]

기관별로 산발적으로 공개하는 고위공직자 재산 내역을 2006년부터 모두 확인할 수 있는 재산공개 사이트도 매년 업데이트합니다.

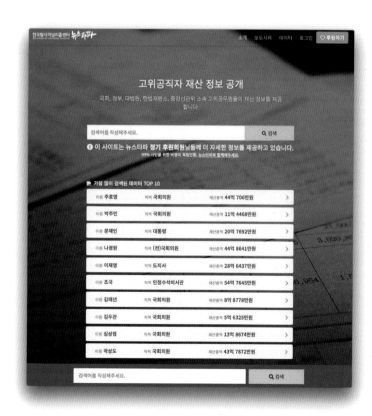

뉴스타파 고위공직자
재산공개 사이트

그외 탐사보도를 위한 주요 리서치 참고 사이트

 e-나라지표 – 국정모니터링지표[28]

 학술연구정보서비스[29]

 CaseNote – 판례검색[30]

 Google Public Data[31]

 Research Clinic – supporting open source investigation[32]

 Pipl – People Search[33]

 Facebook Graph Search Generator[34]

뉴스타파 데이터포털
활용하기

우리는 1장에서 구글 Colaboratory를 이용해 파이썬 프로그램을 실행했습니다. 컴퓨터 프로그래밍을 배우면 '어떤' 일들을 좀 더 쉽고 빠르게 처리할 수 있는지 배웠습니다. 이번 시간에는 파이썬을 활용하면 기존에 엑셀로 하던 일이 '어떻게' 더 쉽고 빨라지는지 실습해봅시다.

앞서 소개한 뉴스타파 데이터포털에 접속합니다. 전체보기 버튼을 클릭하면 국회의원 종부세 납부 내역, 가짜학회 WASET, WRL 데이터 등이 보입니다.

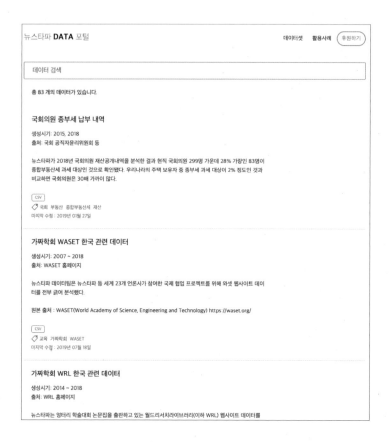

뉴스타파 데이터포털 사이트
데이터 목록

가짜학회 WASET 데이터를 누르면 데이터 생성 시기와 출처, 첨부된 csv 미리보기가 나옵니다. 이 데이터를 활용한 보도사례도 찾을 수 있습니다. 페이지 하단에 '커널'이 있습니다. 커널은 어떤 기능을 제공할까요?

가짜학회 WASET 세부
페이지

waset_data_analysis 제목을 클릭하면 데이터를 분석하기 위해 작성한 python 코드가 보입니다. 피벗테이블과 파이차트를 만들어 분석한 결과를 누구나 볼 수 있게 공개했습니다. 엑셀과 달리 어떤 분석 과정을 거쳤는지, 각 단계의 결과는 무엇인지 모두 공유가 가능하다는 장점이 있습니다.

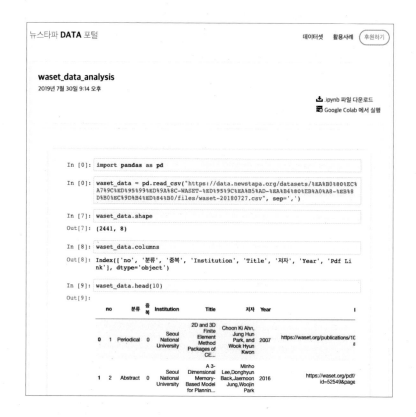

가짜학회 WASET 코드
페이지

오른쪽 상단에 Google Colab에서 실행 버튼을 누르면 Google Colaboratory에서 해당 코드가 열립니다. 파일 탭에서 드라이브에 사본 저장을 클릭하면 본인 계정의 구글 드라이브에 사본 파일을 저장할 수 있습니다. 사본 파일을 사용해 원하는 대로 코드를 수정하고 실행할 수 있습니다. 분석 결과를 공유할 때 같은 작업을 모두가 반복할 필요 없어 아주 효율적입니다.

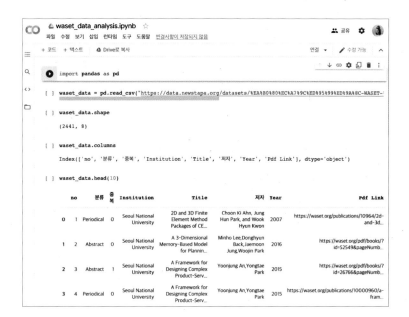

가짜학회 WASET colab
코드 페이지

우리에게 조금 더 익숙한 데이터로 커널을 연결해볼까요? 다시 데이터포털 사이트로 돌아와 검색 칸에 정치후원금을 검색해봅니다. 검색 결과 중 정치후원금 고액후원자 2016-2019 데이터를 선택해 살펴보겠습니다. 이 데이터는 20대 국회의원들이 임기 동안 모금한 정치후원금 약 1925억 원의 내역을 포함합니다.

정치후원금 데이터 공개
페이지

커널에서 실행 버튼을 누르고 파일 탭에서 드라이브에 사본 저장을 합니다. 사본 파일이 만들어지면 런타임 탭에 모두 실행 버튼을 누르고 잠시 기다립니다. 코드 옆에 붙은 삼각형 테두리에 점선이 생기더니 1부터 숫자가 하나씩 생기고 결과물이 출력됩니다. 방금 여러분은 7개의 코드를 실행했습니다.

정치후원금 활용 전체 코드[35]

간단히 설명하면 wget을 활용해 데이터를 불러오고

```
!wget
"https://data.newstapa.org/datasets/%EC%A0%95%EC%B9%9
8%ED%9B%84%EC%9B%90%EA%B8%88-%EA%B3%A0%EC%95%A1%ED%9B
%84%EC%9B%90%EC%9E%90-2016-2019/files/%EC%A0%95%EC%B9%
98%ED%9B%84%EC%9B%90%EA%B8%88_%EA%B3%A0%EC%95%A1%ED%9
B%84%EC%9B%90%EC%9E%90_2016-2019.csv"
```

pandas패키지를 이용해 데이터를 읽었습니다.

```
import pandas as pd
df_donate = pd.read_csv("정치후원금_고액후원자_2016-
2019.csv").fillna(" ")
```

앞 10개 행을 확인하고

```
df_donate.head(10)
```

	no	연도	시도명	신분	후원회명	선거구명	정당	성명	주소	직업	기부금액(원)	기부일자
0	1	2016	울산	국회의원	강길부	울주군	무소속	김규우	울산시 울주군 서생면	자영업	5000000	20160303
1	2	2016	울산	국회의원	강길부	울주군	무소속	노승현	울산시 울주군 서생면	자영업	5000000	20160303
2	3	2016	울산	국회의원	강길부	울주군	무소속	노현수	부산시 금정구 금정로	회사원	5000000	20160303
3	4	2016	울산	국회의원	강길부	울주군	무소속	박태동	울산시 울주군 언양읍 ·	자영업	5000000	20160104
4	5	2016	울산	국회의원	강길부	울주군	무소속	한완섭	서울시 강서구 등촌동 ·	자영업	5000000	20161104
5	6	2016	울산	국회의원	강길부	울주군	무소속	노진웅	서울시 영등포구 여의도	자영업	5000000	20160331
6	7	2016	울산	국회의원	강길부	울주군	무소속	최영수	울산시 남구 두왕로 4	자영업	5000000	20160331
7	8	2016	울산	국회의원	강길부	울주군	무소속	제범근	울산시 남구 삼산동 1	자영업	5000000	20160819
8	9	2016	서울	국회의원	강병원	은평구을	더불어민주당	강양원	경기도 안산시 상록구	자영업	500000	20160904
9	10	2016	서울	국회의원	강병원	은평구을	더불어민주당	오종남	서울 종로구 적선동 1	김앤장법률사무소 고문[전] 통계청 청장	300000	20161108

df_donate.head(10)
실행 결과

열 이름을 확인합니다.

df_donate.columns

df_donate.columns
실행 결과

```
Index(['no', '연도', '시도명', '신분', '후원회명', '선거구명', '정당', '성명', '주소', '직업',
       '기부금액(원)', '기부일자'],
      dtype='object')
```

6번째 코드는 '후원회원명'이 '박덕흠'인 경우를 찾은 겁니다. 엑셀로 설명하면 '후원회원명' 열에서 '박덕흠'을 필터로 건 겁니다.

search_donate[search_donate["후원회명"] == "박덕흠"]

	no	연도	시도명	신분	후원회명	선거구명	정당	성명	주소	직업	기부금액(원)	기부일자
1206	1207	2016	충북	국회의원	박덕흠	보은군옥천군영동군괴산군	미래통합당	정영기	충북 옥천군 옥천읍	자영업	5000000	20160203
1207	1208	2016	충북	국회의원	박덕흠	보은군옥천군영동군괴산군	미래통합당	김성모	서울 강동구 상암로	자영업	5000000	20160404
1208	1209	2016	충북	국회의원	박덕흠	보은군옥천군영동군괴산군	미래통합당	차주일	서울 강남구 광평로5	자영업	5000000	20160404
1209	1210	2016	충북	국회의원	박덕흠	보은군옥천군영동군괴산군	미래통합당	강문수	충북 보은군 보은읍	자영업	5000000	20160604
1210	1211	2016	충북	국회의원	박덕흠	보은군옥천군영동군괴산군	미래통합당	박영온	서울 송파구 백제고분	회사원	100000	20161202
...	...	...	...	...	...	...	...	...	...	...	...	...
10740	10813	2019	충북	국회의원	박덕흠	보은군옥천군영동군괴산군	미래통합당	김윤호	서울특별시 서초구 염곡말길	회사원	400000	20191129
10741	10814	2019	충북	국회의원	박덕흠	보은군옥천군영동군괴산군	미래통합당	정화숙	서울특별시 서초구 염곡말길	회사원	300000	20191129
10742	10815	2019	충북	국회의원	박덕흠	보은군옥천군영동군괴산군	미래통합당	김혁	서울특별시 도봉구 도봉로1	회사원	5000000	20191226
10743	10816	2019	충북	국회의원	박덕흠	보은군옥천군영동군괴산군	미래통합당	김윤호	서울특별시 서초구 염곡말길	회사원	400000	20191230
10744	10817	2019	충북	국회의원	박덕흠	보은군옥천군영동군괴산군	미래통합당	정화숙	서울특별시 서초구 염곡말길	회사원	300000	20191230

142 rows × 12 columns

search_donate[search_donate["후원회명"] == "박덕흠"] 실행 결과

따옴표 안 박덕흠을 이언주로 바꾸고 옆에 실행 버튼을 클릭해볼까요? 후원회원명이 이언주인 경우, 다시 말해 이언주 전 의원의 정치후원금 내역이 나옵니다. 확인하고 싶은 의원이 있다면 이름 부분만 바꿔보세요.

search_donate[search_donate["후원회명"] == "이언주"]

	no	연도	시도명	신분	후원회명	선거구명	정당	성명	주소	직업	기부금액(원)	기부일자
2500	2501	2016	경기	국회의원	이언주	광명시을	미래통합당	김동구	경남 창원시 사파동 7*	김동구법률사무소 변호사	5000000	20160403
2501	2502	2016	경기	국회의원	이언주	광명시을	미래통합당	이병호	서울 마포구 공덕동 4*	에쓰오일(S-OIL) 인재개발실 실장 부사장	5000000	20160404
2502	2503	2016	경기	국회의원	이언주	광명시을	미래통합당	박진균	서울 강남구 선릉로 2	회사원	5000000	20160502
2503	2504	2016	경기	국회의원	이언주	광명시을	미래통합당	최영미	서울 금천구 금하로79*	자영업	5000000	20160604
2504	2505	2016	경기	국회의원	이언주	광명시을	미래통합당	신충균	경기 부천시 봉오대로5	대표	5000000	20160811
2505	2506	2016	경기	국회의원	이언주	광명시을	미래통합당	정덕수	경기 광명시 오리로65	대표	500000	20160909
2506	2507	2016	경기	국회의원	이언주	광명시을	미래통합당	신복용	경기 수원시 장안구 수	소장	5000000	20160911
2507	2508	2016	경기	국회의원	이언주	광명시을	미래통합당	김은영	경기 광명시 광덕산로2*	자영업	5000000	20160103
2508	2509	2016	경기	국회의원	이언주	광명시을	미래통합당	신정섭	충남 당진시 무수동로	대표	5000000	20161203
2509	2510	2016	경기	국회의원	이언주	광명시을	미래통합당	이병호	서울 마포구 공덕동 4*	에쓰오일(S-OIL) 인재개발실 실장 부사장	1000000	20161212
2510	2511	2016	경기	국회의원	이언주	광명시을	미래통합당	김광중	경기 광명시 하안동 2	대표	400000	20160119
2511	2512	2016	경기	국회의원	이언주	광명시을	미래통합당	고영승	경기 광명시 오리로49*	자영업	5000000	20161014
2512	2513	2016	경기	국회의원	이언주	광명시을	미래통합당	김광중	경기 광명시 하안동 2	대표	400000	20161019
2513	2514	2016	경기	국회의원	이언주	광명시을	미래통합당	정덕수	경기 광명시 오리로65	대표	2000000	20161024
2514	2515	2016	경기	국회의원	이언주	광명시을	미래통합당	정덕수	경기 광명시 오리로65	대표	2000000	20161024
2515	2516	2016	경기	국회의원	이언주	광명시을	미래통합당	정철	경기 광명시 광명로43*	자영업	5000000	20161028
2516	2517	2016	경기	국회의원	이언주	광명시을	미래통합당	김광중	경기 광명시 하안동 2	대표	400000	20161121
2517	2518	2016	경기	국회의원	이언주	광명시을	미래통합당	김광중	경기 광명시 하안동 2	대표	400000	20161219
2518	2519	2016	경기	국회의원	이언주	광명시을	미래통합당	안동관	서울 성동구 마장동 4	대표	5000000	20161226

search_donate[search_donate["후원회명"] == "이언주"] 실행 결과

숫자 7이 맨 앞에 붙은 코드는 성명 열이 '한무경'인 경우를 출력합니다. 후원자 이름으로 필터를 건 겁니다.

search_donate[search_donate["성명"] == "한무경"]

	no	연도	시도명	신분	후원회명	선거구명	정당	성명	주소	직업	기부금액(원)	기부일자
3793	3794	2017	대구	국회의원	곽대훈	달서구갑	무소속	한무경	대구 달서구 성서4차첨단로*	효림산업 대표이사	5000000	20170206
4552	4553	2017	경기	국회의원	김현미	고양시정	더불어민주당	한무경	대구시 수성구 청호로*	자영업	5000000	20170206
5997	5998	2017	울산	국회의원	이채익	남구갑	미래통합당	한무경	경상북도 경산시 진량읍 공단10로*	자영업	5000000	20170206
5998	5999	2017	울산	국회의원	이채익	남구갑	미래통합당	한무경	경상북도 경산시 진량읍 공단10로*	자영업	5000000	20170206
6706	6707	2017	대구	국회의원	추경호	달성군	미래통합당	한무경	서울 강남구 역삼로*	회사원	5000000	20170206

search_donate[search_donate["성명"] == "한무경"] 실행 결과

이번에도 원하는 대로 후원자 이름을 바꿀 수 있습니다. 예를 들어 김철수로 이름을 바꾸고 삼각형을 클릭해 코드를 실행하면 김철수라는 이름을 가진 사람들이 후원한 정치후원금 내역이 일괄 확인됩니다.

```
search_donate[search_donate["성명"] == "김철수"]
```

	no	연도	시도명	신분	후원회명	선거구명	정당	성명	주소	직업	기부금액(원)	기부일자
997	998	2016	서울	국회의원	나경원	동작구을	미래통합당	김철수	서울 관악구 신림동1	양지병원 병원장[전] 대한에이즈예방협회 회장	5000000	20160818
3851	3852	2017	경기	국회의원	권철승	화성시병	더불어민주당	김철수	경기 화성시 청계동*	자영업	1000000	20170424
3854	3855	2017	경기	국회의원	권철승	화성시병	더불어민주당	김철수	경기 화성시 청계동*	자영업	2100000	20170825
9251	9312	2018	세종	국회의원	이해찬	세종특별자치시	더불어민주당	김철수			5000000	20180815
11022	11098	2019	경기	국회의원	서정원	화성시갑	우리공화당	김철수	서울 관악구 남부순환로	양지병원 병원장[전] 대한에이즈예방협회 회장	5000000	20190430

search_donate[search_donate["성명"] == "김철수"] 실행 결과

성명, 후원회원명 부분도 정당, 직업, 기부일자 등 다른 이름으로 바꿔서 활용할 수도 있겠죠?

```
search_donate[search_donate["정당"] == "정의당"]
search_donate[search_donate["직업"] == "자영업"]
search_donate[search_donate["기부일자"] == "20190301"]
```

어떤가요? Hello World 보다 재미있으신가요?
다음 장에서는 좀 더 자세하게 배워봅시다!

LESSON

03

탐사보도를 위한
정보공개청구

3장에서는 정보공개청구제도를 살펴보고 직접 청구를 해봅니다. 정보공개청구로 필요한 정보를 받아내는 노하우, 참고 자료, 이 제도를 활용한 보도 사례 등을 소개합니다.

정보공개청구란
무엇인가

우리 동네 보도블록은 왜 해마다 갈아엎을까? 국회의원 해외 연수 비용은 얼마나 될까? 정보공개청구는 막연한 궁금증에 해답을 제시합니다.

정보공개청구는 공공기관이 생산·보유·관리하는 자료 등을 청구하는 행위를 말합니다. 대한민국 국민이라면 관련 기관에 서면이나 인터넷(정보공개포털)[1]으로 누구나 청구할 수 있습니다. 외국인도 국내에 주소를 가지고 거주하는 사람 등은 일정한 자격을 갖추면 이 제도를 이용할 수 있습니다.

예를 들어 국회의원이 한 해 사용하는 해외 연수 비용을 알고 싶다면 국회에 관련 예산과 집행 내역 등을 청구하면 됩니다. 국회는 「공공기관의 정보공개에 관한 법률(이하 정보공개법)」에 따라 10일 이내(1차 연장 가능)에 청구 내용을 공개해야 합니다.

정보공개법은 국민의 알 권리를 보장하고 국정 운영의 투명성을 확보하기 위해 만들어진 제도입니다. 정보공개청구를 더 자세히 알아봅시다.

정보공개청구
개념 잡기

'정보'란 무엇인가

◆ 공공기관이 업무와 관련하여 생산 또는 접수한 문서 · 도서 · 대장
· 카드 · 도면 · 시청각물 · 전자 문서 등 모든 형태의 기록정보자
료인 기록물

정보공개 대상 기관은?

◆ 국가기관
  - 국회, 법원, 헌법재판소, 중앙선거관리위원회(해당기관에 직
    접청구)
  - 중앙행정기관(대통령 소속 기관과 국무총리 소속 기관을 포
    함) 및 그 소속 기관
  - 「행정기관 소속 위원회의 설치·운영에 관한 법률」에 따른
    위원회
◆ 지방자치단체
◆ 「공공기관의 운영에 관한 법률」 제2조에 따른 공공기관
◆ 그 밖에 대통령령으로 정하는 기관 (학교, 지방공사 및 지방공단 등)

정보공개청구는 누가 할 수 있나?

◆ 대한민국 국민이면 누구나
◆ 외국인의 경우 국내에 일정한 주소를 두고 거주하거나 학술·연구
를 위하여 일시적으로 체류하는 사람, 국내에 사무소를 두고 있
는 법인 또는 단체

정보공개청구 어떻게 하나?

◆ 정보공개포털에서 신청

◆ 성명과 주민등록번호, 주소 및 연락처(이메일 등), 청구 내용과
공개 방법 등을 적어 공공기관에 직접 서면으로 청구

◆ 성명과 주민등록번호, 주소 및 연락처(이메일 등), 청구 내용과
공개 방법 등을 정보공개 담당자에게 말로 청구

실전
정보공개청구

정보공개청구는 정보공개포털을 이용하는 것이 가장 효율적입니다. 시간과 공간의 제약이 없고 동일한 내용을 여러 기관에 동시 청구할 수 있기 때문입니다.

1) '정보공개포털' 들어가기 www.open.go.kr

정보공개포털

    포털에 정보공개포털을 검색해 홈페이지로 들어갑니다. 우측 하단에 있는 회원가입으로 아이디를 생성합니다. 비회원도 청구가 가능하지만 사이트에 들어올 때마다 개인정보 등을 입력해야 하는 번거로움이 있습니다. 회원은 로그인만 하면 곧바로 정보공개를 청구할 수 있습니다. 본인이 청구했던 정보공개 처리 현황도 등록되기 때문에 회원가입은 필수입니다.

2) 정보공개 청구하기

정보공개포털 - 청구/소통

로그인한 뒤 '청구/소통'란에 들어가 '청구신청'을 클릭합니다. 그러면 아래와 같은 화면이 나옵니다.

정보공개포털 - 청구신청

3) 청구 내용 작성

정보공개포털 -
청구 내용 작성

기관을 선택한 뒤 청구하고자 하는 내용과 제목을 작성합니다. 제목은 큰 상관이 없지만 청구 내용은 구체적으로 작성해야 명확한 답변을 얻을 수 있습니다.

> 사례 1) 시장 업무추진비
> 사례 2) 2015년부터 2022년 현재까지 OOO 시장이
> 사용한 업무추진비 현황을 정보공개 청구합니다. 여기서 현황이라 함은 금액, 날짜, 집행 명목, 사용 장소, 참석 인원, 구분(카드, 현금 등), 집행 근거 등을 말합니다.

사례 1) 보다 사례 2) 내용이 더 구체적이죠. 청구 내용이 모호하면 모호한 답변을 받을 수밖에 없습니다. 정보공개청구를 하기 전 본인이 원하는 정보가 무엇인지 구체적으로 파악하는 것이 중요합니다. 담당 기관, 부서 등에 전화해 정확한 사업명이나 예산 항목 등을 물어본 뒤 청구하는 것도 한 방법입니다.

청구할 정보를 어느 기관이 갖고 있는지 모르겠다고요? 걱정하지 않으셔도 됩니다. 공공기관은 다른 기관이 보유, 관리하고 있는 정보공개청구를 받았을 때 지체 없이 소관 기관으로 이송해야 합니

다. 이송 후에는 「정보공개법 11조」에 따라 청구인에게 소관 기관과 이송 사유 등을 통지해야 합니다.

하지만 내용이 구체적이지 않으면 자칫 다른 기관으로 이송될 수 있습니다. 청구인에게 중요한 건 청구 내용을 최대한 자세하게, 구체적으로 작성하는 것임을 잊지 마세요.

참조 문서는 청구 내용을 더 구체적으로 파악할 수 있는 문서를 말합니다. 받고 싶은 자료 양식을 파일로 첨부하는 것도 방법입니다. 청구서의 필수 항목은 아니므로 빈칸으로 두셔도 됩니다.

4) 청구 기관 찾기

기관 찾기를 클릭해 본인이 청구하고자 하는 기관을 선택합니다. 청구할 기관을 검색한 뒤 가운데 있는 추가 버튼을 눌러 기관을 선택합니다.

정보공개포털
- 청구 기관 찾기

청구기관	?

기관찾기 버튼을 눌러주세요. 기관찾기

· 신속한 처리를 위해 청구기관을 하위기관까지 정확하게 선택하여 주십시오.

정보공개포털 - 다중
기관 찾기

다중 기관찾기

기관명	기관명을 입력해주세요.	🔍 검색

· 기관을 클릭하고 '선택'버튼을 누르면 해당기관에 청구하실 수 있습니다.
· 소속기관에 정보공개 청구 시 해당 소속기관까지 선택하여 주십시오.

⊞ 중앙행정기관
⊞ 지방자치단체
⊞ 교육청(국립대)
⊞ 기타(공공기관, 사립대 등)

+ 선택

− 삭제

확인 ✓ 취소 ✕

· 조직도에 선택 혹은 검색되지 않는 기관은 정보공개시스템을 이용하지 않는 기관으로 직접 해당 기관에 청구하시기 바랍니다.
· 중앙선거관리위원회, 국회, 헌법재판소, 농협, KBS
· 법령, 판례, 판결, 입법예고, 경매, 소송 등의 청구는 대법원으로 해 주시기 바랍니다.

여기서 팁! 온라인 정보공개청구는 다중 청구가 가능합니다. 서면으로 진행한다면 일일이 기관을 방문하거나 팩스 등을 보내야 하지만, 온라인으로 정보공개를 청구하면 같은 내용의 정보를 여러 기관에 동시에 청구할 수 있습니다.

정보공개포털 - 다중
기관찾기 '병원' 예시

위 화면은 같은 내용의 정보를 전국 여러 병원에 청구하고자 하는 경우입니다. 여러 지자체에 같은 내용으로 정보공개를 청구할 때도 마찬가지로 다중 청구를 이용하면 됩니다.

대부분의 공공기관은 정보공개포털에서 정보공개청구를 할 수 있습니다. 하지만 정보공개포털에서 청구할 수 없는 공공기관도 있습니다. 행정부 산하 공공기관이 아닌 경우입니다. 국회, 법원, 선거관리위원회 등이 해당합니다. 행정부 산하 기관이지만 국가정보원도 포털에서 청구할 수 없습니다. 이들 기관은 해당 기관 홈페이지의 정보공개청구 메뉴에서 청구할 수 있습니다.

5) 공개·수령 방법 선택

청구 내용을 작성한 뒤 공개방법을 선택합니다. '전자파일'을 선택하면 기관에서 정보공개포털에 해당 내용을 등록합니다.(담당 공무원에 따라 정보를 등록한 이메일로 발송하는 경우도 있습니다.) 만약 기관에 직접 가서 정보를 보고 싶다면 '열람'을 선택하면 됩니다.

아래 화면은 기관에서 자료를 정보공개포털에 등록한 화면입니다.

청구정보 및 공개자료			
수신자	[수신자] (04625) 서울특별시 중구 퇴계로 212-13		청구서 보기
접수번호	7156683	접수일자	2020.10.12
처리기관	충청북도	통지일자	2020.10.23
청구내용			
공개내용	귀하께서 정보공개 청구하신 내용에 대하여 아래와 같이 공개합니다 □ 공개내용 1. 사업추진현황 및 예산, 사용내역 : 붙임1, 붙임2 2. 주민설명회 등 관련 자료 : 붙임3		
공개자료	정보공개 결정 통지서 및 붙임1(가경천 관련 연0제).hwp 붙임2. 가경천 사업비 사용내역.xlsx 붙임3. 주민설명회 자료(정보공개).egg		
비공개내용			
공개방법	교부형태	전자파일	
	교부방법	정보통신망	
공개일시	2020-10-23 ※ 수수료를 추가납부 해야할 경우 부득이하게 공개일이 변경될 수 있습니다.		

정보공개포털 –
공개·수령방법 선택

정보공개청구 수수료

정보공개를 청구하면 수수료가 발생합니다. 정보공개 및 우편 송달에 드는 비용은 실비 범위에서 청구인이 부담합니다. 당연히 양이 많을수록 비용이 증가합니다. 중앙부처 등 국가기관은 정보공개법 시행규칙에 의해 수수료를 산정하고, 각 시도 등 지방자치단체는 조례로 규정합니다. 현재 정보공개법 시행규칙에 따르면 본래 전자파일 형태로 공공기관이 보유한 정보를 청구해 온라인으로 받으면 수수료는 무료입니다.

일부 대상은 수수료 50%를 감면받을 수도 있습니다.

◆ 비영리 학술·공익단체 또는 법인이 학술이나 연구목적 또는 행정 감시를 위하여 필요한 정보를 청구한 경우

◆ 교수·교사 또는 학생이 교육자료나 연구목적으로 필요한 정보를 소속 기관장의 확인을 받아 청구한 경우

◆ 그 밖에 공공기관의 장이 공공복리의 유지·증진을 위하여 감면이 필요하다고 인정한 경우

◆ 「국민기초생활보장법」의 규정에 의한 국민 기초 생활보호수급자가 청구하는 경우

정보공개포털 –
수수료 안내

수수료안내

홈 > 정보공개란? > 정보공개란? > 수수료안내 ⌄

공개대상	공개방법 및 수수료	
	열람	사본(종이출력물) · 인화물 · 복제물
문서 · 도면 · 사진 등	**열람** - 1일 1시간 이내 : 무료 - 1시간 초과 시 30분마다 1,000원	**사본(종이출력물)** - A3이상 : 300원 · 1장 초과마다 100원 - B4이하 : 250원 · 1장 초과마다 50원
필름 · 테이프 등	**녹음테이프(오디오자료)의 청취** - 1건이 1개 이상으로 이루어진 경우 · 1개(60분 기준)마다 1,500원 - 여러 건이 1개로 이루어진 경우 · 1건(30분 기준)마다 700원 **녹화테이프(비디오자료)의 시청** - 1편이 1롤 이상으로 이루어진 경우 · 1롤(60분 기준)마다 1,500원 - 여러 편이 1롤로 이루어진 경우 · 1편(30분 기준)마다 700원 **영화필름의 시청** - 1편이 1캔 이상으로 이루어진 경우 · 1캔(60분 기준)마다 3,500원 - 여러 편이 1캔으로 이루어진 경우 · 1편(30분 기준)마다 2,000원 **사진필름의 열람** - 1장 : 200원 · 1장 초과마다 50원	**녹음테이프(오디오자료)의 청취** - 1건이 1개 이상으로 이루어진 경우 · 1개마다 5,000원 - 여러 건이 1개로 이루어진 경우 · 1건마다 3,000원 ※ 매체비용은 별도 **녹화테이프(비디오자료)의 복제** - 1편이 1롤 이상으로 이루어진 경우 · 1롤마다 5,000원 - 여러 편이 1롤로 이루어진 경우 · 1편마다 3,000원 ※ 매체비용은 별도 **사진필름의 복제** - 1컷마다 6,000원 ※ 매체비용은 별도 **사진필름의 인화** - 1컷마다 500원 · 1장 초과마다 3' × 5' 200원 5' × 7' 300원 8' × 10' 400원
마이크로필름 · 슬라이드 등	**마이크로필름의 열람** - 1건(10컷 기준)1회 : 500원 · 10컷 초과 시 1컷마다 100원 **슬라이드 시청** - 1컷마다 200원	**사본(종이출력물)** - A3이상 : 300원 · 1장 초과마다 200원 - B4이하 : 250원 · 1장 초과마다 150원 **마이크로필름의 복제** - 1롤마다 1,000원 ※ 매체비용은 별도 **슬라이드의 복제** - 1컷마다 3000원 ※ 매체비용은 별도

전자파일	**전자파일(문서·도면·사진 등)의 열람** - 1일 1시간 이내 : 무료 - 1시간 초과 시 30분마다 1,000원 **전자파일(오디오자료·비디오자료)의 시청·청취** - 1편 : 1,500원 · 30분 초과 시 10분마다 500원	**사본(종이출력물)** - A3이상 : 300원 · 1장 초과마다 100원 - B4이하 : 250원 · 1장 초과마다 50원 **전자파일(문서·도면·사진 등)의 복제** - 무료 ※ 매체비용은 별도 **전자파일로의 변환(문서·도면·사진 등)** - 정보공개 처리를 위하여 전자파일로의 변환 작업이 필요한 경우에는 사본(종이출력물) 수수료의 1/2로 산정 - 부분공개 처리를 위하여 지움 작업 및 전자파일로의 변환 작업이 필요한 경우에는 사본(종이출력물) 수수료와 동일하게 산정 ※ 매체비용은 별도 **전자파일(오디오자료·비디오자료)의 복제** - 1건(700MB 기준)마다 5,000원 - 700MB 초과 시 350MB마다 2,500원 ※ 매체비용은 별도
*비고	1. 정보통신망을 활용한 정보공개시스템 등을 통하여 공개하는 경우에는 전자파일 복제의 경우를 적용하여 수수료를 산정한다. 2. 해당 공공기관에서 사본, 출력물, 복제물을 만들 수 있는 전산장비 등이 없거나 도면 등이 A3 규격을 초과하여 이를 복사할 장비가 없어 외부업체에 대행시키는 경우에는 청구인과 협의를 통하여 그 비용을 수수료에 포함하여 산정할 수 있다. 3. 수수료 중 100원 단위 미만 금액은 계산하지 아니한다. ※ 지자체의 경우 수수료 금액은 조례로 정하고 있으며, 지자체 별로 수수료 감면대상자(예>장애인, 기초생활수급자, 유공자 등)를 규정하고 있을 수 있으니, 감면여부를 해당기관의 수수료 조례 등을 통해 확인필요.	

정보공개청구
처리 절차

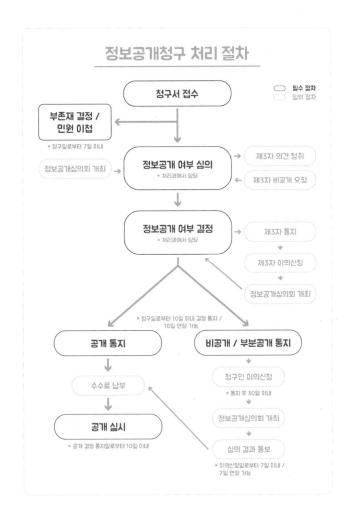

정보공개청구 처리 절차
출처: 『어렵지 않으려고 애
쓴 정보공개청구 가이드북』

청구서를 접수하면 담당 공무원이 배정되고, 정보를 공개할 것인지
비공개할 것인지 판단합니다. 공공기관이 보유·관리하는 정보는 원
칙적으로 공개 대상이며 예외로 정보공개법 제9조 제1항의 각호 규
정에서 정한 비공개 사유에 해당하는 정보는 해당 부분에 한하여 공
개하지 않을 수 있습니다.

정보공개 여부는 기본적으로 해당 정보를 관리하는 각급 부서 공무원이 결정합니다. 처리 부서에서 공개 여부를 판단하기 어려운 경우, 드물지만 정보공개심의회를 열어 결정하기도 합니다.

만약 청구한 정보가 다른 기관이나 제3자와 관련이 있다면 해당 기관 또는 제3자에게 청구사실을 통지하고 의견을 들을 수 있습니다. 하지만 제3자의 의견청취는 공공기관이 거쳐야 할 절차를 규정한 것에 불과하고, 제3자 의견에 기속되는 것은 아니므로 제3자 의견만을 근거로 비공개를 결정할 수는 없습니다.

결정이 끝나면 공공기관에서는 청구인에게 결정 내역을 통지하고 정보를 공개합니다. 통지서에는 결정 내역, 공개 및 비공개 내용, 비공개 시 근거와 사유를 포함해야 합니다. 결정통지 종류는 다음과 같습니다.

결정통지 종류

1) 공개

청구인이 공개청구한 전체 정보를 공개합니다. 공개 통지는 내용 전부를 공개할 때에만 해당하기 때문에 비공개한 부분이나 누락된 부분이 있다면 통지를 변경하도록 요청할 수 있습니다. 공개와 부존재가 함께 있는 경우는 공개 통지로 간주됩니다.

2) 즉시 공개

즉시 또는 말로 처리가 가능한 정보로, 공개 여부를 별도로 판단할 필요가 없는 경우 즉시 공개 결정을 합니다. 청구한 정보가 사전 공표 정보로서 이미 홈페이지에 게시되어 있는 경우 등이 이에 해당합니다. 이러한 경우, 해당 정보를 확인할 수 있는 페이지 주소나 접근 방법 등을 통지서의 공개 내용에 고지합니다.

3) 부분 공개

정보공개청구에 비공개 부분과 공개 부분이 혼합되어 있는 경우, 부분 공개 결정을 내립니다. 특히 하나의 문서 내에서도 비공개 정보가 일부 포함됐다고 해서 전체를 비공개할 수는 없으며 공개 가능한 부분은 공개해야 합니다.

4) 비공개

정보공개법 제9조 제1항에서 정한 8가지 비공개 사유에 해당하는 정보는 공개하지 않을 수 있습니다. 비공개를 결정할 때에는 비공개로 인한 국민의 불이익과 공개하지 않음으로써 보호하려는 공익 정도를 비교하여 소극적으로 판단하여야 합니다. 정보공개청구 후 20일이 경과하도록 결정통지가 없는 경우도 비공개로 간주됩니다.

5) 부존재

공개 청구된 정보가 공공기관이 보유 관리하지 아니하는 정보인 경우 공공기관은 해당 청구를 부존재 처리할 수 있습니다. 이 경우 통지서에 정보가 부존재하는 사유를 기재하여야 합니다. 부존재 통지를 받을 경우 불복절차의 하나인 이의신청은 불가능하지만, 행정심판 또는 행정소송을 제기할 수 있습니다.

6) 종결 처리

이미 공개, 비공개 등의 결정통지를 받은 사항에 대해 '동일한 내용을 정당한 사유 없이 2회 이상 반복하여 청구하는 경우' 공공기관에서 청구를 자체 종결 처리할 수 있습니다. 그러나 종결 처리 시에는 해당 청구의 취지나 목적 등을 중심으로 '동일성' 여부를 신중하게 검토해야 하며, 동일한 내용이 대부분을 차지하더라도 추가로 공개할 사항이 있으면 종결 처리하지 않고 공개 여부를 결정해야 합니다.

7) 민원 이첩

청구 내용이 공공기관의 정보를 요청하는 것이 아니라 행정에 대한 제안이나 요구, 질의 사항으로 판단될 경우, 공공기관은 해당 청구를 정보공개가 아닌 민원사무로 분류하여 이첩하고 질의에 답변하도록 합니다.

정보공개법을
알아보자

1) 비공개 대상을 숙지하자

공공기관에 정보공개를 청구한다고 해서 모든 자료를 받을 수 있는
건 아닙니다. 공공기관의 정보공개에 관한 법률 제9조에 해당하는
자료는 기관이 비공개할 수 있습니다.

> **제9조(비공개 대상 정보)** ① 공공기관이 보유·관리하
> 는 정보는 공개 대상이 된다. 다만, 다음 각호의 어느
> 하나에 해당하는 정보는 공개하지 아니할 수 있다.
>
> 1. 다른 법률 또는 법률에서 위임한 명령
> (국회규칙·대법원규칙·헌법재판소규칙·중앙선거관리
> 위원회규칙·대통령령 및 조례로 한정한다)에 따라 비
> 밀이나 비공개 사항으로 규정된 정보

➡ 각 공공기관에서 만들거나 보관하는 정보 중에는 법으로 비밀 또
는 비공개로 지정한 정보가 있습니다. 이런 정보는 정보공개청구를
하더라도 비공개 통지할 가능성이 큽니다. 비공개로 지정할 때는 반
드시 비밀로 보호할 가치가 있어야 합니다. 또한 시행세칙, 훈령, 통
첩, 예규, 지침, 행정규칙 등 '비 법규 사항'은 비밀 또는 비공개 사항
으로 규정할 근거가 될 수 없습니다.

> 2. 국가안전보장·국방·통일·외교관계 등에 관한 사항
> 으로서 공개될 경우 국가의 중대한 이익을 현저히 해
> 칠 우려가 있다고 인정되는 정보

➡ 핵심적인 군사시설의 운영이나 정보기관의 첩보활동에 관한 정보, 그리고 다른 국가가 알면 우리나라에 손해가 발생하는 외교에 관한 것은 비공개 정보입니다. 하지만 이와 관련한 모든 정보가 비공개 정보라는 뜻은 아닙니다. 공개하면 국가의 중대한 이익을 '현저히 해칠 우려'가 있는 정보에 해당해야만 비공개 정보라 할 수 있습니다.

3. 공개될 경우 국민의 생명·신체 및 재산의 보호에 현저한 지장을 초래할 우려가 있다고 인정되는 정보

➡ 정보가 공개돼 대상자의 생명 신체 및 재산에 구체적인 위험이 발생할 가능성이 있다면 비공개할 수 있습니다. 다만 공공의 안전과 이익에 위험이 발생할 가능성이 현실화될 수준으로 구체적이어야 합니다.

4. 진행 중인 재판에 관련된 정보와 범죄의 예방, 수사, 공소의 제기 및 유지, 형의 집행, 교정(矯正), 보안처분에 관한 사항으로서 공개될 경우 그 직무수행을 현저히 곤란하게 하거나 형사피고인의 공정한 재판을 받을 권리를 침해한다고 인정할 만한 상당한 이유가 있는 정보

➡ 현재 진행 중인 재판과 범죄 예방, 수사 등에 관한 정보를 미리 공개하면 사건 관련 주요 인물이나 재판에 보안 유지가 곤란해집니다. 그래서 비공개 정보로 지정합니다. 하지만 재판과 수사가 이미 끝났거나 본인이 직접 관련된 정보라면 제한적으로 공개할 수 있습니다.

5. 감사·감독·검사·시험·규제·입찰계약·기술개발·인사 관리에 관한 사항이나 의사결정 과정 또는 내부검토 과정에 있는 사항 등으로서 공개될 경우 업무의 공정한 수행이나 연구·개발에 현저한 지장을 초래한다고 인정할 만한 상당한 이유가 있는 정보. 다만, 의사결정

과정 또는 내부검토 과정을 이유로 비공개할 경우에는
의사결정 과정 및 내부검토 과정이 종료되면 제10조
에 따른 청구인에게 이를 통지하여야 한다.

➡ 미리 공개하면 공공기관의 정상적인 업무 수행이 매우 어려워질
수 있는 정보는 의사결정 과정 또는 내부 검토 과정이 끝난 후에 공
개할 수 있습니다. 일정 기간 동안만 비공개 정보로 존재하는 한시
적 비공개 정보입니다. 따라서 이런 정보를 정보공개청구 했을 때
공공기관은 해당 정보를 언제 공개하는지 청구인에게 꼭 알려 주어
야 합니다.

6. 해당 정보에 포함되어 있는 성명·주민등록번호 등
개인에 관한 사항으로서 공개될 경우 사생활의 비밀
또는 자유를 침해할 우려가 있다고 인정되는 정보. 다
만, 다음 각 목에 열거한 개인에 관한 정보는 제외한다.

가. 법령에서 정하는 바에 따라 열람할 수 있는 정보
나. 공공기관이 공표를 목적으로 작성하거나 취득한
정보로서 사생활의 비밀 또는 자유를 부당하게 침해하
지 아니하는 정보
다. 공공기관이 작성하거나 취득한 정보로서 공개하는
것이 공익이나 개인의 권리 구제를 위하여 필요하다고
인정되는 정보
라. 직무를 수행한 공무원의 성명·직위
마. 공개하는 것이 공익을 위하여 필요한 경우로서 법
령에 따라 국가 또는 지방자치단체가 업무의 일부를
위탁 또는 위촉한 개인의 성명·직업

➡ 공공기관은 수많은 시민의 개인정보를 보유하고 있습니다. 특히
특정 개인을 구분하는 성명, 주민번호, 연락처, 주소, 직업 등의 정보
유출은 경제적 손해를 끼치거나 사생활 및 자유를 침해할 수 있기
때문에 가장 엄격하게 비공개 정보로 다뤄야 합니다.

하지만 업무를 담당하는 공무원의 소속과 직급, 성명은 개인정보로 간주하지 않아 공개합니다. 또한 공공기관과 계약을 맺고 공공기관 업무를 대신 수행하는 기관이나 담당자 정보도 개인정보가 아닌 공공정보로 공개해야 합니다.

7. 법인·단체 또는 개인(이하 "법인 등"이라 한다)의 경영상·영업상 비밀에 관한 사항으로서 공개될 경우 법인 등의 정당한 이익을 현저히 해칠 우려가 있다고 인정되는 정보. 다만, 다음 각 목에 열거한 정보는 제외한다.

가. 사업활동에 의하여 발생하는 위해(危害)로부터 사람의 생명·신체 또는 건강을 보호하기 위하여 공개할 필요가 있는 정보
나. 위법·부당한 사업활동으로부터 국민의 재산 또는 생활을 보호하기 위하여 공개할 필요가 있는 정보

➡ 기업이나 그 밖에 조직 또는 개인의 경영 및 영업 비밀이 공공기관이 보유한 정보에 포함된 경우가 있습니다. 이런 정보가 경쟁관계이거나 악의가 있는 사람에게 공개되면 대상 기관이 부당한 손해를 입을 수 있으므로 비공개 정보가 됩니다. 하지만 '정당한 이익을 현저히 해칠 우려가 있는 정보'가 아니라면 공개하는 것이 원칙입니다.

8. 공개될 경우 부동산 투기, 매점매석 등으로 특정인에게 이익 또는 불이익을 줄 우려가 있다고 인정되는 정보

② 공공기관은 제1항 각호의 어느 하나에 해당하는 정보가 기간의 경과 등으로 인하여 비공개의 필요성이 없어진 경우에는 그 정보를 공개 대상으로 하여야 한다.
③ 공공기관은 제1항 각호의 범위에서 해당 공공기관

의 업무 성격을 고려하여 비공개 대상 정보의 범위에
관한 세부 기준을 수립하고 이를 공개하여야 한다.

➡ 부동산 개발 또는 규제 정책 변화는 국민의 삶이 직결된 경제 전반에 큰 영향을 미칩니다. 정부는 모든 활동을 투명하게 해야 하지만, 민감한 정책의 정보 유출은 누군가에게 이익을, 다른 누군가에게는 손해를 끼칠 수 있어 비공개 정보로 지정합니다.

지금은 예전보다 정보공개가 잘 되고 있다고는 하지만 여전히 정보공개를 꺼려하는 기관이 많습니다. 공개해야 하는 자료임에도 불구하고 개인정보나 경영, 영업 비밀이라며 비공개하는 경우도 종종 생깁니다. 이럴 때는 정보공개법 9조를 숙지해 담당자에게 '비공개에 해당하지 않는다'고 명확하게 요구해야 합니다.

부분 공개를 이용하는 것도 방법입니다. 기관이 개인정보 등을 이유로 청구 내용을 비공개했다고 가정해봅시다. 이럴 경우 공공기관은 개인정보에 해당하는 부분을 가린 뒤 나머지 정보를 공개해야 합니다. 청구 내용 중 일부 비공개 정보가 포함됐다고 해서 청구 내용 전부를 비공개해서는 안 됩니다.

공공기관의 정보공개에 관한 법률 제14조는 비공개와 공개 가능한 부분이 혼합되면 비공개 부분을 제외하고 공개해야 한다고 명시합니다. 부분 공개 조항도 숙지하는 것이 좋겠죠?

> 공공기관의 정보공개에 관한 법률 제14조(부분 공개)
> 공개 청구한 정보가 제9조 제1항 각호의 어느 하나에
> 해당하는 부분과 공개 가능한 부분이 혼합되어 있는
> 경우로서 공개 청구의 취지에 어긋나지 아니하는 범위
> 에서 두 부분을 분리할 수 있는 경우에는 제9조 제1항
> 각호의 어느 하나에 해당하는 부분을 제외하고 공개하
> 여야 한다.

공공기관은 정보공개법 11조에 따라 청구를 받은 날부터 10일 이내에 공개 여부를 결정해야 합니다. 부득이한 사유로 공개 여부를 결정할 수 없을 때에는 10일의 범위에서 공개 결정 기간을 연장할 수 있고 청구인에게 연장한 사실과 사유를 통지해야 합니다.

즉시 답변이 가능하면 기관에서 2~3일 뒤 자료를 공개하기도 하지만 대부분은 10일 정도에 맞춰 자료를 공개합니다. 양이 많으면 기간을 연장해 20일이 걸리기도 합니다. 평소에 청구하고 싶은 내용이 있다면 미리 청구해두는 게 좋습니다.

공공기관의 정보공개에 관한 법률 제11조(정보공개 여부의 결정)

① 공공기관은 제10조에 따라 정보공개의 청구를 받으면 그 청구를 받은 날부터 10일 이내에 공개 여부를 결정하여야 한다.

② 공공기관은 부득이한 사유로 제1항에 따른 기간 이내에 공개 여부를 결정할 수 없을 때에는 그 기간이 끝나는 날의 다음 날부터 기산(起算)하여 10일의 범위에서 공개 여부 결정기간을 연장할 수 있다. 이 경우 공공기관은 연장된 사실과 연장 사유를 청구인에게 지체 없이 문서로 통지하여야 한다.

③ 공공기관은 공개 청구된 공개 대상 정보의 전부 또는 일부가 제3자와 관련이 있다고 인정할 때에는 그 사실을 제3자에게 지체 없이 통지하여야 하며, 필요한 경우에는 그의 의견을 들을 수 있다.

④ 공공기관은 다른 공공기관이 보유·관리하는 정보의 공개 청구를 받았을 때에는 지체 없이 이를 소관 기관으로 이송하여야 하며, 이송한 후에는 지체 없이 소관 기관 및 이송 사유 등을 분명히 밝혀 청구인에게 문서로 통지하여야 한다.

3) 납득할 수 없는 비공개, 불복절차 이용하자

(1) 이의신청

공공기관이 정당하지 않은 사유로 비공개 또는 부분 공개를 하거나, 20일이 넘도록 정보공개 결정을 하지 않을 때에는 이의신청을 할 수 있습니다.

정보공개청구 - 이의신청

정보공개시스템으로 정보공개 청구를 했다면 이의신청 역시 정보공개포털에서 진행할 수 있습니다. 결정통지서 상세내역 맨 아래 '이의신청' 버튼을 클릭해 이의신청 취지 및 사유를 구체적으로 작성하고 청구합니다.

정보공개시스템 이외의 방법으로 정보공개 청구한 경우, '정보공개 결정 등 이의신청서' 서식(정보공개법 시행규칙 별지 제9호 서식)을 사용합니다. 서식은 정보공개시스템에서 받을 수 있습니다. 이의신청서는 결정통지를 받은 공공기관에 우편, 팩스, 이메일, 직접 방문 등의 방법으로 제출합니다. 이때 공공기관의 부분 공개, 비공개 결정통지서를 첨부하는 것이 좋습니다.

기관에서는 청구인이 이의신청을 제기하면 자체 심의회를 열어 공개 결정이 맞는지를 판단해 청구인에게 통보해야 합니다.

공공기관의 정보공개에 관한 법률 제18조(이의신청)

① 청구인이 정보공개와 관련한 공공기관의 비공개 결정 또는 부분 공개 결정에 대하여 불복이 있거나 정보공개 청구 후 20일이 경과하도록 정보공개 결정이 없

는 때에는 공공기관으로부터 정보공개 여부의 결정 통지를 받은 날 또는 정보공개 청구 후 20일이 경과한 날부터 30일 이내에 해당 공공기관에 문서로 이의신청을 할 수 있다.

② 국가기관 등은 제1항에 따른 이의신청이 있는 경우에는 심의회를 개최하여야 한다. 다만, 다음 각호의 어느 하나에 해당하는 경우에는 개최하지 아니할 수 있다.

1. 심의회의 심의를 이미 거친 사항
2. 단순·반복적인 청구
3. 법령에 따라 비밀로 규정된 정보에 대한 청구

③ 공공기관은 이의신청을 받은 날부터 7일 이내에 그 이의신청에 대하여 결정하고 그 결과를 청구인에게 지체 없이 문서로 통지하여야 한다. 다만, 부득이한 사유로 정하여진 기간 이내에 결정할 수 없을 때에는 그 기간이 끝나는 날의 다음 날부터 기산하여 7일의 범위에서 연장할 수 있으며, 연장 사유를 청구인에게 통지하여야 한다.

④ 공공기관은 이의신청을 각하(却下) 또는 기각(棄却)하는 결정을 한 경우에는 청구인에게 행정심판 또는 행정소송을 제기할 수 있다는 사실을 제3항에 따른 결과 통지와 함께 알려야 한다.

이의신청서는 청구 취지와 이의신청 이유를 구체적으로 작성해야 합니다. 청구 내용과 공공기관의 결정 등을 간략히 서술한 후, 해당 공공기관에서 비공개 사유로 제시한 제9조 제1항 각호의 법률해석이나 유사한 판례를 기재합니다. 이를 근거로 청구 정보가 비공개 사유에 해당하지 않는 이유를 설명하고, 정보를 공개하면 공익이 더 크다는 점을 강조하여 서술합니다. 마지막으로 정보공개심의회를 개최해 이의신청을 처리해 달라는 당부를 합니다.

본 청구인은 OO년~OO년까지 정보공개심의위원회 명단(직책, 활동기간포함)에 대해 정보공개청구를 하였으나 귀 기관은 <공공기관의 정보공개에 관한 법률> 제9조 제1항 제6호를 근거로 외부위원 명단을 비공개 하였습니다.

>>> 간단한 청구내용 및 공공기관 결정 개요 서술

정보공개법 제9조 제1항에는 성명 주민번호 등 개인에 관한 사항은 비공개 할 수 있다고 규정되어 있습니다. 그러나 제9조 제6호 마목에서 국가 또는 지방자치단체가 업무의 일부를 위탁 또는 위촉한 개인의 성명, 직업은 제외한다고 명시되어 있습니다. 귀 기관이 비공개한 외부위원명단은 국가공공기관이 위탁 또는 위촉한 위원이기 때문에 개인의 사생활침해로 비공개 결정 처분한 것은 납득할 수 없는 바입니다.

>>> 공공기관에서 제시한 비공개 조항에 따른 법률해석(판례) 및 비공개정보에 해당되지 않는 이유 설명

정보공개심의회는 정보공개에 대한 불복절차 중의 하나임으로 국민의 알권리와 직결되어 있습니다. 그 중 외부위원의 명단이 시민들에게 공개되지 않는다면 정보공개심의회에 신뢰성과 투명성을 기대하기 어렵습니다.

>>> 청구정보가 공개될 경우 공익(개인의 권리구제)이 더 크다는 주장

따라서 귀 기관은 반드시 정보공개심의회를 거쳐 본 정보공개청구에 대한 비공개결정을 취소하고 국민의 알권리를 온전히 보장하기를 바라는 바, <공공기관의 정보공개에 관한 법률> 제9조 제1항 제6호 마목을 근거로 이의신청을 제출하는 바입니다.

>>> 정보공개심의회를 거쳐 결정해 달라는 요청

자료 출처 : 정보공개센터 '어렵지 않으려고 예 쓴 정보공개청구 가이드북'

정보공개청구 - 이의신청서
작성 예시

(2) 행정심판

이의신청을 해도 기관이 납득할 수 없는 이유로 비공개 결정을 한다면 행정심판 또는 행정소송을 진행해야 합니다. 행정심판은 온라인 행정심판[2]에 회원가입 후 인터넷으로 진행할 수 있습니다.

다른 절차를 거치지 않고 바로 소송을 한다면 비공개 결정일로부터 90일 이내에 제기할 수 있습니다. 만약 행정심판 결과에 불복하여 행정소송을 제기하는 경우 행정심판 재결서 정본을 송달받은 날로부터 90일 이내에 제기할 수 있습니다.

행정심판을 처음 할 때는 용어도 양식도 많이 생소해 어렵다고 느낄 수 있습니다. 행정심판 청구서는 아래 예시와 같이 작성하면 됩니다. 구성논리는 '이의신청서'를 작성하는 방식과 같습니다. 자세한 행정심판 절차는 온라인 행정심판 절차[3] 페이지에서 볼 수 있습니다.

행정심판 청구서 작성방법	
처분내용 또는 부작위 내용	피청구인이 OO년 O월 OO일(결정통지 일자) 결정한 정보비공개 or 부분공개 or 부존재 처분
고지유무	[예] 통상 결정통지서 양식에는 고지가 첨부되어 있습니다.
처분이 있음을 안 날	OO년 O월 OO일 (결정통지 일자)
고지내용	특별한 고지가 없는 경우 '양식 외 내용 없음'이라고 기재하면 됩니다.
청구취지	[취소] 피청구인이 OO년 O월 OO일 (결정통지 일자) 청구인에게 한 비공개(부분공개 or 부존재) 처분을 취소하라는 재결을 요구합니다.
청구이유	이의신청서의 취지 및 이유와 비슷하게 작성하면 됩니다. 다만 행정심판을 처리하는 기관은 정보공개를 결정한 기관과는 다르기 때문에 청구시점부터 행정심판에 이르게 된 경위를 최대한 자세하게 설명해야 합니다. 또한 비공개 결정에 동의할 수 없는 사유를 매우 구체적으로 작성하는 것이 유리합니다.
증거서류제출	[온라인 제출] - 바로 첨부 가능 [서면 제출] - 별도송부 - 온라인청구서를 제출한 후 위원회 또는 처분청에 2부 제출함

정보공개청구 - 행정심판
청구서 작성방법

(3) 행정소송(정보공개 거부 처분 취소소송)

청구인이 정보공개와 관련한 공공기관 결정에 불복할 때 이의신청, 행정심판 절차를 거치지 않고 행정소송법이 정하는 바에 근거해 행정소송을 제기할 수 있습니다. 공공기관 결정이 있은 날 또는 행정심판을 거친 경우 재결서 정본을 송달 받은 날부터 90일 이내에 제기할 수 있으며, 공공기관 결정이 있은 날 또는 재결이 있은 날부터 1년이 지나면 제기할 수 없습니다.

행정소송은 공개 판결을 받기까지 오랜 시간이 걸린다는 단점이 있습니다. 하지만 가장 확실하게 원하는 정보를 받을 수 있는 방법으로 정식 재판을 거친 판결은 법적 구속력이 있어 행정기관의 정보 비공개가 불가능합니다.

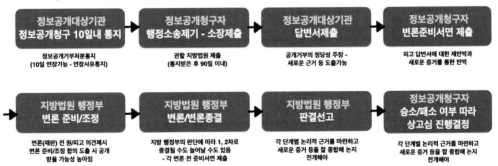

정보공개청구 - 행정소송
흐름도

　　위에서 설명한 내용은 정보공개청구를 하기 위해 알아야 하는 최소한의 조항입니다. 공공기관의 정보공개에 관한 법률[4]을 일독할 것을 권합니다. 이 안에 정보공개의 모든 것이 담겨 있습니다.

　　또한 모든 불복절차는 판례가 중요합니다. 정보공개법에 규정한 비공개 규정은 청구 정보의 내용과 성격에 따라 구체적으로 적용해야 합니다. 따라서 어떠한 정보가 공개 또는 비공개 대상인지 판례를 참고해 불복절차를 진행하는 것이 유리합니다. 판례는 국가법령정보센터 홈페이지에서 '정보공개' 키워드로 검색해 찾을 수 있고, 정보공개 판례를 정리한 자료집인 『서울시 2018 정보공개 사례집』에서도 확인할 수 있습니다.

정보공개법 팁!
직접 보고 따라하기

정보공개청구는 직접 해보는 것이 중요합니다. 계속 하다 보면 어떤 정보를 청구할지 감이 잡히고 담당 공무원을 설득할 노하우도 생깁니다. 정보공개 전문 단체가 어떤 정보공개청구를 했는지 보고 따라 하는 것도 좋은 방법입니다.

대한민국에서 정보공개청구를 가장 활발하게 하는 곳은 『투명사회를 위한 정보공개센터』라는 비영리 시민단체입니다. 2008년부터 정보공개로 행정과 권력을 감시하고 언론 협업 등으로 사회 전반의 투명성을 확대하는 단체입니다.

투명사회를 위한 정보공개센터[5]

정보공개센터 홈페이지 '오늘의 정보공개청구'에 들어가면 정보공개센터가 지금까지 한 정보공개청구 사례가 있습니다. 각 기관에서 공개한 자료도 올라와 있으니 참고하시기 바랍니다.

투명사회를 위한
정보공개센터 홈페이지

정보공개청구를
활용한 탐사보도 사례

2011년 투표소 변경 의혹 보도

뉴스타파는 2012년 1월 27일 첫 보도를 합니다. 이날 주요 기사 중 하나가 서울시장 보궐선거 투표소 변경 의혹인데, 정보공개청구로 입수한 자료를 근거로 한 보도였습니다. 아래 글은 뉴스타파가 정보공개법 제정 20주년 기념 토론회에서 당시 취재 배경을 발표한 내용입니다.

> 2011년 10월 26일 서울시장 보궐선거 당일 선거관리위원회 홈페이지가 마비된 사건은 한나라당의 한 의원실이 개입한 사건임이 드러나면서 큰 충격을 줬습니다. 한나라당은 이 사건을 계기로 당명을 새누리당으로 변경했습니다. 그런데 한나라당 의원실이 왜 선거 당일 선관위 홈페이지를 마비시켰는지 명확히 설명되지 않았습니다. 선관위 홈페이지가 마비된다고 해서 한나라당에 어떤 이익이 갈지 이해가 되지 않았기 때문입니다.
>
> 우리 뉴스타파는 이 의혹을 풀기 위해 투표소가 얼마나 변경됐는지 서울시 선관위에 정보공개청구를 했습니다. 정보공개청구 결과는 뉴스타파 첫 보도에서 다루기로 했습니다. 결과는 예상대로였습니다. 서울시내 투표소 중 25%가 변경됐고 투표소 변경 이유도 납득하기 어려운 경우가 많았습니다. 현장취재 결과 투표소 변경 이유도 거짓이거나 꾸며낸 경우가 부지기수였습니다. 선관위는 뉴스타파 취재 결과에 명확한 해명

을 하지 못한 채 복사 붙이기 과정의 실수였다고 변명
했습니다.

-박대용 당시 뉴스타파 기자

투표소 변경 의혹 등을 다룬 뉴스타파 첫 보도는 유튜브 조회수
만 100만 회에 이를 정도로 큰 파장을 불러일으켰고, 신생 독립언론
뉴스타파의 이름을 알리는 데도 크게 기여했습니다.

뉴스타파 1회「10.26 투표소 변경 선관위의 거짓말
Part1」[6]

뉴스타파 2회「10.26 투표소 변경 선관위의 거짓말
Part2」[7]

지방의원 겸직 실태 보도

뉴스타파는 2018년 5월 정보공개청구를 활용해 지방의원 겸직 실
태를 보도했습니다. 지방자치법에는 지방의회 의원의 공정한 의정
활동을 보장하기 위해 겸직 금지 등에 관한 규정이 있지만, 정보공
개청구 결과 상당수 지방의원이 사기업 등기이사나 대표이사로 재
직하면서 겸직 신고를 하지 않은 것을 확인했습니다. 당시 취재진은
지방의회에 광역의원과 기초의원 등 3600명의 겸직 신고 현황을 정
보공개청구해 자료를 분석했습니다.

뉴스타파「지방의원 겸직 실태 분석 "의원님 왜 법 어
겼어요?"」[8]

국회개혁 프로젝트 '세금도둑 추적'

탐사보도 전문매체 뉴스타파는 다양한 소스로 취재 정보를 수집합

니다. 정보공개제도는 뉴스타파가 활용하는 매우 중요한 취재 수단 중 하나입니다. 2017년 적폐청산 프로젝트의 일환으로 시작한 국회 예산 오남용 추적에서도 정보공개청구는 취재의 첫걸음이자 방대한 자료 확보의 근간이 됐습니다.

뉴스타파는 지난 2017년 3월부터 국회의원 예산 사용 실태를 추적하기 시작했다. '적폐청산 프로젝트' 국회 개혁 편을 취재하기 위해서였다. 이를 위해 시민단체 3곳(세금도둑잡아라, 투명사회를 위한 정보공개센터, 좋은예산센터)과 함께 20대 국회의원 입법 및 정책개발비 지출 증빙서류 정보공개를 요구했다.

그러나 국회사무처는 공개를 거부했다. ① 의정 활동이 현저히 위축될 수 있고 ② 불필요한 정치적 논란을 야기할 수 있고 ③ 의정 활동이 제약되어 국가의 중대한 이익을 해칠 우려가 있다는 등 납득하기 어려운 이유로 자료 공개를 거부한 것이다.

뉴스타파와 세 개 시민단체는 곧바로 행정소송을 제기했다. 올해 2월 서울행정법원 1심에서, 7월에는 서울고등법원 2심에서 각각 승소했다. 결국 국회가 대법원 상고를 포기했고 지난 8월 정책개발비 예산집행 관련 용역 계약서, 영수증, 견적서 등 지출 증빙서류 2만 쪽 분량을 입수했다.

입법 및 정책개발비는 국회의원이 의정 활동을 수행하는 데 쓰는 국회 예산이다. 의원이 자신의 이름을 박아 발간하는 국정감사 정책자료집, 외부 전문가에게 연구를 맡기는 정책연구, 각종 세미나, 토론회, 간담회, 도서구입 비용까지 모두 정책개발비에서 지출된다.

정책자료집 발송비와 우송비 46억 원을 포함해 한 해 130억 원 규모다. 국회의원이 이 예산을 집행한 각종 지출 증빙자료는 의정 활동을 제대로 했는지 검증하는 데 필요한 핵심 기록이다.

뉴스타파는 소송에서 이겨 국회 자료를 받기 이전에도

별도의 취재를 통해 20대 국회의원 25명이 표절 정책 자료집을 발간해 세금을 낭비했다는 사실을 보도했다. 그 이후 표절 정책연구를 진행한 5명의 의원은 잘못을 인정하고, 관련 예산을 국회사무처에 반납했다.

유권자이자 납세자인 국민은 당연히 국회의원의 예산 사용 내역을 알 권리가 있다. 뉴스타파가 시민단체 3곳과 함께 1년이 넘게 국회의원 예산 사용 실태를 추적한 이유다.

– 「'세금도둑' 국회의원 추적⑤ 1년 6개월 만에 국회예산 오남용 실태 공개」 뉴스타파 2018.10.17.

뉴스타파는 해당 자료를 입수해 의원들의 차명계좌와 비자금 조성 의혹, 허위 서류와 표절, 영수증 이중 제출 등 예산 오남용 실태를 보도했습니다. 또 국회 특정업무경비와 특수활동비 내역을 최초로 입수해 국회예산을 '쌈짓돈'처럼 사용하는 실태를 고발했습니다. 이를 통해 국회의원들이 잘못 사용한 예산을 반납하도록 만들었죠. 여기에 그치지 않고 국회에서 입수한 수만 장의 예산 사용 내역을 분석하고 정제해 별도 홈페이지에 모두 공개하고 있습니다.

뉴스타파 「세금도둑 추적」 시리즈[9]

국회 예산 사용 내역 데이터 공개[10]

취재 수단으로써 정보공개청구

정보공개의 목적은 투명성 확보와 국민의 알 권리 보장입니다. 원하는 정보를 공개받기까지 인내가 필요하기도 하지만 정보공개제도는 저널리스트라면 적극 활용해야 하는 필수 취재 수단입니다.

– 출입처 밖의 정보를 입수할 수 있다.
– 출입처에 들어가지 못하는 신생/소규모 매체에게도 취재 기회

는 열려 있다.

- 부정청탁금지법(김영란법)과 관계없이 취재가 가능하다.
- 공공기관을 일상적으로 감시할 수 있다.
- 제보 내용이 사실인지 검증할 수 있다.
- 명예훼손 등 법적 책임에 상당 부분 자유로울 수 있다.

꾸준한 정보공개가 세상을 바꿀 수 있습니다. 지금 바로 청구해 보세요!

참고자료

 정보공개포털[11]

 서울시『2018 정보공개 사례집』[12]

 정보공개법 제정 20주년 기념 토론회 자료집[13]

 정보공개센터『어렵지 않으려고 애쓴 정보공개청구 가이드북』[14]

LESSON

04

데이터
수집

4장에서는 구글 스프레드시트 IMPORTXML 함수를 활용해
웹페이지 데이터 가져오기를 실습합니다. 구글 크롬 웹브라우
저 개발자 도구를 사용합니다.

취재기자가 활용하는 자료 형태도 시대에 맞춰 조금씩 변했습니다. 10년 전만 하더라도 취재에 활용하는 자료는 대부분 종이 문서였습니다. 요즘은 종이 문서보다 전자 파일로 된 자료를 더 많이 활용하죠. 인터넷에 공개한 자료를 다운받기도 하지만 직접 프로그램을 만들어 웹페이지에 업로드된 자료를 수집하기도 합니다.

여러분은 어떤 방법으로 데이터를 수집하나요?

데이터 수집 기술이 전혀 없다는 가정하에 웹페이지 데이터를 수집하는 방법 첫 번째는 직접 타이핑해 자료를 입력하는 겁니다. 이 방법은 시간이 오래 걸리고 오타도 생길 수 있습니다.

두 번째는 내용을 드래그해 선택한 후 복사, 붙여넣기 하는 방법입니다. 이 방법은 웹페이지에 보이는 형태로 붙여넣어지지 않을 때가 많습니다. 표 형식의 자료를 복사해 스프레드시트에 붙여넣기 했는데 표 없이 한 열에 모두 입력되거나 행이 틀어지기도 합니다.

데이터 수집 도구와 컴퓨터 프로그래밍을 활용하면 수집자가 원하는 형태로 데이터를 수집할 수 있습니다.

구글 스프레드시트

구글 스프레드시트[1]는 구글 드라이브에서 사용하는 프로그램입니다. 스프레드시트를 활용하면 프로그래밍 전문 지식이 없는 사람도 간단한 함수만으로 자료를 수집할 수 있습니다. 온라인으로 실행하기 때문에 파일을 저장하거나 열기 위해 전용 프로그램을 실행해야 하는 번거로움도 없습니다.

구글 스프레드시트에는 웹페이지 내용을 가져오는 여러가지 함수가 있습니다. IMPORTXML 함수가 대표적입니다. 인터넷에서 구글 스프레드시트 함수 설명 공식 문서를 찾아보겠습니다. 구글 검색창에 '구글 스프레드시트 함수 웹 데이터' 라고 입력합니다. 구글 공식 문서 내에서 자료를 검색하기 위해 site:google.com을 추가합니다. 스프레드시트에서 사용할 수 있는 다양한 함수가 검색됐습니다. 이 중 IMPORTXML – 문서 편집기 고객센터 – Google Support[2] 를 클릭합니다.

'구글 스프레드시트 함수 데이터 site:google.com' 검색 결과

119

IMPORTXML

IMPORTXML[3] 함수를 사용하면 XML, HTML, CSV, TSV, RSS 및 Atom XML 피드를 포함한 다양한 구조화된 데이터로부터 데이터를 가져옵니다. 아래는 구글 스프레드시트 IMPORTXML 함수 도움말입니다.

사용 예
```
=IMPORTXML("https://en.wikipedia.org/wiki/Moon_
landing", "//a/@href")
```

```
=IMPORTXML(A2,B2)
```

구문
```
=IMPORTXML(URL,xpath_검색어)
```

◆ URL - 검토할 페이지의 URL이며 프로토콜(예: https://)을 포함합니다.
   ◇ URL 값은 따옴표로 묶거나, 적절한 텍스트를 포함하는 셀에 대한 참조여야 합니다.

◆ XPath_검색어 - 구조화된 데이터에서 실행하는 XPath 검색어입니다.

   ◇ XPath 관련 자세한 정보는 다음 페이지를 참조하세요.
   http://www.w3schools.com/xml/xpath_intro.asp

IMPORTXML 함수를 활용하면 다양한 태그를 사용한 자료를 가져올 수 있습니다. 태그 경로를 지정해 원하는 자료만 선별해 가져올 수도 있습니다. 사용하는 요소는 URL과 xpath_검색어입니다. URL은 수집하려는 자료가 있는 웹페이지 주소이며, xpath_검색어란 XML문서에서 특정 요소나 속성의 경로를 뜻합니다. xpath_검색어를 더 자세히 알고 싶다면 w3schools.com 사이트를 방문해보세요.

수집할 데이터를 살펴보겠습니다. 대한민국 국회 홈페이지에 들어간 후 검색창에 '국회의원현황'을 검색합니다. 첫 번째 결괏값인 국회의원현황[4]을 클릭합니다. 한 페이지에 여섯 명씩 사진과 한글 이름, 한자 이름, 영문 이름, 당선 횟수, 소속 지역구가 나옵니다. 아래 페이지 번호를 클릭하면 다음 6명 의원 명단이 보입니다. 총 300명 의원이 한 페이지에 6명씩 있으니 모두 50페이지가 되겠네요.

21대 국회의원현황

데이터 수집 도구로 사용할 구글 스프레드시트를 새로 만들겠습니다. 구글 드라이브에서 '새로 만들기', '구글 스프레드시트 만들기'를 클릭해 새로운 스프레드시트를 생성합니다. 제목란을 더블클릭해 '데이터 저널리즘 스쿨 4강 데이터 수집'이라고 입력합니다.

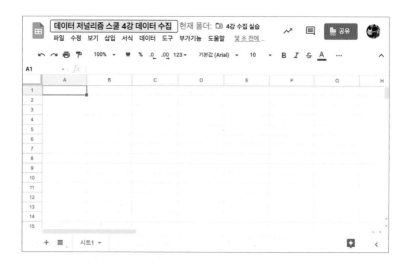

구글 스프레드시트 제목
수정 '데이터 저널리즘 스쿨
4강 데이터 수집'

수집을 위해 우리가 알아야 할 정보는 국회의원현황 페이지 웹
주소 URL과 국회의원 정보에 사용된 xpath_검색어 입니다. 우리
는 이미 URL을 알고 있습니다. 국회의원현황 페이지에 가서 주소창
URL을 복사합니다.

https://www.assembly.go.kr/assm/memact/
congressman/memCond/memCond.do

복사한 URL을 구글 스프레드시트 A1셀에 입력합니다.

다음은 'xpath_검색어'를 찾아야 합니다. xpath_검색어는 개발
자 도구를 활용해 확인할 수 있습니다. 국회의원현황 페이지에서 국
회의원 이름 위에 마우스를 올려놓고 마우스 오른쪽을 클릭하면 '검
사'라는 메뉴가 보입니다. 클릭하면 웹브라우저 오른쪽에 개발자 도
구 창이 활성화됩니다. 국회의원 이름에 a 태그를 사용했다는 것이
보입니다. 개발자 도구 창에서 태그에 마우스를 올리면 왼쪽 웹페이
지 콘텐츠에 사용한 태그가 보입니다.

국회의원현황 개발자 도구
국회의원 이름에 사용된
<a> 태그 확인

어떤 태그를 사용했고 그 태그가 무엇을 의미하는지 다 알 필요는 없습니다. 지금은 이런 태그들을 사용해 웹페이지를 제작한다는 것만 이해하시면 됩니다.

이제 국회의원 정보에 사용한 태그를 찾아보겠습니다. Elements 창에서 국회의원 정보가 있는 태그를 찾습니다. a 태그 안에 의원 이름이 있고 span 태그 안에 한자 이름과 영문 이름, dd 태그 안에 사진, 당선 횟수, 소속 지역구가 있습니다. 수집하려는 세부 항목이 모두 dl 태그 안에 있기 때문에 dl 태그를 사용하면 원하는 자료를 모두 불러올 수 있습니다.

구글 스프레드시트로 이동합니다. A2셀에 '//dl'을 입력합니다. 슬래시 두 개는 페이지 전체에 dl 태그가 사용된 모든 콘텐츠를 지정한다는 XML 규칙입니다.

알아야 할 정보를 모두 수집했으니 이제 IMPORTXML 함수를 사용해보겠습니다. A4셀에 '=' 등호를 입력한 후에 IMPORTXML, 괄호 열고, 국회의원현황 페이지 주소가 있는 셀 A1, 콤마, xpath_ 검색어를 입력한 셀 A2, 괄호를 닫고, 엔터키를 누릅니다.

```
=IMPORTXML(A1,A2)
```

무언가 불러와지긴 했는데 의원명단이 아니네요. 내용을 보니 국
회 웹사이트 메인 메뉴입니다.

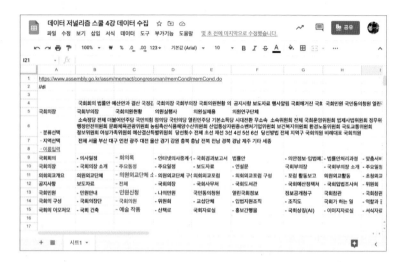

구글 스프레드시트 국회
사이트 메인 메뉴 수집화면

크롬 개발자 도구
XHR XMLHttpRequest

대한민국 국회 웹사이트로 다시 가보겠습니다. 국회의원현황 페이지는 일반 웹사이트와 조금 다릅니다. 보통 웹사이트는 페이지 내용이 바뀔 때마다 주소창 주소가 바뀌는데 국회의원현황 페이지는 아래 게시판 형태의 페이지 번호를 클릭하면 웹페이지 내용은 바뀌지만 주소창 URL은 변함이 없습니다. 이런 사이트는 정확한 URL을 찾는 작업을 별도로 해야 합니다.

개발자 도구 창 메뉴에 있는 'Network' 탭을 클릭합니다. Network 하위 메뉴 중에 XHR XMLHttpRequest 이라는 메뉴를 클릭합니다. 국회의원현황 페이지의 페이지 번호 2번을 클릭해 보겠습니다. 문서 하나가 새로 생겼습니다. 페이지 번호를 클릭할 때마다 문서가 하나씩 생깁니다. 웹주소 URL은 바뀌지 않지만 서버에 새로운 내용을 요청해 문서를 받은 겁니다.

페이지 번호 1번을 눌렀을 때 생성된 문서를 클릭합니다. 오른쪽 창에 Headers 메뉴가 활성화됩니다. 오른쪽 Preview 메뉴를 클릭합니다. 국회의원현황 정보가 보입니다. 이 문서에서 우리가 활용할 URL을 찾아보겠습니다.

다시 Headers 메뉴를 클릭합니다. General 항목에 Request URL을 보면 웹브라우저 주소창에 있는 URL과 다르다는 것을 알수 있습니다.

국회의원현황 웹페이지 URL

https://www.assembly.go.kr/assm/memact/
congressman/memCond/memCond.do

국회의원현황 개발자 도구에서 확인한 의원 명단 요청 문서 URL

https://www.assembly.go.kr/assm/memact/
congressman/memCond/memCondListAjax.do

주소를 복사한 후에 새로운 웹브라우저 창을 열고 주소를 붙여
넣고 엔터키를 누릅니다.

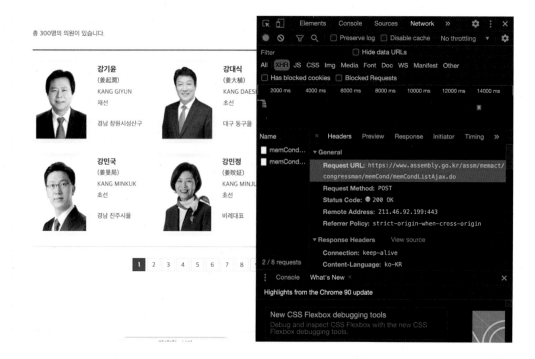

국회의원현황 개발자도구
의원 명단 요청 문서 URL

1페이지에 있는 의원 명단이 보입니다. 구글 스프레드시트로 이
동합니다. 복사한 주소를 A1셀에 입력합니다. IMPORTXML 함수
가 입력된 A4셀에 새로운 데이터를 불러온 것이 보입니다.

이번에는 우리가 수집하려던 국회의원 정보가 불러와졌습니다.
그런데 조금 아쉽네요. 300명의 의원 중 6명만 불러왔습니다.

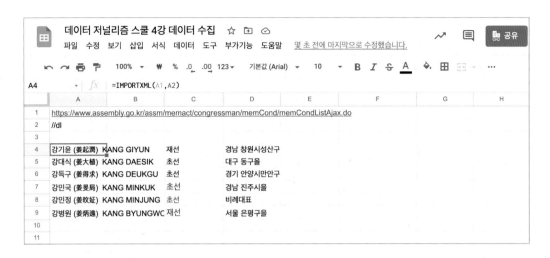

구글 스프레드시트
국회의원현황 1페이지 의원
6명 명단 수집

개발자 도구 창으로 다시 가보겠습니다. Headers 메뉴에서 아래로 스크롤을 내리면 웹주소 형성에 어떤 요소를 사용했는지 확인할 수 있습니다. currentPage 항목에 1, rowPerPage 항목에 6 이라는 요소가 사용됐습니다.

view source 메뉴를 클릭하면 사용한 요소가 웹주소 형태로는 어떻게 반영되는지 알 수 있습니다. 소스를 복사하겠습니다.

국회의원현황 개발자 도구
의원 명단 요청 문서 상세
URL

조금 전에 Request URL을 입력했던 창을 열고 주소 끝에 물음표를 입력하고 복사한 주소를 붙여넣습니다.

> https://www.assembly.go.kr/assm/memact/
> congressman/memCond/memCondListAjax.
> do?s_poly_cd=&s_dept_cd=&s_dtl_no=&s_
> elected_method=&s_up_orig_cd=&s_dw_orig_
> cd=&s_mem_nm=&currentPage=1&movePage
> Num=&rowPerPage=6

주소가 완성되면 엔터키를 누릅니다. 변한 내용은 아직 없습니다. 한 페이지에 6명씩 보이는 주소를 300명이 보이도록 수정하겠습니다. 주소 맨 뒷부분에 rowPerPage=6 이 있습니다. 숫자 6을 300으로 수정합니다.

> https://www.assembly.go.kr/assm/memact/
> congressman/memCond/memCondListAjax.
> do?s_poly_cd=&s_dept_cd=&s_dtl_no=&s_
> elected_method=&s_up_orig_cd=&s_dw_orig_
> cd=&s_mem_nm=&currentPage=1&movePage
> Num=&rowPerPage=300

엔터키를 누릅니다. 300명 의원 정보가 페이지에 나옵니다. 수정한 웹주소 전체를 복사합니다.

구글 스프레드시트로 이동해서 A1셀에 복사한 주소를 붙여넣습니다. IMPORTXML 함수가 입력된 A4셀에 새로운 데이터가 들어오는 것이 보입니다. 우리가 수집하려던 국회의원 300명의 정보가 불러와졌습니다.

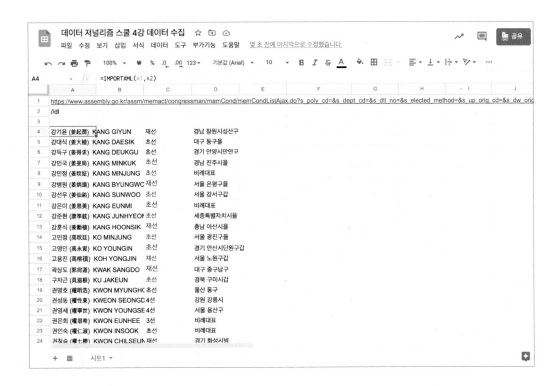

구글 스프레드시트
국회의원현황 300명 의원
명단 수집

데이터 수집 시
주의할 것들

데이터 수집 시 주의할 점이 있습니다.

『저작권법』에는 '국가 또는 지방자치단체가 업무상 작성하여 공표한 저작물'은 자유로운 이용이 가능(제24조 2항)하며 시사보도를 위해서는 정당한 범위 안에서 복제·배포 등을 할 수 있다(제26조)고 합니다.

저작권법

[시행 2021. 5. 18.] [법률 제18162호, 2021. 5. 18., 일부개정]

문화체육관광부(저작권정책과), 044-203-2476

제24조의2(공공저작물의 자유이용) ① 국가 또는 지방자치단체가 업무상 작성하여 공표한 저작물이나 계약에 따라 저작재산권의 전부를 보유한 저작물은 허락 없이 이용할 수 있다. 다만, 저작물이 다음 각 호의 어느 하나에 해당하는 경우에는 그러하지 아니하다. <개정 2020. 2. 4.>

1. 국가안전보장에 관련되는 정보를 포함하는 경우

2. 개인의 사생활 또는 사업상 비밀에 해당하는 경우

3. 다른 법률에 따라 공개가 제한되는 정보를 포함하는 경우

4. 제112조에 따른 한국저작권위원회(이하 제111조까지 "위원회"라 한다)에 등록된 저작물로서 「국유재산법」에 따른 국유재산 또는 「공유재산 및 물품 관리법」에 따른 공유재산으로 관리되는 경우

② 국가는 「공공기관의 운영에 관한 법률」 제4조에 따른 공공기관이 업무상 작성하여 공표한 저작물이나 계약에 따라 저작재산권의 전부를 보유한 저작물의 이용을 활성화하기 위하여 대통령령으로 정하는 바에 따라 공공저작물 이용활성화 시책을 수립·시행할 수 있다.

③ 국가 또는 지방자치단체는 제1항제4호의 공공저작물 중 자유로운 이용을 위하여 필요하다고 인정하는 경우 「국유재산법」 또는 「공유재산 및 물품 관리법」에도 불구하고 대통령령으로 정하는 바에 따라 사용하게 할 수 있다.

[본조신설 2013. 12. 30.]

저작권법 제24조의 2

컴퓨터 프로그램으로 제작한 크롤러 등을 사용해 데이터를 수집할 수는 있지만, 개인적 사용을 벗어나 수집한 데이터를 원본 그대로 공개하는 것은 저작권 침해에 해당합니다. 저작권법 관련 판례를 보면 사업장 위치나 전화번호 등 누구나 알 수 있는 데이터를 수집해 공개하는 것은 가능하지만 리뷰와 같이 저작권을 보호받아야 하는 데이터는 재배포할 수 없습니다.

주의해야 할 것은 저작권법만이 아닙니다. 크롤러가 데이터를 수집하려는 웹사이트의 리소스를 독점해 다른 사람이 해당 사이트를 이용할 수 없게 된다면 업무방해죄가 될 수 있습니다.

파이썬으로
웹자료 수집하기

파이썬을 활용하면 웹에 있는 자료를 손쉽게 수집하고 다양하게 활용할 수 있습니다. 파이썬은 배우기 쉽고 참고할 자료도 많습니다. 파이썬 사용자들이 이미 코딩한 수만 가지 코드를 인터넷에 공유하고 있습니다. 이미 누군가 짜놓은 코드를 찾아 재활용할 수 있다는 것은 프로그램 개발의 큰 장점입니다.

구글 드라이브에서 새로만들기 > 더보기 > 구글 코랩을 클릭해 새로운 코랩 문서를 만듭니다. 파일 제목을 '21대 국회의원현황'이라고 입력합니다.

앞서 확인한 국회의원현황 웹주소를 붙여넣습니다. dl 태그를 입력합니다.

웹주소 앞에 name_url = 을 입력합니다. dl 태그 앞에 xpath_tag = 을 입력합니다. 추후 사용이 편리하도록 변수를 만들고 값을 넣는 것입니다. 실행 버튼을 클릭합니다.

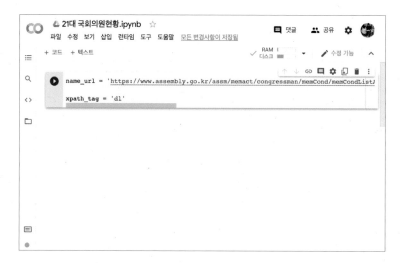

구글 코랩 국회의원현황
요청문서 상세 URL과 수집
태그 dl 을 변수에 입력

파이썬으로 이미 짜여진 웹 콘텐츠 수집 코드가 인터넷에 있는지 찾아보겠습니다. 웹사이트 콘텐츠를 수집하는 것을 크롤링이라고 합니다. 구글에 '파이썬 웹 크롤링'이라고 입력 후 검색합니다.

검색 결과 중 파이썬 웹 크롤링Web Crawling 강좌 – 1. 웹페이지 긁어오기[5] 페이지를 열어보겠습니다. BeautifulSoup을 활용해 간단한 웹 크롤링 프로그램을 만드는 방법을 소개하고 있습니다.

멈춤보단 천천히라도 ≡

파이썬 웹 크롤링(Web Crawling) 강좌 – 1. 웹페이지 긁어오기

Python/웹 크롤링(Web Crawling) 강좌 / webnautes / 2018. 9. 9. 12:17

5. 모든 링크의 텍스트와 주소 가져오기

a 태그로 둘러싸인 텍스트와 a 태그의 href 속성을 출력합니다.

```
from urllib.request import urlopen
from bs4 import BeautifulSoup

html = urlopen("https://www.naver.com")
bsObject = BeautifulSoup(html, "html.parser")

for link in bsObject.find_all('a'):
    print(link.text.strip(), link.get('href'))
```

```
C:\Users\webnautes\PycharmProjects\Python_Project\venv\Scripts\python.exe C:/Users/webnautes/PycharmProjects/Pyt
뉴스스탠드 바로가기 #news_cast
주제별캐스트 바로가기 #themecast
```

파이썬 웹 크롤링Web Crawling 강좌 (https://webnautes. tistory.com/779)

우리가 재활용하기에는 '5. 모든 링크의 텍스트와 주소 가져오기' 코드가 적합해 보입니다. 네이버 메인 페이지 웹주소를 읽어 'a' 태그를 사용한 콘텐츠의 텍스트와 링크를 가져오는 코드입니다. 코드를 복사합니다.

코랩으로 이동합니다. 코드셀 아랫부분에 마우스를 올렸을 때 생성되는 '+코드' 버튼을 클릭하거나 메뉴에서 삽입 > '코드셀'을 클릭해 새로운 코드셀을 만듭니다. 복사한 코드를 붙여넣습니다. 코드 실행이 잘 되는지 코드셀 왼쪽 끝에 있는 실행 버튼을 클릭해 확인합니다.

```
from urllib.request import urlopen
from bs4 import BeautifulSoup

html = urlopen("https://www.naver.com")
bsObject = BeautifulSoup(html, "html.parser")

for link in bsObject.find_all('a'):
    print(link.text.strip(), link.get('href'))


뉴스스탠드 바로가기 #newsstand
주제별캐스트 바로가기 #themecast
타임스퀘어 바로가기 #timesquare
쇼핑캐스트 바로가기 #shopcast
로그인 바로가기 #account
 https://whale.naver.com/details/darkmode?=main&wpid=RydDy7
다운로드 https://installer-whale.pstatic.net/downloads/banner/RydDy7/WhaleSetup.exe
네이버 /
네이버를 시작페이지로 https://help.naver.com/support/welcomePage/guide.help
쥬니어네이버 https://jr.naver.com
해피빈 https://happybean.naver.com
한글 입력기 #
자동완성 레이어 #
```

구글 코랩 네이버 메인 페이지 중 'a' 태그를 사용한 콘텐츠 수집 코드 실행

에러 없이 값을 출력한 것을 보니 잘 실행되는 코드입니다. 새로운 코드셀을 만들어 코드를 한 번 더 붙여넣기합니다. 코드 중 웹주소 URL 부분 'https://www.naver.com' 을 삭제하고 앞서 만든 웹주소 변수명 name_url 을 입력합니다. 'a' 태그를 삭제하고 'dl' 태그의 변수명 xpath_tag를 입력합니다. 실행 버튼을 클릭합니다.

구글 코랩 국회의원현황 페이지에서 'dl' 태그를 사용한 콘텐츠 수집 코드 실행

```
from urllib.request import urlopen
from bs4 import BeautifulSoup

html = urlopen(name_url)
bsObject = BeautifulSoup(html, "html.parser")

for link in bsObject.find_all(xpath_tag):
    print(link.text.strip(), link.get('href'))


초선
충북 청주시상당구 None
정진석



            CHUNG JINSUK
```

텍스트 사이에 공백이 삽입돼 텍스트들이 떨어져 있습니다. 출력한 결과를 데이터로 사용하려면 결괏값을 문자별로 나눠야 하겠습니다.

구글에서 '파이썬 문자열 나누기'를 검색합니다. 검색 결과 중 2) 문자열 자르기 – 파이썬으로 배우는 알고리즘 트레이딩 …[6] 를 클릭합니다. 파이썬에서 문자열을 분리하고 싶을 때는 split 함수를 사용하면 된다고 하는군요.

검색어를 입력하세요. ☰

■ 파이썬으로 배우는 알고리즘 트레C

00. 들어가기 전에

　1) 머리말

　2) 주요 변경 이력 및 계획

01. 파이썬 시작하기

　1) 파이썬과 알고리즘 트레이딩

　　1) 프로그래밍과 프로그래밍 언

　　2) 주식투자

　　3) 알고리즘 트레이딩

　　4) 파이썬이란?

　2) 파이썬 설치

　　1) 아나콘다 설치 파일 다운로

■ 파이썬으로 배우는 알고리즘 트레이딩 (…　02. 파이썬 변수와 문자열 (revi …　3) 파이썬 문자열
　2) 문자열 자르기

🏠 WikiDocs

2) 문자열 자르기

저자는 몇 년 전에 네이버와 다음 주식을 가지고 있었습니다. 그래서 my_jusik이라는 변수가 "naver daum"이라는 문자열 객체를 가리키게 해 봤습니다(중간에 공백이 하나 있습니다).

```
>>> my_jusik.split(' ')
['naver', 'daum']
>>>
```

파이썬에서 문자열을 분리하고 싶을 때는 위 코드와 같이 split 메서드를 사용하면 됩니다. 이때 메서드의 인자(argument)로 어떤 문자를 기준으로 문자열을 나눌지 알려줘야 합니다. 'naver'와 'daum' 이라는 문자열 사이에는 공백(blank)이 있으므로 공백을 기준으로 문자열을 나누면 됩니다. 이를 위해 split(' ')과 같이 작은따옴표 사이에 공백을 하나 넣었습니다.

그러나 위 코드에서 반환값을 보면 여전히 우리가 원하는 값은 아닙니다. 반환값을 보면 'naver'와 'daum'이라는 두 개의 문자열이 '['와 ']'로 둘러싸여 있음을 확인할 수 있습니다. 파이썬에서는 이것

↑ TOP

문자열 자르기
– 파이썬으로
배우는 알고리즘
트레이딩 (https://
wikidocs.net/2839)

코랩으로 이동해 코드 내용 중 strip() 함수를 삭제하고 split() 함수를 입력합니다. 자료 뒤에 붙은 None 을 삭제하려면

```
, link.get('href')
```

부분을 삭제합니다. 실행 버튼을 클릭합니다. 문자별로 나뉘어 자료가 출력되었습니다.

```
[7]  from urllib.request import urlopen
     from bs4 import BeautifulSoup

     html = urlopen(name_url)
     bsObject = BeautifulSoup(html, "html.parser")

     for link in bsObject.find_all(xpath_tag):
         print(link.text.split())

['성문전', '(鄭雲大)', 'CHUNG', 'WOONCHUN', '새선', '비례내뵤']
['정일영', '(鄭日永)', 'CHUNG', 'ILYOUNG', '초선', '인천', '연수구을']
['정점식', '(鄭点植)', 'JEONG', 'JEOMSIG', '재선', '경남', '통영시고성군']
['정정순', '(鄭正淳)', 'JEONG', 'JEONGSOON', '초선', '충북', '청주시상당구']
['정진석', '(鄭鎭碩)', 'CHUNG', 'JINSUK', '5선', '충남', '공주시부여군청양군']
['정찬민', '(鄭燦敏)', 'JUNG', 'CHANMIN', '초선', '경기', '용인시갑']
['정청래', '(鄭清來)', 'JUNG', 'CHUNGRAE', '3선', '서울', '마포구을']
['정춘숙', '(鄭春淑)', 'JUNG', 'CHOUNSOOK', '재선', '경기', '용인시병']
['정태호', '(鄭泰浩)', 'JUNG', 'TAEHO', '초선', '서울', '관악구을']
['정필모', '(鄭必模)', 'JUNG', 'PILMO', '초선', '비례대표']
['정희용', '(鄭熙溶)', 'JUNG', 'HEEYONG', '초선', '경북', '고령군성주군칠곡군']
['조경태', '(趙慶泰)', 'CHO', 'KYOUNGTAE', '5선', '부산', '사하구을']
['조명희', '(曺明姬)', 'JO', 'MYUNGHEE', '초선', '비례대표']
['조수진', '(趙修眞)', 'CHO', 'SUJIN', '초선', '비례대표']
```

구글 코랩 국회의원현황
페이지에서 'dl' 태그 콘텐츠
수집

파이썬 출력 결과를 파일로 저장하려면 어떻게 해야 할까요?

구글에서 '파이썬 출력 결과 파일로 저장하기'를 검색합니다. 출
력결과 파일로 저장하기[7] 를 클릭합니다.

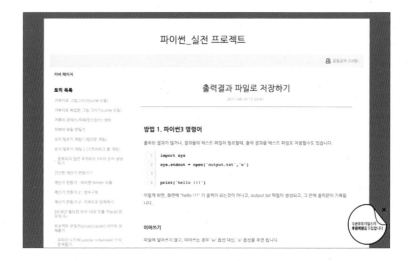

출력 결과 파일로
저장하기 (https://
opentutorials.org/
module/2980/17644)

프린트 함수 위 두 줄을 복사해 코랩에 붙여넣고 실행 버튼을 누
릅니다. 프린트 결과를 파일로 저장하기 때문에 프린트되지는 않습
니다.

```
import sys
sys.stdout = open('output.txt','w')
```

실행을 완료하면 왼쪽 사이드 메뉴에 있는 파일 아이콘을 클릭합니다. 'output.txt' 파일이 보입니다. 클릭하면 웹브라우저 오른쪽 창이 나뉘며 파일 내용을 보여줍니다.

파일명 오른쪽 메뉴 아이콘을 클릭합니다. 다운로드 메뉴가 보입니다. 파일을 다운로드해 로컬 컴퓨터에 저장할 수도 있습니다.

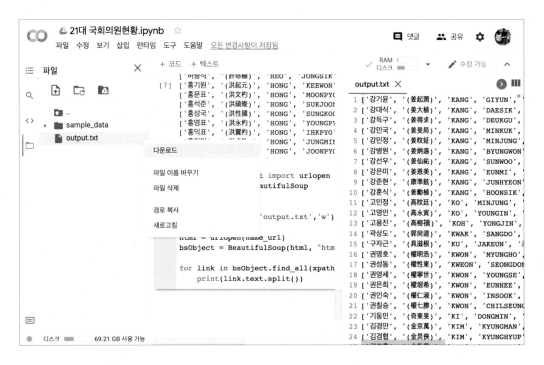

구글 코랩 국회의원현황
페이지 수집 자료 txt
파일로 저장 후 다운로드

LESSON

05

데이터
정제

5장에서는 잘못된 데이터를 수정하고, 정돈되지 않은 데이터에 일관성을 부여해 분석하기 쉬운 형태로 변환하는 데이터 정제를 학습합니다. 어떤 경우에 데이터를 정제해야 하는지 살펴보고 스프레드시트를 사용해서 데이터 정제 과정을 실습해봅시다.

데이터저널리즘과
데이터 정제

데이터 정제의 중요성

언론보도에서 데이터 정제는 특히 중요한 과정입니다. 데이터에 오류가 있으면 그 데이터를 사용한 보도까지 오보가 되기 때문입니다.

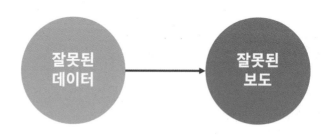

잘못된 데이터 →
잘못된 보도

데이터를 정제해야 하는 상황

데이터를 정제해야 하는 대표적인 상황은 다음과 같습니다.

- ◆ 데이터에 오류가 있을 때
- ◆ 데이터 형식에 일관성이 없을 때
- ◆ 데이터에 빈칸이 있을 때
- ◆ 데이터의 행과 열이 정돈되지 않았을 때
- ◆ 데이터를 구분할 키key가 없을 때

데이터에 오류가 있을 때

데이터를 입수하면 먼저 데이터에 문제가 있는지 점검해야 합니다.

아래 사진은 중앙선거관리위원회가 2015년 공개한 300만 원 초과 고액 정치후원금 기부자 명단입니다. 후원자 생년이 1600년 대, 1800년대로 나온 사례가 있습니다. 명백한 데이터 입력 오류입니다.

국회의원 고액후원금 데이터

공개대상기부자 명단

주의 -> 연간 300만원 기부자는 해당안됨.

선거구명	생년월일	주　소
		연간 300만원 초과
산시단원구	1654-06-22	서울 양천구 신정동 목***************
동구	1872-06-17	울산 동구 일산동 ******
목포시	1922-09-21	서울 마포구 동교동 ******
부산진구갑	1924-04-20	부산 부산진구 부전동 ******
연제구	1924-12-12	연제구 거제3동 488**
인천시	1927-03-20	서울 강남구 개포동 중***********
종로구	1927-07-04	서울 강동구 성내로 *****

2015년 정치후원금
기부자 명단 중 일부 (출처:
중앙선거관리위원회)

또 다른 사례로 2021년 공직자 재산 자료입니다. 재산 합계 액수가 나와있고, 그 아래에 세부 재산 내역이 있습니다. 증권 소계는 약 1억 7800만 원인데 증권으로 분류된 세부 내역 금액을 합치면 2억 1500만원으로 합계가 맞지 않습니다.

본인과의 권재산의 종류		소재지 면적 등 권리의 명세	종전가액	증가액	감소액	현재가액	변동사유
▶ 증권(소계)			169,215	31,237	22,366	178,086	
본인	상장주식	SPDR BARCLAYS 37주(11주 증가), ISHARES INTERNA 88주(43주 증가), INVESCO PREFERRED 164주(75주 증가), ISHARES CORE US 51주(26주 증가), INVESCO S&P GLOBAL WATER ETF 27주(27주 증가), ETF SERIES SOLUTIONS DEFIANCE 41주(41주 증가), INVESCO GLOBAL CLEAN ENERGY ET 50주(50주 증가), SCHWAB US DIVIDEDND EQUITY ETF 41주(41주 증가), PACER BENCHMARK DATA & INFRAST 38주(38주 증가), TECHNOLOGY SELECT SECTOR SPDR 11주(11주 증가), CONSUMER STAPLES SELECT SECTOR 36주(36주 증가), 길리어드사이언스 4주(4주 증가), VIATRISINC 1주(1주 증가), 아스트라젠카ADR 23주(23주 증가), 브리스톨마이어스스큅 15주(15주 증가), GLAXOSMITHKLINEADREA 6주(6주 증가), 존슨앤존슨 3주(3주 증가), 일라이릴리 3주(3주 증가), 머크 20주(20주 증가), 노보노디스크 4주(4주 증가), 노바티스 4주(4주 증가), 화이자 13주(13주 증가), 사노피 7주(7주 증가), 서모피셔사이언티픽 1주(1주 증가), 애브비 5주(5주 증가), 암젠 2주(2주 증가), 바이오젠 1주(1주 증가),	30,392	29,723	22,366	37,749	주식매입 및 매각, 투자손익 등으로 인한 변동
		ISHARES CORE MSCI EMERGING MAR 36주(36주 증가), ALERIAN MLP ETF 0주(308주 감소), VANECK VECTORS 29주(129주 감소), WISDOMTREE EMER 0주(60주 감소), ISHARES EMERGIN 0주(55주 감소), GLOBAL X S&P 500 0주(51주 감소), ISHARES US TELE 0주(42주 감소), ISHARES 1-3Y TR 0주(15주 감소), INVESCO S&P 500 0주(60주 감소), VANGUARD REAL E 0주(15주 감소)	30,392	29,723	22,366	37,749	
본인	채권	브라질 고정금리	138,823	1,514	0	140,337	추가 매입 및 평가액 변동 등

2021년 공직자 재산공개
내역 중 일부

데이터 형식에 일관성이 없을 때

데이터가 일관성 없이 나열된 경우, 원칙을 정해서 형식을 통일해야 합니다. 여러 조직, 여러 사람이 작업한 결과물을 수합할 때 이런 문제가 자주 발생합니다.

아래 그림은 정부 부처의 업무추진비 사용 내역입니다. 그런데 부처별로 업무추진비 사용날짜, 사용금액을 정리한 방식이 다르네요. 모든 부처의 업무추진비를 모아서 분석하려면 데이터를 합쳐야 하는데, 먼저 서로 다른 데이터 형식을 일관되게 맞춰야겠습니다.

구 분	일자	내 역	금 액
업무관련 직원회의 및 간담회 등	10.05.	신입검사 및 실무수습 검사 오찬 간담회	78
	10.06.	형사조정 업무 담당자 간담회	116
	10.06.	지청장 주재 집행과 오찬 간담회	126
	10.07.	범죄피해자지원 업무 담당자 간담회	150
	10.08.	공적심사위원회 간부 회의	97
	10.12.	인권 관련 업무 담당자 간담회	276
	10.12.	형사 업무 담당자 간담회	42
	10.14.	형사부 및 사무국 월간업무회의	400
	10.16.	마약·강력 전담 검사실 간담회	66
	10.19.	10월 인권 간담회	53
	10.21.	2020년 제4회 노사간담회	300
	10.21.	검사직무대리 간담회	55

사용자	사용일자	사용시간	사용장소 (가맹점명)	사용내역(목적)	사용금액 (원)	인원(명)	사용 방법
장관	2020-12-01	11:58	삼도회집	국회 법안의결 대응	402,000	15	카드
장관	2020-12-02	12:49	하동관	국회 예산의결 대응	200,000	13	카드
장관	2020-12-04	12:12	주식회사 육산	AI 방역 대책 논의	171,000	9	카드
장관	2020-12-06	19:10	진주냉면 남가옥	가축방역 상황 점검	87,000	8	카드
장관	2020-12-07	19:21	토바우안심한우마을	농지제도 관련 논의	150,000	7	카드
장관	2020-12-08	11:27	주식회사 써브웨이 세종	주요 작물 빅데이터 관련 논의	98,500	8	카드
장관	2020-12-09	11:28	위남2013 시청스카이점	ASF 방역 대책 논의	155,000	8	카드
장관	2020-12-10	11:23	변패티번 세종청사점	공익형직불제 관련 논의	190,200	12	카드
장관	2020-12-11	19:10	무교동본가낙지	AI 관련 언론 대응 논의	162,000	9	카드

부처별 업무추진비 사용 내역(출처:수원지방검찰청(왼쪽),농림수산식품부(오른쪽))

데이터에 빈칸이 있을 때

데이터에서 측정하지 못하는 등의 이유로 값이 비어있는 것을 결측값이라고 부릅니다. 여러분이 가진 관련 지식에 비추어 채울 수 있는 경우도 있고, 채우기 어려운 경우도 있습니다. 정제 작업을 하면서 스스로 판단해야 합니다.

아래 그림은 고액 정치후원금 기부자 데이터입니다. 생년월일이 비어있습니다. 데이터를 채울 방법이 없기 때문에 빈칸으로 둘 수밖에 없습니다. 결측값입니다.

선거구명	후원자_성명	생년월일	주소
사천시남해군하동군	이		후원인 연락두절
달서구갑	서	9999-99-99	대구광역시 중구 서성***********
달서구갑	송		후원인 정보제공 거부
달서구갑	이		후원인 정보제공 거부
달서구갑	한		후원인 정보제공 거부
비례대표	이		금융기관 회보했으나 연락불가

정치후원금 고액기부자 명단 중 일부 (출처: 중앙선거관리위원회)

이 사례에서는 결측값을 처리하는 방식도 의원실마다 다릅니다. 어떤 의원실은 9999-99-99로 처리했고 다른 의원실은 비워뒀습니다. 데이터를 정리할 때 둘 중 어떤 방식을 사용해도 좋지만 서로 같은 형식이어야 합니다.

다음 사례는 다릅니다. 중앙선거관리위원회가 공개한 개표 결과 데이터입니다. 동별로 투표구별 개표 결과가 나옵니다. 그런데 투표구명 왼쪽 행에 동 정보가 빈칸인 셀들이 있습니다. 이때는 그냥 빈칸으로 두면 안 됩니다. 소계에 한 번씩만 나오는 동 이름을 아래 행에도 입력해야 합니다.

2021년 서울시장 재보궐선거 개표 결과(출처: 중앙선거관리위원회 선거정보시스템)

읍면동명	투표구명	선거인수	투표수	더불어민주당 박영선	국민의힘 오세훈	기본소득당 신지혜	국가혁명당 허경영	미래당 오태양
합계		132,257	78,852	32,309	43,255	456	821	160
거소투표		910	870	235	530	3	39	1
관외사전투표		4,962	4,961	2,218	2,508	31	58	11
청운효자동	소계	9,657	5,936	2,694	2,983	34	63	10
	관내사전투표	2,318	2,318	1,296	952	7	19	3
	청운효자동제1투	2,428	1,187	404	732	9	10	3
	청운효자동제2투	2,408	1,157	440	661	6	15	4
	청운효자동제3투	2,503	1,274	554	638	12	19	0
사직동	소계	8,233	4,922	1,744	3,004	28	34	15
	관내사전투표	1,737	1,736	863	808	10	15	4
	사직동제1투	2,305	919	354	530	8	6	3
	사직동제2투	4,191	2,267	527	1,666	10	13	8
삼청동	소계	2,152	1,282	483	750	8	19	2
	관내사전투표	505	505	248	240	0	10	0

143

잘 정리된 데이터tidy data의 기본 요건은 다음과 같습니다.

1) 하나의 표는 동일한 관측단위entity로 구성

2) 하나의 행은 하나의 관측값observation을 표현

3) 하나의 열은 하나의 속성을 표현

1) 하나의 표table는 동일한 관측단위entity로 구성

데이터가 묘사하는 대상entity은 인물, 기관, 사건 등 다양합니다. 그러나 하나의 표에는 같은 종류의 관측단위만 들어가야 합니다. 인물, 기관, 사건 등이 섞인 데이터를 만들면 안 된다는 의미입니다.

아래 그림은 관보에 공개된 2021년 문재인 대통령 재산공개 내역입니다. 어떤 행에는 공직자의 이름과 직위가 들어갑니다. 다른 행에는 재산 합계액, 또 다른 행에는 자세한 재산 내역이 있습니다. 모든 공직자의 재산이 이렇게 공개됩니다.

데이터 정제 과정에서는 '인물', '재산 합계', '재산 내역' 등 여러 개의 표로 떼어내는 것이 바람직합니다.

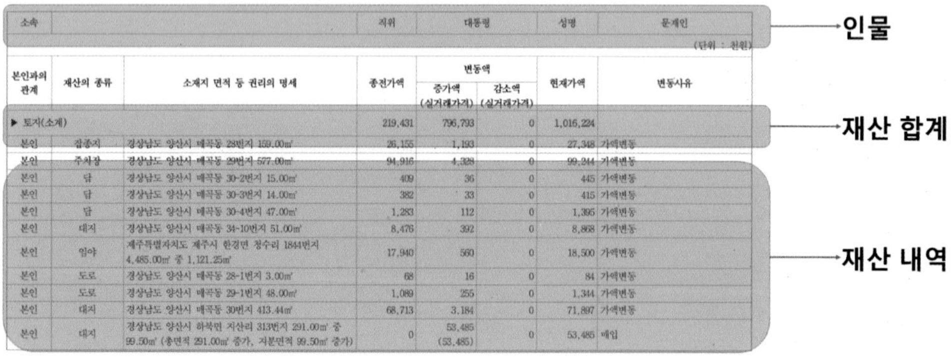

소속			직위	대통령		성명	문재인
							(단위 : 천원)
본인과의 관계	재산의 종류	소재지 면적 등 권리의 명세	종전가액	변동액		현재가액	변동사유
				증가액 (실거래가격)	감소액 (실거래가격)		
▶ 토지(소계)			219,431	796,793	0	1,016,224	
본인	잡종지	경상남도 양산시 매곡동 28번지 159.00㎡	26,155	1,193	0	27,348	가액변동
본인	주차장	경상남도 양산시 매곡동 29번지 577.00㎡	94,916	4,328	0	99,244	가액변동
본인	답	경상남도 양산시 매곡동 30-2번지 15.00㎡	409	36	0	445	가액변동
본인	답	경상남도 양산시 매곡동 30-3번지 14.00㎡	382	33	0	415	가액변동
본인	답	경상남도 양산시 매곡동 30-4번지 47.00㎡	1,283	112	0	1,395	가액변동
본인	대지	경상남도 양산시 매곡동 34-10번지 51.00㎡	8,476	392	0	8,868	가액변동
본인	임야	제주특별자치도 제주시 한경면 청수리 1844번지 4,485.00㎡ 중 1,121.25㎡	17,940	560	0	18,500	가액변동
본인	도로	경상남도 양산시 매곡동 28-1번지 3.00㎡	68	16	0	84	가액변동
본인	도로	경상남도 양산시 매곡동 29-1번지 48.00㎡	1,089	255	0	1,344	가액변동
본인	대지	경상남도 양산시 매곡동 30번지 413.44㎡	68,713	3,184	0	71,897	가액변동
본인	대지	경상남도 양산시 하북면 지산리 313번지 291.00㎡ 중 99.50㎡ (총면적 291.00㎡ 증가, 지분면적 99.50㎡ 증가)	0	53,485 (53,485)	0	53,485	매입

2021년 고위공직자 재산공개 내역 (출처: 대한민국 전자관보)

2) 하나의 행row은 하나의 관측값observation을 표현

데이터 표에서 행은 하나의 관측값을 표현합니다. 그런데 문서에 기반해 데이터를 관리하다 보면 하나의 데이터가 여러 행으로 나눠지는 경우가 있습니다.

아래 그림은 화학사고 현황을 한글 파일에 정리한 자료입니다.

사고날짜와 주소를 같은 칸에 넣었습니다. 주소 열을 따로 넣기에는 문서 폭이 좁아서 행 하나에 같이 넣은 것으로 보입니다.

연번	일시/장소	사고내용	사고유형(원인)	최초 신고접수 기관	유관기관 통보현황
1	2014.1.8 경기 화성시 장안면 서신리 스미세이케미컬 공장	스미세이 케미칼 공장에서 디클로로실란 가스(10kg 추정) 누출(1명 부상)	작업자 부주의	한강유역환경청	환경부 (화학물질안전TF) 등
2	2014.1.22 충남 청양군 청산면 AK켐텍	배관 청소작업 이후 잔류물 확인치 못해 밸브를 개방하여 잔류 슬러지(수산화나트륨 2%) 작업자 얼굴에 튀어 화상(2명 부상)	작업자 부주의	환경부 (화학물질안전TF)	국가안보실, 산업부 에너지안전과, 고용부 화학사고예방과 외 14개 기관
3	2014.2.8 경기 안산시 단원구 원시동 원진LED	폐산 이송배관이 파손되어 누출(3리터 가량)되어 흡착포를 이용하여 폐산 제거	시설미비	한강유역환경청	국가안보실, 산업부 에너지안전과, 고용부 화학사고예방과 외 14개 기관

2014년 화학사고 현황 (출처: 환경부)

이 자료를 기반으로 만든 공공데이터에도 같은 문제가 있습니다. 이번에는 화학사고 한 건의 정보가 두 행에 나옵니다. 데이터를 정제할 때 사고 한 건이 데이터 한 행에 들어가도록 수정해야 합니다.

	A	B	C	D	E	F
1	순번	사고일자	사고유형	업종	사고지역	날씨
2				발생장소		
3	1	2016-12-13	화학사고	제조업	경기도화성시	
4		발생장소:㈜GC테크 기업부설연소				
5	2	2016-11-16	화학사고	사용업	전라남도여수시	
6		발생장소:여천NCC㈜ 여수3공장 사업장 내				
7	3	2016-11-09	화학사고	사용업	경기도이천시	
8		발생장소:CJ헬스케어 연구소 실험실 입구 시약장				

2016년 화학사고 현황 (출처: 화학물질안전원)

3) 하나의 열column은 하나의 속성attribute을 표현

하나의 열은 하나의 속성을 표현해야 합니다. 아래 예시 데이터를 보면 발생형태 열에 사고구분과 사고형태 등 두 가지 정보가 있습니다. 이런 경우에는 한 행에 한 가지 정보만 들어가도록 열을 나눠야 합니다.

사고일자	사고유형	업종	사고지역	발생형태	사고원인	사고물질
2016-12-13	화학사고	제조업	경기도화성시	사고구분:작업공정;사고형태:누출;	작업자 부주의:교육·훈련미흡;	메탄올,산성불화암모늄,질산
2016-11-16	화학사고	사용업	전라남도여수시	사고구분:차량;사고형태:누출;	운송차량 사고:관리소홀;	황산
2016-11-09	화학사고	사용업	경기도이천시	사고구분:기타(시약장 낙하);사고형태:누출;	작업자 부주의:유지·보수부실;	질산
2016-11-05	화학사고	사용업	경기도오산시	사고구분:기타(배관보수 작업);사고형태:누출;	시설관리 미흡:기타(배관보수 작업);	암모니아
2016-10-26	화학사고	제조업	광주광역시광산구	사고구분:저장탱크;사고형태:누출;	시설관리 미흡:기타(시설관리 미흡);	무수크롬산 폐액
2016-10-24	화학사고	제조업	울산광역시울주군	사고구분:기타(건조기);사고형태:기타(복합);	시설관리 미흡:기타(시설관리 미흡);	Tert-Butyl monoperoxymalate
2016-10-10	화학사고	운반업	충청북도청주시 흥덕구	사고구분:차량;사고형태:누출;	운송차량 사고:관리소홀;	아세트산에틸
2016-10-07	화학사고	제조업	경기도포천시	사고구분:기타(밸브);사고형태:기타(복합);	작업자 부주의:관리부실;	톨루엔,메틸에틸케톤,에틸알콜
2016-09-23	화학사고	제조업	경상북도의성군	사고구분:작업공정;사고형태:누출;	시설관리 미흡:과잉반응;	포름알데하이드,다이에탄올아민
2016-09-09	화학사고	제조업	부산광역시강서구	사고구분:저장탱크;사고형태:누출;	시설관리 미흡:용기파손;	포름알데하이드
2016-09-06	화학사고	운반업	경상북도김천시	사고구분:차량;사고형태:누출;	운송차량 사고:기타(운송차량 사고);	무수크롬산

2016년 화학사고
현황(출처:
화학물질안전원)

데이터를 구분할 키key가 없을 때

데이터에 등장하는 관측값을 구분할 수 있도록 적절한 키Key를 부여해야 합니다. 이 키는 서로 다른 관측값을 구별하는 식별자identifier로 사용합니다. 서로 다른 관측값에는 서로 다른 키를 부여해야 한다는 뜻입니다.

데이터를 정제할 때 키로 사용할 열이 있는지 살펴보고, 그런 열이 없다면 새로 만들어야 합니다.

예시 그림은 2021년 관보에 실린 공직자 재산공개 자료 일부입니다. 소속, 직위까지 똑같은 동명이인이 있습니다. 소속, 직위, 이름을 모두 합쳐도 이 데이터에 나오는 사람을 구별하는 키로 사용할 수 없습니다.

이런 경우, '김정수_국방부_001', '김정수_국방부_002'와 같이 연속으로 된 숫자값을 입력해 동명이인인 두 사람을 구분해야 합니다.

국방부			직위		성명	김정수

(단위 : 천원)

재산의 종류	소재지 면적 등 권리의 명세	종전가액	변동액 증가액 (실거래가격)	변동액 감소액 (실거래가격)	현재가액	변동사유
계)		167	13	0	180	
임야	강원도 평창군 평창읍 조동리 산 12번지 27,169.00㎡ 중 330.00㎡	167	13	0	180	가액변동

국방부			직위		성명	김정수

(단위 : 천원)

재산의 종류	소재지 면적 등 권리의 명세	종전가액	변동액 증가액 (실거래가격)	변동액 감소액 (실거래가격)	현재가액	변동사유
계)		0	600	0	600	
대지	전라남도 신안군 증도면 증동리 838-1번지 72.00㎡ (72.00㎡ 증가)	0	600 (600)	0	600	

2021년 고위공직자
재산공개 내역 일부(출처:
전자관보)

데이터 정제 도구

데이터를 정제할 때 자주 사용하는 도구는 다음과 같습니다.

◆ 프로그래밍 언어
  ◇ R
  ◇ 파이썬Python
◆ 스프레드시트
  ◇ 엑셀
  ◇ 구글 스프레드시트
◆ 오픈리파인OpenRefine

R, 파이썬 등 프로그래밍 언어를 자주 사용합니다. 큰 데이터를 규칙적으로 정제할 수 있고 한번 사용한 코드를 재활용할 수 있다는 게 장점입니다.

오픈리파인 같은 전문 도구도 활용합니다. 코딩 없이도 여러 작업을 쉽게 처리할 수 있습니다. 패싯Facet, 필터 등의 기능을 사용하면 수작업으로 할 일이 줄어듭니다.

가장 쉽게 접하는 도구는 엑셀, 구글 시트 등 스프레드시트 프로그램입니다. 다른 도구보다 효율성은 떨어집니다. 하지만 다루기 쉽고 실제 데이터를 눈으로 보면서 작업할 수 있어 초보자가 사용하기에 좋습니다.

이제부터 예제 데이터를 스프레드시트로 정제하는 실습을 해보겠습니다. 데이터 정제 개념에 더해 기초 스프레드시트 기능을 함께 배워보겠습니다.

스프레드시트로
데이터 정제하기

실습 데이터 다운로드

아래 링크에 접속해 파일을 다운받으세요. 데이터 정제 실습에는 구글 스프레드시트 프로그램을 사용합니다.

실습 파일 링크: https://bit.ly/3h095bh

실습하기 전에 파일 메뉴에서 사본 만들기를 실행하세요. 그 다음 왼쪽 아래 시트 이름을 클릭하고 '복사' 메뉴를 선택해서 새로운 시트를 만듭니다. 새로운 시트 이름을 클릭해 '이름 바꾸기'를 선택하고, 시트 이름을 '실습'으로 바꿉니다.

이제 원본은 그대로 있으면서 새로운 작업용 시트가 생겼습니다. 이렇게 원본을 남기면 실수로 데이터를 오염시키더라도 처음부터 다시 작업할 수 있습니다.

2020년 연간 300만원 초과 정치후원금 기부자 명단

실습 데이터 화면입니다. 가장 눈에 띄는 문제점은 하나의 관측 값이 두 개의 행으로 구성됐다는 점입니다. 앞에서 배운 데이터 정제 유형 중 행과 열이 정돈되지 않은 데이터입니다. 이번 실습에서는 짝수행의 주소 정보를 홀수행에 새로운 열로 옮겨보겠습니다.

행과 열을 정리하기 전에 말머리 서식 정보를 제거하고 열 이름을 한 줄로 정리합니다. 이 작업을 먼저 하지 않으면 필터를 사용할 수 없고 뒤에 이어질 정제 작업도 할 수 없습니다.

서식 제거하고 열 이름 정리하기

먼저 필요 없는 말머리 서식을 삭제하겠습니다. 첫 번째 행 번호를 클릭하고 드래그해서 1행부터 3행까지를 선택합니다. 마우스 우클릭한 다음, 메뉴에서 '1 - 3행 삭제'를 선택합니다.

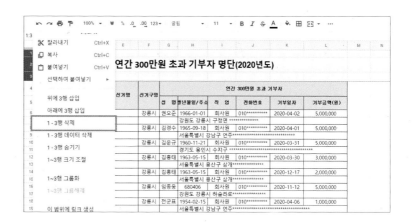

연간 300만원 초과 기부자 명단(2020년도)

메뉴에서 행 삭제하기

다음으로 열 제목을 정리하겠습니다. 먼저 셀 병합을 풀어야 합니다. A열과 1행 사이에 있는 버튼을 누르세요. 데이터가 전체 선택됩니다. 툴바 오른 편 병합 아이콘 옆 역삼각형을 누르고 '병합 취소'를 선택합니다.

병합 아이콘으로 병합
취소하기

G열 2행에 있는 열 제목들을 복사해서 G열 1행에 붙여넣습니다. 쓸모가 없어진 2행을 삭제합니다.

이제 아래와 같이 데이터를 보기 좋게 만들어보겠습니다.

	A	B	C	D	E	F	G	H	I	J	K	L
1	시도명	신분	후원회명	소속정당	선거명	선거구명	성 명	생년월일/주소	직 업	전화번호	기부일자	기부금액(원)
2	강원	국회의원	권성동	국민의힘		강릉시	권오준	1966-01-01	회사원	010*********	2020-04-02	5,000,000
3								강원도 강릉시 구정면 ***********				
4		국회의원	권성동	국민의힘		강릉시	김경수	1965-09-18	회사원	010*********	2020-04-01	5,000,000
5								서울특별시 강남구 연주************************				
6		국회의원	권성동	국민의힘		강릉시	김윤규	1960-11-21	회사원	010*********	2020-03-31	5,000,000
7								경기도 용인시 수지구 *************************				
8		국회의원	권성동	국민의힘		강릉시	김홍태	1963-05-15	회사원	010*********	2020-03-30	3,000,000
9								서울특별시 용산구 삼개***********				
10		국회의원	권성동	국민의힘		강릉시	김홍태	1963-05-15	회사원	010*********	2020-12-17	2,000,000
11								서울특별시 용산구 삼개***********				
12		국회의원	권성동	국민의힘		강릉시	임종웅	680406	회사원	010*********	2020-11-12	5,000,000
13								강원도 강릉시 하슬라로***********				
14		국회의원	권성동	국민의힘	.	강릉시	전군표	1954-02-15	회사원	010*********	2020-04-06	1,000,000
15								서울특별시 강남구 연주*********************				
16		국회의원	권성동	국민의힘		강릉시	전군표	1954-02-15	회사원	010*********	2020-12-30	3,000,000
17								서울특별시 강남구 연주*********************				
18		국회의원	권성동	국민의힘		강릉시	정상수	1958-04-25	회사원	010*********	2020-03-31	5,000,000
19								경기도 성남시 분당구 *****************				
20		국회의원	권성동	국민의힘		강릉시	최일순	680420	회사원	010*********	2020-09-17	5,000,000
21								경기도 평택시 포승읍 ***************				
22		국회의원	권성동	국민의힘		강릉시	한의상	610521	회사원	010*********	2020-06-16	5,000,000
23								서울특별시 송파구 송파***********				
24		국회의원	송기헌	더불어민주당		원주시을	김민우	880225	회사원	010*********	2020-03-27	5,000,000
25								강원도 원주시 봉화로 ***************				

주소행 값 정리

먼저 A열부터 G열까지 마우스로 드래그해 선택합니다. 열과 열 사이에 마우스를 갖다 대고 커서가 양방향 화살표 모양으로 바뀌었을 때 더블클릭하세요. 열 너비가 문자열 크기에 맞게 넓어집니다.

데이터 시트를 전체 선택하고 글꼴은 맑은 고딕, 글자 크기는 10 포인트로 수정합니다.

보기 메뉴의 고정 항목에서 '행 한 개'를 선택합니다. 이제 데이터를 아래 쪽으로 탐색해도 열 제목이 그대로 남아있습니다.

순번 만들기

이제 데이터에 순번을 붙입니다. 순번을 붙이는 데는 두 가지 의미가 있습니다. 첫째, 데이터 행 하나하나에 고유번호를 준다는 뜻입니다. 둘째는 데이터 정렬로 순서가 바뀌더라도 순번 열을 이용해 언제든지 원래 순서로 복원할 수 있다는 의미입니다.

A열 왼쪽에 새로운 열을 만듭니다. 열 제목에는 순번이라고 입력합니다. 첫 번째 칸에 1을 입력합니다. 그 다음 칸에 등호를 입력하고, 위 방향키를 눌러 바로 위 칸을 선택합니다. +1을 입력하고 엔터를 누르면 계산 결과가 2라고 표시됩니다.

A열 왼쪽에 열 삽입 후
순번 입력

함수를 입력한 칸을 선택하고 'Ctrl + Shift + ↓(아래 방향키)'를 동시에 눌러서 맨 아래까지 범위를 선택합니다.

채우기 단축키'Ctrl + D'를 누르면, 연속 숫자가 맨 아래까지 입력됩니다.

주의할 점이 있습니다. A열 값은 모두 함수로 입력되어 있습니다. 필터와 정렬 기능 등을 실행하면 배열 순서가 바뀌면서 값이 엉망으로 바뀝니다. 이런 상황을 피하기 위해 반드시 함수 계산 결과를 값으로 대체해야 합니다.

A열을 눌러서 열을 선택합니다. 복사 단축키'Ctrl + C'를 누르고, 선택된 영역에서 마우스를 우클릭합니다. 메뉴에서 선택하여 붙여넣기 > 값만 붙여넣기를 선택합니다. 데이터를 탐색해 보면 '+ 1' 계산 결과가 아니라 숫자 값으로 바뀐 것이 보입니다.

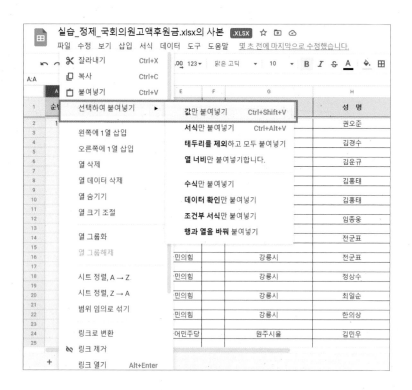

값만 붙여넣기로 함수를
숫자로 변환

주소 행 정리하기

앞에서 정돈된 데이터는 하나의 관측값이 하나의 행에 들어간다고 배웠습니다. 실습 데이터는 하나의 관측값이 두 개의 행에 들어갔죠. 이제 한 건의 후원내역이 한 줄의 행이 되도록 데이터를 수정하겠습니다.

생년월일/주소 열을 누르고, '오른쪽에 1열 삽입'을 선택합니다. 새로 생긴 열의 첫 번째 칸을 선택하고 등호를 입력합니다. 아래 방향키와 왼쪽 방향키를 눌러서, 대각선 방향에 있는 주소를 선택합니다.

H	I	J	K	L	M	N
성 명	**생년월일/주소**				**기부일자**	**기부금액(원)**
권오준	1966-01-01	=I3	회사원	010*********	2020-04-02	5,000,000
	강원도 강릉시 구정면 **************					
김경수	1965-09-18		회사원	010*********	2020-04-01	5,000,000
	서울특별시 강남구 연주************************					
김운규	1960-11-21		회사원	010*********	2020-03-31	5,000,000
	경기도 용인시 수지구 ******************					
김홍태	1963-05-15		회사원	010*********	2020-03-30	3,000,000
	서울특별시 용산구 삼개****************					
김홍태	1963-05-15		회사원	010*********	2020-12-17	2,000,000

J2 셀에서 I3 셀을 참조 (=
I3)

154

함수가 입력된 칸을 선택하고, 'Ctrl + Shift + ↓'를 동시에 눌러서 맨 아래까지 범위를 선택합니다. 'Ctrl + D' 채우기 단축키를 누르면 아래쪽 셀에도 함수가 복사됩니다. 순번 열과 마찬가지로 데이터를 안전하게 유지하려면 함수를 값으로 대체해야 합니다. J열을 선택하고 복사 단축키(Ctrl + C)를 누릅니다. 선택된 영역에서 마우스를 우클릭하고, '선택하여 붙여넣기' 항목에서 '값만 붙여넣기' 항목을 선택합니다.

값만 붙여넣기로 함수를
주소 값으로 변환

데이터를 탐색해보니 이제는 함수가 아니라 주소 값이 들어갔습니다. 생년월일 옆에 새로운 열로 주소 정보를 추가했기 때문에 짝수 행은 필요 없어졌네요. 짝수 행을 지워보겠습니다.

열 제목을 한 곳 선택하고, 깔대기 모양의 필터 만들기 아이콘을 클릭합니다. 필터 만들기 아이콘이 없으면 맨 오른쪽 더보기 메뉴를 클릭합니다.

필터 만들기 아이콘

열 제목 옆에 역삼각형 필터 아이콘이 생겼습니다. 성명 열에 있는 필터 아이콘을 누르고, 오름차순 정렬을 선택합니다.

성명 오름차순 정렬

성명 열에서 'Ctrl + ↓'를 눌러서 맨 아래로 이동합니다. 그러면 주소 정보만 있고 나머지 정보는 빈 행이 나옵니다.

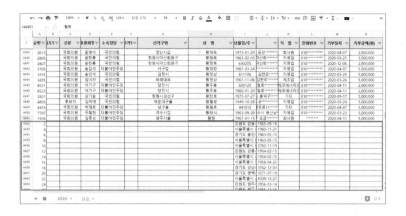

여기서 비어있는 첫 번째 행을 선택합니다. 그 다음 'Ctrl + Shift + ↓'를 눌러서 행 전체를 선택합니다.

마우스를 우클릭한 다음, '선택한 행 삭제' 메뉴를 실행합니다.

비어 있는 행 선택 후
메뉴에서 '선택한 행 삭제'

작업 결과, 주소 정보는 새로운 열로 이동했고 필요 없어진 짝수 번째 행은 모두 삭제됐습니다.

이제 열 제목을 수정해야 합니다. I열에는 생년월일, J열에는 주소라고 입력합니다. 주소 열의 문자열이 가운데 정렬되어 있습니다.

주소 열을 선택하고 툴바에서 가로맞춤 아이콘을 누릅니다. 왼쪽 정렬을 선택하면 후원자의 주소가 어떤 시/도인지 알아볼 수 있습니다. 이런 이유로 문자열은 보통 왼쪽으로 정렬합니다.

한편 숫자는 오른쪽으로 정렬합니다. 기부금액 열을 선택하고 오른쪽으로 정렬해보세요. 기부금액 자릿수를 비교하기 쉬워졌습니다.

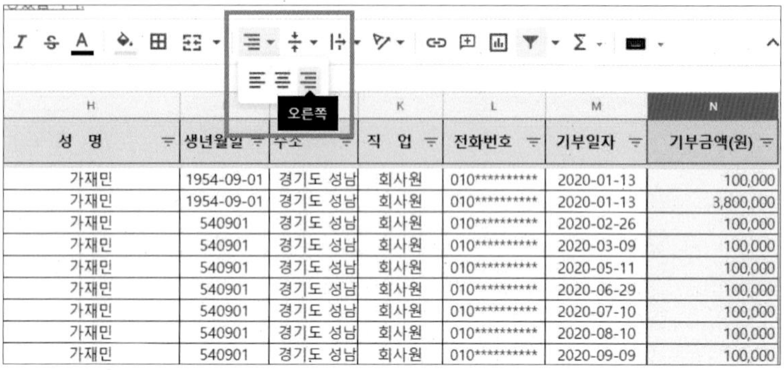

성 명	생년월일	주소	직 업	전화번호	기부일자	기부금액(원)
가재민	1954-09-01	경기도 성남	회사원	010**********	2020-01-13	100,000
가재민	1954-09-01	경기도 성남	회사원	010**********	2020-01-13	3,800,000
가재민	540901	경기도 성남	회사원	010**********	2020-02-26	100,000
가재민	540901	경기도 성남	회사원	010**********	2020-03-09	100,000
가재민	540901	경기도 성남	회사원	010**********	2020-05-11	100,000
가재민	540901	경기도 성남	회사원	010**********	2020-06-29	100,000
가재민	540901	경기도 성남	회사원	010**********	2020-07-10	100,000
가재민	540901	경기도 성남	회사원	010**********	2020-08-10	100,000
가재민	540901	경기도 성남	회사원	010**********	2020-09-09	100,000

문자열(주소 열)은 왼쪽 정렬, 숫자(기부금액 열)은 오른쪽 정렬

Tip Box

엑셀 이동 단축키 TIP

정제작업을 할 때 키보드 단축키를 사용하면 작업이 쉬워집니다. 엑셀에서 이동 방향키 (→ ← ↑ ↓)를 활용한 단축키는 다음과 같습니다.

방향키: 셀 선택 이동
Shift + 방향키: 현재 선택한 셀부터 방향키로 이동하는 셀까지 범위 선택
Ctrl + 방향키: 배열의 끝까지 이동. 다음 셀이 비어있다면, 비지 않은 첫 번째 셀까지 이동
Ctrl + Shift + 방향키: 'Ctrl + 방향키'처럼 이동하면서 범위 선택

이번 과제는 일관성 없는 데이터를 일관된 형식으로 정제하는 것입니다. 실습 데이터에는 후원자 생년월일이 크게 세 가지 형식으로 나타납니다.

첫째, 정상 날짜 형식입니다.
둘째, 주민등록번호 스타일의 여섯 자리 숫자 형식입니다.
셋째, 겉보기에는 날짜 형식이지만 사실은 텍스트 형식인 데이터입니다.

이번 실습에서는 세 종류의 데이터에서 연, 월, 일 정보를 추출한 다음, 이 정보를 다시 조합해서 정제된 생년월일 데이터를 만듭니다.

실습 데이터 고액
정치후원금 기부내역
중(여러 가지 날짜 형식이
섞여 있음)

| 맑은 고딕 | ▼ | 10 | ▼ | B | I | S | A | ◆ | 田 | | | | | | | |

******

F	G	H.	I	J	K	L
선거명	선거구명	성 명	생년월일	주소	직 업	전화번호
	상주시문경시	전희경	751009	서울특별시 (	정치인	02-*******
	비례대표	최임수	1955-08-12	서울특별시 (	기타	010*********
	비례대표	황영연	591007	경상북도 상	회사원	010*********
	비례대표	황정상	1961-11-06	경상북도 김	제조업	010*********
	안동시예천군	이병균	1959-08-21	서울특별시 (	기타	010*********
	안동시예천군	이인혁	1969-01-09	서울 강남구	기타	010*********
	안동시예천군	이태규	1979-01-22	경상북도 예	회사원	010*********
	안동시예천군	장석규	661111	경상북도 안	자영업	010*********
	영주시영양군봉화군울진군	김성규	1971.07.07	경북 울진군	인의 고지거	010*********
	영주시영양군봉화군울진군	김연희	580821	경상북도 영	자영업	010*********
	영주시영양군봉화군울진군	김정석	1943.03.27	서울시 서초	인의 고지거	010*********
	영주시영양군봉화군울진군	김준영	721229	경상북도 영	사업	010*********
	영주시영양군봉화군울진군	김진한	560708	서울특별시 (	회사원	010*********

날짜 형식 데이터에서 연, 월, 일 뽑아내기

생년월일 열에서 오름차순 정렬을 해보세요. 날짜 형식이 제대로 들어간 데이터가 맨 위로 올라옵니다. I, J, K 세 열을 선택하고 우클릭 메뉴에서 '왼쪽에 3열 삽입'을 실행합니다.

159

I, J, K 열 선택 후 메뉴에서
‘왼쪽에 3열 삽입’

각 열에 생년, 생월, 생일이라고 열 제목을 입력합니다. 먼저 생년 칸에 등호를 입력하고 YEAR 함수를 입력합니다. 괄호를 열고 오른쪽 방향키를 세 번 눌러서 생년월일 셀을 선택한 후 괄호를 닫습니다.

YEAR 함수 입력 후
생년월일 셀 선택

생월 셀에는 MONTH 함수를, 생일 셀에는 DAY 함수를 입력합니다.

160

생년	생월	생일	생년월일	주소	직업
1905-05-22	=MONTH(		1969-10-23	경기도 김포시	자영업

MONTH(날짜) ^ ×

예
MONTH("1969. 7. 20")

정보
특정 날짜의 월(month)을 숫자 형식으로 반환합니다.

날짜
월(month) 데이터를 추출하기 위한 날짜입니다.

자세히 알아보기

| | | | 1969-12-26 | 김해시 상농면 | 자영업 |

MONTH 함수 입력 후 생년월일 셀 선택

생월	생일	생년월일	주소	직업	전화번호
1900-01-09	=DAY(	1969-10-23	경기도 김포시	자영업	010*********

DAY(날짜) ^ ×

예
DAY("1969. 7. 20")

정보
특정 날짜의 일(day)을 숫자 형식으로 반환합니다.

날짜
일을 추출할 날짜입니다.

자세히 알아보기

| | | 1969-12-26 | 김해시 상농면 | 자영업 | 010********* |

DAY 함수 입력 후 생년월일 셀 선택

생년, 생월, 생일 열을 선택하고 표시형식에서 쉼표가 없는 숫자 [0]을 선택하세요. 날짜 정보가 제대로 표시됩니다.

123 ▾ 맑은 고딕 ▾ 10 ▾ B I S A

자동
일반 텍스트

	생년	생월	생일	생년월일
소속정당	1905-05-22	1900-01-09	1900-01-22	1969-10-23

숫자 1,000.12
퍼센트 10.12%
지수 1.01E+03
회계 ₩ (1,000.12)
재무 (1,000.12)
통화 ₩1,000.12
통화(반올림) ₩1,000
날짜 2008. 9. 26
시간 오후 3:59:00
날짜 시간 2008. 9. 26 오후 3:59:00
24시간 24:01:00
#,##0 1,235
0 1235
2008-09-26

생년월일
1969-10-23
1969-11-07
1969-11-13
1969-11-22
1969-11-22
1969-11-22
1969-11-22
1969-11-27
1969-11-29
1969-12-08
1969-12-26
1969-12-26
1969-12-26
1969-12-27
1970-01-06
1970-01-14
1970-01-19
1970-01-26
1970-01-31
1970-02-15
1970-02-20
1970-03-02
1970-03-03

생년, 생월, 생일 열 선택 후 쉼표 없는 숫자 서식 지정

날짜 정보 표현 TIP

앞에서 YEAR, MONTH, DAY 함수를 입력했을 때 이상한 날짜 값이 출력되는 이유가 뭘까요?

스프레드시트 프로그램의 날짜 데이터는 내부적으로는 숫자와 같습니다. 예를 들어, 구글 스프레드시트에서 숫자 1을 입력하고 표시 형식을 날짜로 바꾸면 '1899년 12월 31일'로 표시됩니다. 숫자가 1씩 커질 때마다 날짜는 하루씩 더해집니다. 숫자 2의 표시 형식을 날짜로 바꾸면 1900년 1월 1일이 됩니다. 숫자 40000은 날짜형식에서 2009년 7월 6일을 의미합니다. 40000에 365를 더하고 표시 형식을 날짜로 바꾸면 2010년 7월 6일이 나옵니다.

생년월일 열에서 'Ctrl + ↓'를 눌러서 맨 아래로 내려갑니다. 생년월일이 비지 않은 행에서 생년, 생월, 생일 셀을 범위 선택한 다음 'Ctrl + Shift + ↑'를 눌러서 위로 올라갑니다.

이동 단축키를 활용해
범위 선택

	순번	시도당	신분	후원회명	소속정당	선거구	선거구명	성 명	생년	생월	생일	생년월일	주소	직 업
4403	3295		후보자	박형수	미래통합당		영주시영양군봉화군울진군	김성규				1971.07.07	경북 울진군	인의 고지거
4404	3307		후보자	박형수	미래통합당		영주시영양군봉화군울진군	남상모				1971.07.25	경북 영덕군	장비업
4405	4873		후보자	김미애	국민의힘		해운대구을	오충화				1972-02-14	서울특별시	회사원
4406	4857		후보자	김미애	국민의힘		해운대구을	김정기				1972-04-07	부산광역시	자영업
4407	4859		국회의원	김미애	국민의힘		해운대구을	김정기				1972-04-07	부산광역시	자영업
4408	3837		후보자	강대식	미래통합당		동구을	강만수				1973-09-23	대구광역시	자영업
4409	8029		국회의원	송재호	더불어민주당		제주시갑	홍동현				1974-09-16	제주 제주시	기타
4410	1883		국회의원	임오경	더불어민주당		광명시갑	이창근				1975-04-24	대구 서구 서	기타
4411	8009		국회의원	송재호	더불어민주당		제주시갑	김강현				1979-02-09	제주 제주시	자영업
4412	3865		후보자	강대식	미래통합당		동구을	정현준				1980-08-09	대구광역시	사업
4413	633		국회의원	김병욱	더불어민주당		성남시분당구을	이재완				1980-10-02	서울특별시	회사원
4414	3707		국회의원	양향자	더불어민주당		서구을	김대영				9999-99-99	광주광역시	기타
4415	4089		후보자	홍석준	미래통합당		달서구갑	서상봉				9999-99-99	대구광역시	자영업
4416	1443		국회의원	심상정	정의당		고양시갑	김기자					원인연락두절	고양시 일산동구 마두동*
4417	139		국회의원	이광재	더불어민주당		원주시갑	이철승					금융기관에서 회보받은 전
4418	271		후보자	허 영	더불어민주당		춘천시철원군화천군양구군갑	김현식					확인불가(전화명의변경)
4419	715		국회의원	김성원	국민의힘		동두천시연천군	최수자					인적사항 확인을 위해 ***
4420	1445		국회의원	심상정	정의당		고양시갑	김창영					금융기관 인적사항 미회신
4421	1457		국회의원	심상정	정의당		고양시갑	이용익					금융기관 인적사항 미회신
4422	1863		국회의원	임오경	더불어민주당		광명시갑	박장순					금융기관 회신 미통보
4423	1871		국회의원	임오경	더불어민주당		광명시갑	윤명모					금융기관 회신 미통보
4424	1875		국회의원	임오경	더불어민주당		광명시갑	이상국					금융기관 회신 미통보
4425	2481		후보자	하영제	미래통합당		사천시남해군하동군	이연식					후원인 연락두절
4426	2595		국회의원	윤영석	국민의힘		양산시갑	이재성					금융기관 통보된 번호로 ***
4427	2651		국회의원	김두관	더불어민주당		양산시을	장복안					금융기관 인적사항 미회신
4428	2763		국회의원	홍서준	국민의힘		달성군갑	오성화					후원인 저납했고 거부

채우기 단축키(Ctrl + D)를 누르면 함수가 맨 아래까지 복사됩니다. 생년 열에서 오름차순 정렬합니다. 맨 아래쪽에는 오류가 발생한 행이 있습니다. 스크롤을 올리면서 데이터를 살펴보면 주민등록번호 형식의 생년월일 셀에 생년, 생월, 생일 값이 잘못 들어간 것도 보입니다.

	신분	후원회명	소속정당	선거구	선거구명	성 명	생년	생월	생일	생년월일	주소	직 업
65	국회의원	강선우	더불어민주당		강서구갑	문혜성	4475	11	13	940818	서울특별시 경	자영업
79	국회의원	김용판	국민의힘		달서구병	이재웅	4503	10	19	951019	충북 청주시	회사원
01	후보자	정동만	국민의힘		기장군	이재경	4556	8	7	970305	부산광역시	농업/어업
73	국회의원	임호선	더불어민주당		증평군진천군음성군	강민성	4557	6	16	970618	충북 충주시	자영업
91	국회의원	박성준	더불어민주당		중구성동구을	서동윤	4585	5	22	980820	경기 고양시	기타
17	국회의원	서영교	더불어민주당		중랑구갑	홍경미	#NUM!	#NUM!	#NUM!	0964-01-20	경기도 과천	개인사업
59	예비후보자	김희곤	국민의힘		동래구	김철준	#NUM!	#NUM!	#NUM!	0965-06-22	부산 연제구	회사원
39	국회의원	허종식	더불어민주당		동구미추홀구갑	유진숙	#VALUE!	#VALUE!	#VALUE!	1-58-07-03	인천 연수구	자영업
39	국회의원	문진석	더불어민주당		천안시갑	서명렬	#NUM!	#NUM!	#NUM!	1259-04-26	충청남도 천	자영업
99	후보자	박형수	미래통합당		영주시영양군봉화군울진군	김정석	#VALUE!	#VALUE!	#VALUE!	1943.03.27	서울시 서초	인의 고지거
15	후보자	박형수	미래통합당		영주시영양군봉화군울진군	유채선	#VALUE!	#VALUE!	#VALUE!	1952.07.12	경북 봉화군	인의 고지거
27	후보자	박형수	미래통합당		영주시영양군봉화군울진군	조석현	#VALUE!	#VALUE!	#VALUE!	1963.01.26	경북 울진군	인의 고지거
33	후보자	박형수	미래통합당		영주시영양군봉화군울진군	주현석	#VALUE!	#VALUE!	#VALUE!	1963.05.24	경북 울진군	언론인
39	후보자	박형수	미래통합당		영주시영양군봉화군울진군	최경집	#VALUE!	#VALUE!	#VALUE!	1967.03.29	경북 봉화군	인의 고지거
41	후보자	박형수	미래통합당		영주시영양군봉화군울진군	최기영	#VALUE!	#VALUE!	#VALUE!	1967.04.01	경북 봉화군	인의 고지거
95	후보자	박형수	미래통합당		영주시영양군봉화군울진군	김성규	#VALUE!	#VALUE!	#VALUE!	1971.07.07	경북 울진군	인의 고지거
07	후보자	박형수	미래통합당		영주시영양군봉화군울진군	남상모	#VALUE!	#VALUE!	#VALUE!	1971.07.25	경북 영덕군	장비업
29	국회의원	진선미	더불어민주당		강동구갑	신영균				1928-11-06	서울 강동구	자영업
31	국회의원	진선미	더불어민주당		강동구갑	신영균				1928-11-06	서울 강동구	자영업
31	국회의원	신정훈	더불어민주당		나주시화순군	염종섭				1931-12-16	광주광역시	기타
51	후보자	최형두	미래통합당		창원시마산합포구	김분선				1933-01-13	경상남도 창	무직
59	국회의원	신동근	더불어민주당		서구을	김병직				1933-09-28	경기도 김포	자영업
53	국회의원	김병기	더불어민주당		동작구갑	송윤실				1935-01-25	서울특별시	무직
55	국회의원	김병기	더불어민주당		동작구갑	송윤실				1935-01-25	서울특별시	무직
47	후보자	이성만	더불어민주당		부평구갑	이창근				1935-07-10	인천 중구 을	자영업
57	국회의원	문지서	더불어민주당		천안시갑	노현수				1936-06-05	전라남도 담	농업

생년월일 입력 오류 값 확인

데이터가 잘못된 행에서 생년, 생월, 생일 세 칸을 선택합니다. 'Ctrl + Shift + ↓'를 눌러서 맨 아래까지 선택하고 삭제Delete 키로 데이터를 지웁니다.

=YEAR(L581)

신분	후원회명	소속정당	선거구	선거구명	성 명	생년	생월	생일	생년월일
국회의원	김용판	국민의힘		달서구병	이연정	1994	4	6	1994-04-06
국회의원	이장섭	더불어민주당		청주시서원구	이연정	1994	4	6	1994-04-06
국회의원	김승남	더불어민주당		고흥군보성군장흥군강진군	추승이	1999	2	4	1999-02-04
국회의원	소병철	더불어민주당		순천시광양시곡성군구례군갑	김정이	2000	3	25	2000-03-25
국회의원	소병철	더불어민주당		순천시광양시곡성군구례군갑	정육자	2000	3	25	2000-03-25
국회의원	고영인	더불어민주당		안산시단원구갑	김건진	2669	2	4	680908
국회의원	정진석	국민의힘		공주시부여군청양군	우영제	2722	4	5	100325
국회의원	이형석	더불어민주당		북구갑	염종섭	2752	1	29	311216
국회의원	김진표	더불어민주당		수원시무	이중연	2804	1	22	330202
후보자	박 진	국민의힘		강남구을	윤세영	2804	12	7	330522
국회의원	우상호	더불어민주당		서대문구갑	윤세영	2804	12	7	330522
국회의원	박덕흠	무소속		보은군옥천군영동군괴산군	홍성표	2806	7	20	331112
후보자	류성걸	미래통합당		동구갑	류묵기	2833	12	18	341125

이동 단축키를 활용해 범위 선택 (이 상태에서 'Ctrl + Shift + ↓'를 누르면 잘못된 값들이 선택됩니다.)

163

여섯자리 숫자에서 생년, 생월, 생일 추출하기

다음은 주민등록번호와 같은 숫자 형식입니다. 여기에 YEAR, MONTH, DAY 함수를 적용하면 엉뚱한 결과가 나옵니다. 이때는 LEFT, MID, RIGHT 함수를 사용해야 합니다.

우선 날짜를 가져옵니다. 등호를 입력하고 RIGHT라고 입력합니다. 괄호를 열면 도움말이 나오는데 이 함수의 인수가 두 개라고 합니다. 첫 번째 인수 자리에 생년월일 셀을 선택합니다. 쉼표를 입력하고 두 번째 인수에는 2라고 입력합니다. 문자를 두 개 가져온다는 뜻입니다.

3	25	2000-03-25	전라남도 순천	기타	061********
=RIGHT(	280908	경기도 성남시	기타	010*********

RIGHT(문자열, [문자_개수])   ∧ ✕

예
RIGHT("""Google Sheets""", 2)

정보
지정된 문자열의 마지막 문자부터 시작되는 부분 문자열을 반환합니다.

문자열
오른쪽 부분을 반환할 문자열입니다.

문자_개수 - [선택사항]
문자열의 오른쪽에서부터 반환할 문자의 개수입니다.

자세히 알아보기

		360401	경상남도 창원	무직	010*********
		361010	충남 아산시	주부	010*********
		361010	충남 아산시	주부	010*********

RIGHT 함수 입력

LEFT 함수를 사용하면 생년을 가져올 수 있습니다. 두 번째 인수에 2라고 입력합니다. RIGHT와 마찬가지로 문자 두 개, '28'을 가져옵니다.

이 후원자의 생년은 1928년으로 추정됩니다. 생년을 정확하게 표기하기 위해서는 '28' 앞에 '19'를 붙여야 합니다. 큰따옴표를 이용해서 문자열을 직접 입력합니다. 앤드 기호(&)를 써서 직접 입력한 숫자와 LEFT를 써서 입력한 숫자를 합칩니다. 생년이 '1928'로 정확하게 표시됩니다.

김정이	2000	3	25	2000-03-25	전라남도 순	기타
정옥자	1928 ×	3	25	2000-03-25	전라남도 순	기타
김건진	="19"&LEFT(L2220,2		8	280908	경기도 성남	기타
우영제					도 부	기타
염홍섭					역시 ㈜서산 회장
이종연					용인	기타
윤세영					별시	기업인
윤세영					등포	회사원
홍성표					파구	기타
류목기					서대	무직
류목기					별시	회사고문
송윤실					별시	무직
송윤실					별시	무직
송윤실					별시	무직
이창근					구 울	자영업
안지준					의왕	기타
이택환					청군	자영업
강병도				360401	경상남도 창	무직

LEFT(문자열, [문자_수])   ^ ×

예
LEFT("""Google Sheets""", 2)

정보
지정된 문자열의 첫 문자부터 시작되는 부분 문자열을 반환합니다.

문자열
왼쪽 부분을 반환할 문자열입니다.

문자_수 - [선택사항]
문자열의 왼쪽에서부터 반환할 문자의 수입니다.

자세히 알아보기

= "19"&LEFT(L2220,2)
: ' & ' 를 사용해 문자열과
LEFT 함수 연결

Tip Box

LEFT 함수
- - - - - - - - - -

지정된 문자열의 첫 문자부터 시작되는 하위 문자열을 반환합니다.

사용 예

```
LEFT(A2,2)
LEFT("lorem ipsum")
```

구문

```
LEFT(문자열, [문자_수])
```

◆ 문자열 - 왼쪽 부분을 반환할 문자열입니다.
◆ 문자_수 - [선택사항 - 기본값은 1] - 문자열의 왼쪽에서부터
  반환할 문자 수입니다.

월은 MID 함수를 써서 가운데부터 가져옵니다. MID 함수의 인수는 세 개입니다. 첫 번째는 대상 문자열, 두 번째는 가져올 문자열의 시작 지점, 세 번째는 가져올 문자 개수입니다. 두 번째 인수 자리에는 3, 세 번째 인수 자리에는 2를 입력합니다. 셋째 자리부터 두 개의 문자를 가져오라는 의미입니다.

2000	3	25	2000-03-25	전라남도 순?	기타
2000	09 × 3	25	2000-03-25	전라남도 순?	기타
1928	=MID(L2220,3,2	08	280908	경기도 성남/	기타

MID(문자열, 시작, 추출_길이)　　　　∧ ✕

예
MID("""가져오기""", 5, 4)

정보
문자열의 일부를 반환합니다.

문자열
일부를 추출할 문자열입니다.

시작
추출을 시작할 '문자열'의 왼쪽에서부터 색인입니다. '문자열'에
서 첫 번째 문자의 색인은 1입니다.

추출_길이
추출할 부분의 길이입니다.

자세히 알아보기

| | | | 361010 | 충남 아산시 | 주부 |

MID 함수 입력

Tip Box

MID 함수

문자열의 일부를 반환합니다.

사용 예

```
MID("get this",5,4)

MID(A2,3,5)
```

구문

```
MID(문자열, 시작, 추출_길이)
```

◆ 문자열 - 일부를 추출할 문자열입니다.

◆ 시작 - 추출을 시작할 문자열의 문자 색인으로 왼쪽에서 시작합
니다. 문자열의 첫 번째 문자의 색인은 1입니다.

◆ 추출_길이 - 추출할 부분의 길이입니다.

◆ 추출_길이 만큼의 문자를 추출하기 전에 문자열의 끝에 도달할
경우, MID는 시작에서 문자열 끝까지의 문자를 반환합니다.

166

똑같은 형식의 데이터에 채우기를 해줍니다. 데이터를 스크롤해 내려가서 날짜가 주민등록번호 형식인 마지막 행의 생년, 생월, 생일 세 칸을 선택합니다. 'Ctrl + Shift + ↑'를 눌러서 맨 위까지 올라간 다음 채우기(Ctrl + D) 명령을 실행합니다.

성 명	생년	생월	생일	생년월일
이재명				920229
강민승				930410
문혜성				940818
이재웅				951019
이재경				970305
강민성				970618
서동윤				980820
홍경미				0964-01-20
김철준				0965-06-22
유진숙				1-58-07-03
서명렬				1259-04-26
김정석				1943.03.27

이동 단축키를 활용해
범위 선택

텍스트를 열로 분할하기

마지막 날짜 형식은 연월일이 점(.)으로 나눠진 텍스트 데이터입니다. 겉보기에 날짜 형식 같지만 실제로는 문자열입니다.

성 명	생년	생월	생일	생년월일	주소
문혜성	1994	08	18	940818	서울특별시
이재웅	1995	10	19	951019	충북 청주시
이재경	1997	03	05	970305	부산광역시
강민성	1997	06	18	970618	충북 충주시
서동윤	1998	08	20	980820	경기 고양시
홍경미				0964-01-20	경기도 과천
김철준				0965-06-22	부산 연제구
유진숙				1-58-07-03	인천 연수구
서명렬				1259-04-26	충청남도 천
김정석	1943.03.27			1943.03.27	울시 서초
유채선	1952.07.12			1952.07.12	북 봉화군
조석현	1963.01.26			1963.01.26	북 봉화군
주헌석	1963.05.24			1963.05.24	북 울진군
최경집	1967.03.29			1967.03.29	북 봉화군
최기영	1967.04.01			1967.04.01	북 봉화군
김성규	1971.07.07			1971.07.07	북 울진군
남상모	1971.07.25			1971.07.25	북 영덕군
김대영				9999-99-99	광주광역시
서상봉				9999-99-99	대구광역시
김기자				원인연락두	고양시 일산
이철승					금융기관에서

날짜형식이 점(.)으로
분리된 데이터 형식

167

배열을 복사해서 생년 열에 붙여넣습니다. 메뉴에서 데이터 항목을 누르고 '텍스트를 열로 분할' 기능을 실행합니다.

메뉴에서 '텍스트를 열로 분할' 선택

구분선을 선택하고 '마침표'를 클릭합니다.

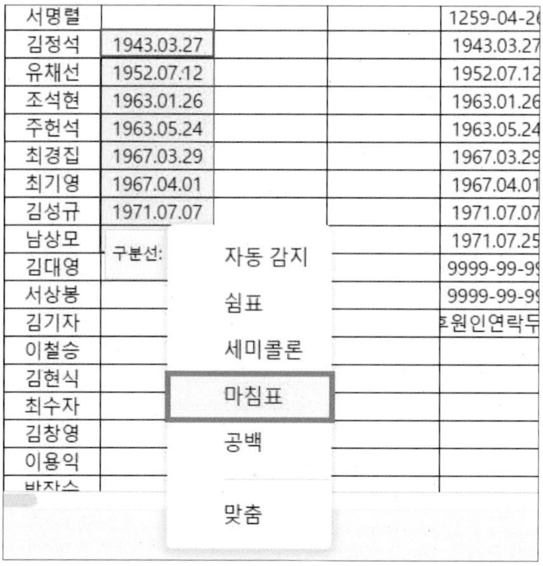

'텍스트 열로 분할' >
'마침표' 지정

점 (.)으로 구분돼 있던 데이터가 여러 열에 나눠져 들어갑니다.

DATE 함수로 합치기

이제 생년월일을 다시 합쳐보겠습니다.

'생년' 열 왼쪽에 열을 하나 추가하세요. 열 제목을 생년월일_정제라고 입력합니다. 생년 열에서 한번 더 오름차순 정렬합니다.

새로운 열 첫 번째 셀에 등호를 입력하고 DATE 함수를 입력 후 괄호를 열면, 인수가 세 개 표시됩니다. 각각 연, 월, 일 칸을 지정합니다.

DATE 함수 입력 후 인수 항목을 생년, 생월, 생일 셀 지정

DATE 함수

년, 월, 일을 날짜로 전환합니다.

사용 예

    DATE(1969,7,20)

    DATE(A2,B2,C2)

구문

    DATE(년, 월, 일)

◆ 년: 날짜의 연도 구성요소입니다.

◆ 월: 날짜의 월 구성요소입니다.

◆ 일: 날짜의 일 구성요소입니다.

표시 형식을 날짜로 지정해 보겠습니다.

기존 생년월일 셀을 하나 복사한 다음, DATE 함수를 입력한 칸에 마우스를 우클릭하고 선택하여 붙여넣기 > 서식만 붙여넣기를 선택합니다. 날짜 형식이 제대로 표시됩니다.

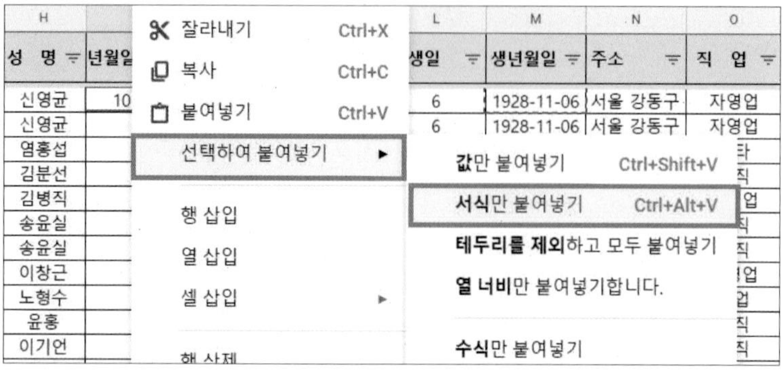

메뉴에서 '선택하여
붙여넣기' > '서식만
붙여넣기' 선택

채우기 단축키(Ctrl + D)를 사용해서 이 함수를 끝까지 입력합니다. 여러 형태였던 후원자 생년월일을 하나의 형식으로 수정했습니다.

이번에는 여러 가지 방법으로 데이터 오류를 검증하고 수정해봅니다. 먼저 기부금액 열의 오류를 수정합니다. 다음으로 후원회명에서 일관성 없는 표기를 바로잡습니다. 마지막으로 후원회를 식별할 수 있는 규칙이 있는지 살펴보고 후원회 식별자로 사용할 열을 만듭니다.

금액 수정하기

실습용 데이터의 기부금액 열에서 내림차순 정렬을 해보겠습니다. 가장 큰 금액은 500만 원으로 나옵니다.

이번에는 오름차순 정렬을 해보겠습니다. 일부 데이터가 마이너스 금액입니다. 이 데이터는 실습 목적으로 일부러 음수로 수정한 데이터입니다. 양수로 바꿔보겠습니다.

기부금액 열 왼쪽에 새로운 열을 만듭니다. 열 제목은 기부금액 정제라고 입력합니다. 첫 번째 칸에 등호를 입력하고 오른쪽 방향키를 눌러 음수 값이 있는 셀을 참조합니다. 곱셈 기호(*)를 입력하고 '-1'이라고 입력합니다.

음수를 양수로 변환(셀 지정 후 * -1)

기부일자	기부금액 정제	기부금액(원)
	5,000,000 ×	
2019-12-26	=S2*-1	-5,000,000
2019-12-26		-5,000,000
2019-12-24		-5,000,000
2019-12-26		-5,000,000

입력한 수식을 아래 세 칸에도 채워 넣습니다. 나머지 칸에는 원래 값을 그대로 넣습니다. 등호를 입력하고 금액이 있는 셀을 참조한 다음 엔터 키를 누릅니다.

기부일자	기부금액_정제	기부금액(원)
2019-12-26	5,000,000	-5,000,000
2019-12-26	5,000,000	-5,000,000
2019-12-24	5,000,000	-5,000,000
2019-12-26	10,000 × ,000,000	-5,000,000
2020-05-12	=S6	10,000
2020-06-11		10,000
2020-07-13		10,000

양수 값은 기존 값 입력

모서리를 더블클릭해서 맨 끝까지 수식을 채워줍니다.

2019-12-26	5,000,000	-5,000,000
2019-12-26	5,000,000	-5,000,000
2019-12-24	5,000,000	-5,000,000
2019-12-26	5,000,000	-5,000,000
2020-05-12	10,000	10,000
2020-06-11		10,000
2020-07-13		10,000
2020-08-11		10,000

자동채우기 기능을 활용해 빈칸 채우기 (모서리에서 마우스 모양 변경 시 더블클릭)

후원회 이름 수정하기

데이터 오류를 검증할 때 가장 유용하게 쓰는 기능이 바로 피벗 테이블입니다. '데이터' 메뉴에서 '피벗 테이블'을 실행합니다. 데이터 선택 창이 나옵니다. 그대로 두고 만들기를 누르세요.

웹브라우저 크롬이 9X.X 버전 이상인 경우는 삽입 메뉴에 피벗 테이블이 있습니다.

데이터 메뉴에서 '피벗 테이블' 선택

피벗 테이블 만들기
팝업창에서 데이터 범위와
삽입 위치 확인 후 '만들기'
버튼 클릭

피벗 테이블Pivot Table의 기본 레이아웃을 익혀야 합니다. 왼쪽에는 표 영역(파란색 표시)이 있고, 오른쪽에는 편집기 영역(주황색 표시)이 있습니다. 편집기 영역에는 행, 열, 값, 필터 이렇게 네 개 옵션이 있습니다.

피벗 테이블 기본 레이아웃

편집기에 열 이름을 추가하면 왼쪽 표 영역에 반영됩니다. 행에서 '추가' 버튼을 클릭하고 '후원회명'을 선택합니다.

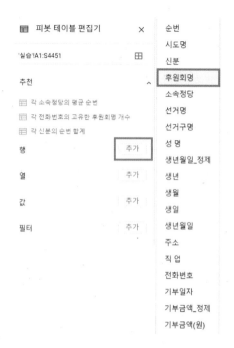

행 추가 > 후원회명 선택

왼쪽 표 영역에 국회의원 후원회 이름이 표시됩니다. 자세히 보면 권성동 의원이 세 번 등장합니다.

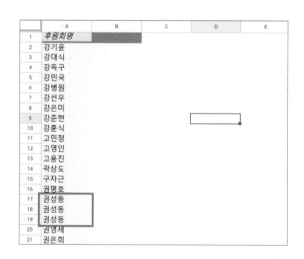

피벗 테이블에서
'권성동' 확인

데이터로 돌아가서 후원회명에 필터를 걸어보겠습니다. 먼저 '지우기'를 클릭해서 모든 후원회명 선택을 해제합니다.

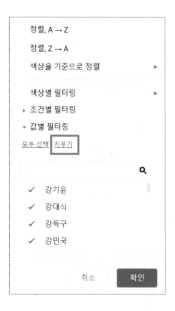

자동 필터에서 '지우기'
클릭해 '모두 선택' 해제

입력창에 '권성동'을 입력한 다음, 이름을 선택하고 확인 버튼을 누릅니다.

후원회명 '권선동' 검색
후 선택

데이터를 확인해보면 일부 셀에 후원회명 바로 뒤에 눈에 보이지 않는 공백 문자(띄어쓰기)가 들어가있습니다.

후원회명 열 앞에 새로운 열을 하나 만듭니다. 열 이름은 '후원회명_정제'라고 입력합니다. 후원회명에서 필터를 누르고 모두 선택을 눌러 선택을 해제합니다.

등호를 입력하고 SUBSTITUTE 함수를 입력하고 괄호를 여세요. 첫 번째 인수 자리에 바로 옆 칸 문자열을 선택하고 쉼표(,)를 입력합니다. 검색할 문자열에는 큰따옴표 안에 공백을 하나만 넣습니다. 대체할 문자열에는 공백 없이 큰따옴표만 2개 넣고 괄호를 닫습니다.

신분	정제	정제	후원회명	소속정당	선거구	선거구명
후보자	정태호 ×	=SUBSTITUTE(E2," ","")호		더불어민주당		관악구을
후보자						관악구을
후보자	SUBSTITUTE(검색할_텍스트, 검색하려는_문자열, ∧ ×					서구갑
후보자	대체_문자열, [발견되는_횟수])					관악구을
국회의원						영천시청도군
국회의원	예					영천시청도군
국회의원	SUBSTITUTE("abcdefg", "cde", "xyz", 1)					영천시청도군
국회의원	정보					영천시청도군
국회의원	문자열에서 기존 텍스트를 새 텍스트로 대체합니다.					영천시청도군
국회의원						영천시청도군
국회의원	검색할_텍스트					오산시
국회의원	검색해서 바꿀 텍스트입니다.					오산시
국회의원	검색하려는_문자열					오산시
국회의원	'검색할 텍스트'에서 찾으려는 문자열입니다.					오산시
국회의원	대체_문자열					오산시
국회의원	'검색하려는_문자열'을 대체할 문자열입니다.					오산시
국회의원	발견되는_횟수 - [선택사항]					오산시
후보자	'대체_문자열'로 대체할 '검색할_텍스트'에서 '검색하려는_문자					의정부시을
후보자	열'이 발견되는 인스턴스입니다. 기본적으로 '검색하려는_문자					의정부시을
후보자	열'의 모든 인스턴스가 대체됩니다. 하지만 '발견되는_횟수'가 지					의정부시을
후보자	정된 경우 '검색하려는_문자열'의 표시된 인스턴스만 대체됩니					의정부시을
후보자	다.					의정부시을
국회의원	자세히 알아보기					영천시청도군

SUBSTITUTE 함수 사용
=SUBSTITUTE(E2," ","")

SUBSTITUTE 함수

문자열에서 기존 텍스트를 새 텍스트로 대체합니다.

사용 예

```
SUBSTITUTE("search for it","search
for","Google")
SUBSTITUTE(A2,"new york","New York")
SUBSTITUTE("January 2, 2012",2,3,1)
```

구문

```
SUBSTITUTE(text_to_search, search_for, replace_
with, [occurrence_number])
```

◆ 검색할_텍스트 - 검색하여 대체할 텍스트입니다.

◆ 검색할_문자열 - 검색할 텍스트 내에서 검색할 문자열입니다.

  ◇ 단어 전체는 물론 단어의 일부가 검색할_문자열과 일치하는 경우에도 문자열이 대체되며, 따라서 'vent'를 검색하면 'eventual' 내의 텍스트도 대체됩니다.

◆ 대체_문자열 - 검색할_문자열을 대체할 문자열입니다.

◆ 발견_횟수 - [선택사항] - 검색할_텍스트 내에서 대체_문자열로 대체할 검색할 문자열의 인스턴스입니다. 기본적으로 검색할_문자열의 모든 인스턴스가 대체됩니다. 하지만 발견_횟수를 지정하는 경우 지정된 검색할_문자열 인스턴스만 대체됩니다.

더블클릭을 해서 채워보겠습니다. 피벗 테이블로 돌아가서 정제한 후원회명을 표시합니다. 피벗 테이블 편집기의 행 영역에서 후원회명 오른쪽에 [X] 표시를 눌러서 후원회명을 해제합니다. 그리고 후원회명_정제 열을 선택합니다. 권성동 의원이 1명으로 합쳐졌습니다.

'후원회명_정제' 행 선택

후원회ID 만들기

국회의원 중 동명이인이 있습니다. 동명이인은 이름으로 식별할 수 없습니다. 서로 다른 의원을 구분할 키Key가 필요합니다. 계속해서 피벗 테이블을 활용해 살펴보겠습니다.

피벗 테이블 편집기의 행 영역에서 '추가'버튼을 한번 더 누르고 선거구명 열을 선택합니다. 합계 표시 체크를 해제해서 소계를 없앱니다. 의원마다 선거구 이름이 함께 표시됩니다.

피벗 테이블 편집기에서 '후원회명_정제'행과 '선거구명' 행 선택 후 합계 표시 해제

권은희 의원은 선거구가 광산구을, 비례대표 두 건으로 나옵니다. 20대 국회에서는 '광주광역시 광산구을' 선거구에서 출마했다가 21대 국회에는 비례대표로 출마하면서 선거구가 바뀐 사례입니다.

15	구자근	구미시갑
16	권명호	동구
17	권성동	강릉시
18	권영세	용산구
19	권은희	광산구을
20		비례대표
21	권인숙	비례대표
22	권칠승	화성시병
23	기동민	성북구을
24	김경만	비례대표
25	김경협	부천시갑
26	김교흥	서구갑

피벗 테이블에서 권은희
의원의 '선거구명' 확인

김병욱 의원은 선거구가 성남시 분당구와 포항시 남구 울릉군 등
두 건으로 나옵니다. 이름은 같지만 다른 사람인 동명이인입니다.

33	김민석	영등포구을
34	김민철	의정부시을
35	김병기	동작구갑
36	김병욱	성남시분당구을
37		포항시남구울릉군
38	김병수	비례대표
39	김상훈	서구
40	김상희	부천시병

피벗 테이블에서 '김병욱'
의원의 '선거구명' 확인

21대 국회의원 중 동명이인은 김병욱 의원과 이수진 의원입니
다. 동명이인을 구분하도록 후원회ID 열을 만듭니다.

데이터 시트에서 후원회명 열 왼쪽에 새로운 열을 만들고 열 제
목에 후원회ID라고 입력합니다. 후원회명에서 필터를 실행한 다음,
지우기를 클릭하고 '김병욱' 의원만 선택합니다.

정렬, A → Z

정렬, Z → A

색상을 기준으로 정렬 ▶

색상별 필터링 ▶
▸ 조건별 필터링
▾ 값별 필터링
모두 선택 · 지우기

김병욱 🔍

✓ 김병욱

취소 확인

후원회명열에서 필터를
사용해 '김병욱' 선택

첫 칸에 등호를 입력하고 후원회명을 선택합니다. 앤드 기호(&)
를 넣고, 큰따옴표 사이에 밑줄을 입력한 다음, 다시 앤드 기호(&)를
넣고, 선거구명을 선택합니다.

		f_x	=E954&"_"&I954		
B	C	D		E	F
시도명 ⌄	신분 ⌄		김병욱_포항시남구울릉군 × 정제 ▼	후원회명 ⌄
	국회의원	=E954&"_"&I954		김병욱	김병욱
	국회의원			김병욱	김병욱
	후보자			김병욱	김병욱
	국회의원			김병욱	김병욱

& 를 활용해 의원명과
선거구명을 '_'로
연결(=E954&"_",&I954)

수식을 맨 끝까지 채워넣으면 경기도 김병욱 의원과 경상북도 김
병욱 의원이 구분돼 나타납니다.

이수진 의원도 구분해봅시다. 먼저 필터에서 이수진 의원만 선
택합니다. 김병욱 의원과 같은 방식으로 ID를 만듭니다. 채워넣기를
해서 서울시 이수진 의원과 비례대표 이수진 의원을 구분합니다.

	A 순번	B 시도명	C 신분	D 후원회ID	E 후원회명_정제	F 후원회명	G 소속정당	H 선거구	I 선거구명	J 성 명
109	8155		국회의원	이수진_비례대표	이수진	이수진	더불어민주당		비례대표	이석원
1504	8153		국회의원	이수진_비례대표	이수진	이수진	더불어민주당		비례대표	이석원
1605	5725		후보자	이수진_동작구을	이수진	이수진	더불어민주당		동작구을	김영호
1639	5723		후보자	이수진_동작구을	이수진	이수진	더불어민주당		동작구을	김영제
2085	5737		후보자	이수진_동작구을	이수진	이수진	더불어민주당		동작구을	양승철
2145	5741		후보자	이수진_동작구을	이수진	이수진	더불어민주당		동작구을	이석우
2454	5743		후보자	이수진_동작구을	이수진	이수진	더불어민주당		동작구을	이승학
2904	5733		국회의원	이수진_동작구을	이수진	이수진	더불어민주당		동작구을	심익호
2989	5735		후보자	이수진_동작구을	이수진	이수진	더불어민주당		동작구을	안은선
3031	5747		국회의원	이수진_동작구을	이수진	이수진	더불어민주당		동작구을	진광호
3049	5721		후보자	이수진_동작구을	이수진	이수진	더불어민주당		동작구을	김성천
3526	8157		국회의원	이수진_비례대표	이수진	이수진	더불어민주당		비례대표	최광은
3820	5745		후보자	이수진_동작구을	이수진	이수진	더불어민주당		동작구을	이홍석
3961	5749		후보자	이수진_동작구을	이수진	이수진	더불어민주당		동작구을	최기등
4067	5729		국회의원	이수진_동작구을	이수진	이수진	더불어민주당		동작구을	김준
4111	5739		후보자	이수진_동작구을	이수진	이수진	더불어민주당		동작구을	오창원
4350	5731		후보자	이수진_동작구을	이수진	이수진	더불어민주당		동작구을	문화영
4400	5727		국회의원	이수진_동작구을	이수진	이수진	더불어민주당		동작구을	김완수

맨 아래에 1000 행을 더 추가합니다.

서울시 동작구을 이수진
의원과 비례대표 이수진
의원 구분

나머지 의원은 선거구 없이 이름만 넣습니다. 20대 총선과 21대 총선에서 각각 '광산구을'과 '비례대표'로 출마한 권은희 의원처럼 선거구를 반영하면 같은 사람이 두 가지로 표시되는 사례가 생기기 때문입니다.

후원회명_정제 열에서 필터를 누르고 모두 선택 후 '확인' 버튼을 누릅니다.

'후원회명_정제'열 값 모두
선택

181

후원회ID 열에서 오름차순 정렬합니다. 처음 나오는 빈칸에 등호를 입력하고 후원회명_정제 열의 칸을 선택합니다. 수식을 맨 끝까지 채웁니다.

	A	B	C	D	E	F	G
1	순번	시도명	신분	후원회ID	후원회명_정제	후원회명	소속정당
37	5747		국회의원	이수진_동작구을	이수진	이수진	더불어민주당
38	5721		후보자	이수진_동작구을	이수진	이수진	더불어민주당
39	5745		후보자	이수진_동작구을	이수진	이수진	더불어민주당
40	5749		후보자	이수진_동작구을	이수진	이수진	더불어민주당
41	5729		국회의원	이수진_동작구을	이수진	이수진	더불어민주당
42	5739		후보자	이수진_동작구을	이수진	이수진	더불어민주당
43	5731		후보자	이수진_동작구을	이수진	이수진	더불어민주당
44	5727		국회의원	이수진_동작구을	이수진	이수진	더불어민주당
45	8155		국회의원	이수진_비례대표	이수진	이수진	더불어민주당
46	8153		국회의원	이수진_비례대표	이수진	이수진	더불어민주당
47	8157		국회의원	정태호 × 민_비례대표	이수진	이수진	더불어민주당
48	5291		후보자	=E48	정태호	정태호	더불어민주당
49	5281		후보자		정태호	정태호	더불어민주당
50	7219		후보자		김교흥	김교흥	더불어민주당
51	5257		후보자		정태호	정태호	더불어민주당

후원회ID 빈칸 채우기

동명이인을 구분한 후원회ID 열이 만들어졌습니다.

텍스트 데이터 다루기

이번에는 고위공직자 재산 데이터로 실습합니다.

실습 데이터는 2021년 국회의원 재산공개 데이터에서 서울, 경기, 인천 등 수도권 토지만 추출한 자료입니다. 주소와 면적 등의 정보가 셀에 섞여 있습니다. 텍스트 데이터를 처리하는 함수를 써서 주소와 면적 정보를 추출해보겠습니다.

	A	B	C	D	E	F	G	H	I	J	K	L
1	no	연도	관할기	이름	소속	직위	본인고	재산 [	재산으	소재지 면적 등 권리의 명세	종전기	증가으
2	37864	2021	국회공직	김경만	국회	국회의원 배우자	토지	임야	경기도 남양주시 화도읍 가곡리 산 55-43번지 1,169.00 ㎡	49799	0
3	37865	2021	국회공직	김경만	국회	국회의원 배우자	토지	임야	경기도 남양주시 화도읍 가곡리 산 55-70번지 1,075.00 ㎡	45795	0
4	37866	2021	국회공직	김경만	국회	국회의원 배우자	토지	임야	경기도 시흥시 장현동 산 20번지 7,402.00㎡ 중 66.00 ㎡(지분면적 76	5581	20419
5	37867	2021	국회공직	김경만	국회	국회의원 배우자	토지	임야	경기도 시흥시 장현동 산 39-2번지 8,266.00㎡ 중 99.00㎡(지분면적 8	6623	17977
6	37887	2021	국회공직	김경협	국회	국회의원 본인	토지	답	인천광역시 강화군 내가면 고천리 1339-3번지 793.00㎡	33702	1190
7	37901	2021	국회공직	김교흥	국회	국회의원 본인	토지	임야	경기도 여주시 대신면 옥촌리 산 53-3번지 31,140.00㎡ 중 9,917.19㎡	132890	0
8	38075	2021	국회공직	김병기	국회	국회의원 배우자	토지	묘지	경기도 파주시 적성면 자장리 산 100번지 19,743.00㎡ 중 33.02㎡(종	0	449
9	38076	2021	국회공직	김병기	국회	국회의원 배우자	토지	묘지	경기도 파주시 적성면 자장리 산 100-3번지 19,743.00㎡ 중 33.00㎡(8	0	152
10	38181	2021	국회공직	김선교	국회	국회의원 본인	토지	전	경기도 양평군 옥천면 신복리 1026-4번지 44.00㎡	5562	0
11	38182	2021	국회공직	김선교	국회	국회의원 본인	토지	전	경기도 양평군 옥천면 신복리 1026-5번지 285.00㎡	36708	0
12	38183	2021	국회공직	김선교	국회	국회의원 본인	토지	답	경기도 양평군 옥천면 신복리 1069번지 1,921.00㎡ 중 49.00㎡	2254	0
13	38184	2021	국회공직	김선교	국회	국회의원 본인	토지	답	경기도 양평군 옥천면 신복리 1059-2번지 3,554.00㎡ 중 91.00㎡	4186	0
14	38185	2021	국회공직	김선교	국회	국회의원 본인	토지	답	경기도 양평군 옥천면 신복리 1060-2번지 1,722.00㎡ 중 44.00㎡	2024	0
15	38186	2021	국회공직	김선교	국회	국회의원 모	토지	답	경기도 양평군 옥천면 신복리 1069번지 1,921.00㎡ 중 74.00㎡	3404	0
16	38187	2021	국회공직	김선교	국회	국회의원 모	토지	답	경기도 양평군 옥천면 신복리 1059-2번지 3,554.00㎡ 중 136.00㎡	6256	0
17	38188	2021	국회공직	김선교	국회	국회의원 모	토지	답	경기도 양평군 옥천면 신복리 1060-2번지 1,822.00㎡ 중 66.00㎡	3036	0
18	38400	2021	국회공직	김영호	국회	국회의원 본인	토지	임야	인천광역시 중구 무의동 산 91-8번지 4,301.00㎡ 중 646.00㎡	70737	0
19	38401	2021	국회공직	김영호	국회	국회의원 본인	토지	임야	인천광역시 중구 무의동 산 91-9번지 4,300.00㎡ 중 645.00㎡	42634	0
20	38402	2021	국회공직	김영호	국회	국회의원 본인	토지	임야	인천광역시 중구 무의동 산 91-11번지 24,462.00㎡ 중 3,669.00㎡	103466	0
21	38403	2021	국회공직	김영호	국회	국회의원 모	토지	임야	경기도 화성시 팔탄면 율암리 산 56-25번지 8,926.00㎡ 중 3,306.00㎡	81988	32069

2021년 국회의원 재산공개
내역 중 수도권 토지 실습
데이터

실습 파일 다운로드

아래 링크에 접속해 파일을 다운받으세요. 데이터 정제 실습은 구글
스프레드시트 프로그램을 사용합니다.

실습 파일 링크: https://bit.ly/3gUQBce

실습하기 전에 파일 메뉴에서 사본 만들기를 실행해 주세요.

주소 추출하기

재산 명세 열 오른쪽에 새로운 열을 만듭니다 . 이곳에서 검색하는
함수를 사용합니다.

첫 번째 빈칸에 SEARCH 함수를 입력합니다. 괄호를 열고, 첫 번
째 인수에 큰따옴표 "번지"라고 입력합니다. 두 번째 인수에는 재산
명세가 있는 셀을 선택합니다.

재산으	소재지 면적 등 권리의 명세					
임야	경기도 남양주시 화도읍 가곡리 산 55-43번지 1,169.00 ㎡		0		0	
임야	경기도 남양주시 화도읍 가곡리 산 55-70번지 1,075.00 ㎡					
임야	경기도 시흥시 장현동 산 20번지 7,402.00㎡ 중 66.00 ㎡(지분면적 76					
임야	경기도 시흥시 장현동 산 39-2번지 8,266.00㎡ 중 99.00㎡(지분면적 8					
답	인천광역시 강화군 내가면 고천리 1339-3번지 793.00㎡					
임야	경기도 여주시 대신면 옥촌리 산 53-3번지 31,140.00㎡ 중 9,917.19㎡					
묘지	경기도 파주시 적성면 자장리 산 100번지 19,743.00㎡ 중 33.02㎡(총					
묘지	경기도 파주시 적성면 자장리 산 100-3번지 19,743.00 ㎡ 중 33.00㎡(					
전	경기도 양평군 옥천면 신복리 1026-4번지 44.00㎡					
전	경기도 양평군 옥천면 신복리 1026-5번지 285.00㎡					
답	경기도 양평군 옥천면 신복리 1069번지 1,921.00㎡ 중 49.00㎡					
답	경기도 양평군 옥천면 신복리 1059-2번지 3,554.00㎡ 중 91.00㎡					
답	경기도 양평군 옥천면 신복리 1060-2번지 1,722.00㎡ 중 44.00㎡					
답	경기도 양평군 옥천면 신복리 1069번지 1,921.00㎡ 중 74.00㎡					
답	경기도 양평군 옥천면 신복리 1059-2번지 3,554.00㎡ 중 136.00㎡					
답	경기도 양평군 옥천면 신복리 1060-2번지 1,822.00㎡ 중 66.00㎡		3036		0	0
임야	인천광역시 중구 무의동 산 91-8번지 4,301.00㎡ 중 646.00㎡		70737		0	711

SEARCH 함수 입력 후 재산
명세 셀 선택

Tip Box

SEARCH 함수

텍스트 내에서 문자열이 처음으로 발견된 위치를 반환하며, 대소문
자는 무시합니다.

사용 예
> SEARCH("n",A2)
> SEARCH("나무","마멋이 갉아먹을 수 있는 나무의
> 양",14)

구문
> SEARCH(검색하려는_문자열, 검색할_텍스트, [시작])

◆ 검색하려는_문자열 - 검색할_텍스트에서 찾으려는 문자열입니다.
◆ 검색할_텍스트 - 처음 검색된 검색하려는_문자열을 검색할 텍스
트입니다.
◆ 시작 - [선택사항 - 기본값은 1] - 검색할_텍스트에서 검색을
시작하는 문자입니다.

함수를 맨 끝까지 채워줍니다. 결과를 보니 주소 문자열에서 '번
지'가 등장하는 위치를 표시하고 있습니다. 첫 번째 행의 계산 결과

는 25입니다. 첫 번째 행의 문자열 '경기도 남양주시 화도읍 가곡리 산 55-43번지' 중 '번'이 등장하는 위치가 25번째라는 의미입니다. 계산할 때 띄어쓰기나 기호도 문자 수에 포함합니다.

열을 한 개 더 추가합니다. 등호를 입력하고 LEFT 함수를 입력합니다. 괄호 열고 주소 칸을 선택합니다. 두 번째 인수에는 SEARCH 함수 결과를 선택한 다음에 엔터를 누릅니다.

LEFT 함수 입력 후 두 번째
인수 선택

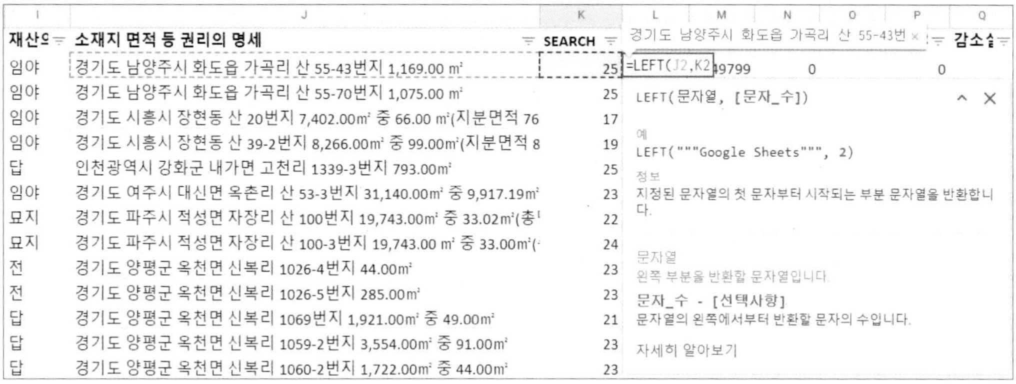

LEFT 함수와 SEARCH
함수를 활용한 텍스트
데이터 추출 결과

함수 계산 결과 '번'까지의 주소를 가지고 옵니다.

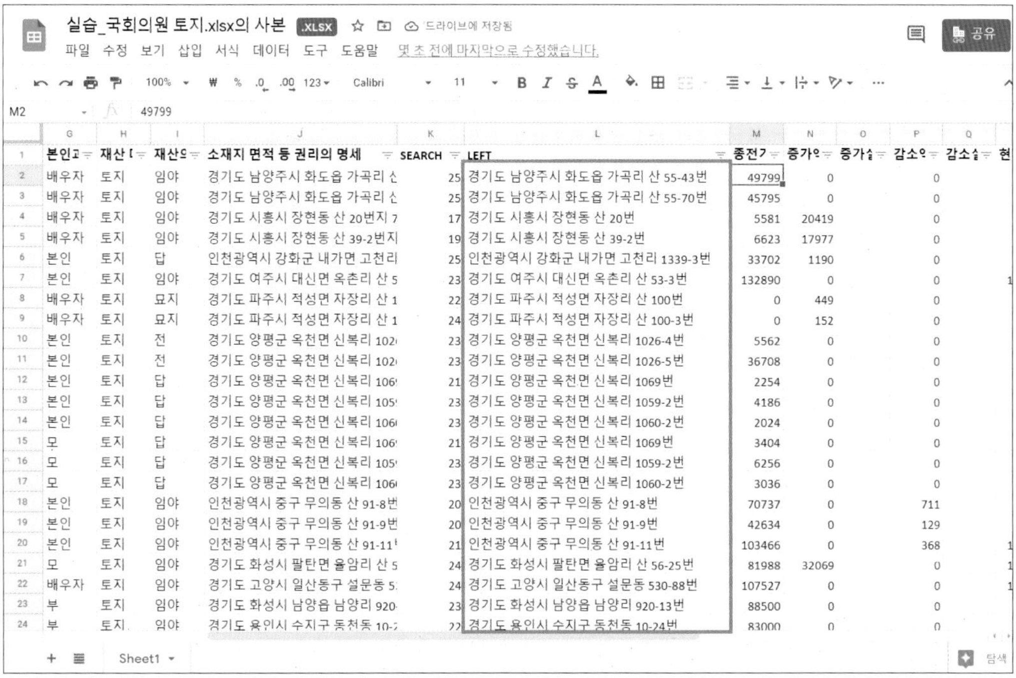

'번지'까지 문자열을 모두 가져오려면 LEFT 함수를 입력할 때 문자열을 1개 씩 더 가져오게 하면 됩니다. LEFT 함수 두 번째 인수에 '+1'을 입력합니다.

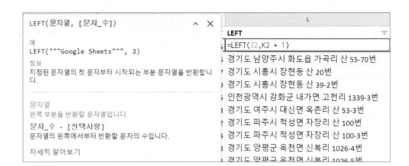

LEFT 함수와 SEARCH 함수를 활용한 텍스트 데이터 추출 결과 수정

함수를 맨 끝까지 채워넣으면 주소 추출이 끝납니다.

면적 추출하기

'번지'까지를 제외하고 그 다음 정보인 면적만 가져오려면 어떻게 해야 할까요? RIGHT 함수를 써서 오른쪽부터 문자열을 가져오면 됩니다. 이때 가져올 문자 수는 '문자열 전체 길이'에서 '번지까지의 길이'를 뺀 만큼입니다. 번지까지 가져온 '주소' 열 뒤에 새로운 열을 두 개 추가합니다.

먼저 LEN 함수로 문자열 길이를 계산합니다.

LEN 함수 입력 '=LEN(J2)'

LEN 함수

문자열의 길이를 반환합니다.

사용 예

LEN(A2)

LEN("lorem ipsum")

구문

LEN(텍스트)

◆ 텍스트 – 길이를 반환할 문자열입니다.

RIGHT 함수를 입력하고 첫 번째 인수에 주소 문자열을 선택합니다. 두 번째 인수 자리에는 '전체 길이 – 번지까지 길이'를 입력합니다.

RIGHT 함수 입력 '=
RIGHT(J2, M2-K2)'

RIGHT 함수

지정된 문자열의 마지막 문자부터 시작되는 하위 문자열을 반환합니다.

사용 예

```
RIGHT(A2,2)
RIGHT("lorem ipsum")
```

구문

```
RIGHT(문자열, [문자_수])
```

◆ 문자열 - 오른쪽 부분을 반환할 문자열입니다.

◆ 문자_개수 - [선택사항 - 기본값은 1] - 문자열의 오른쪽에서부터 반환할 문자의 개수입니다.

결과를 살펴보면 '번지'의 '지'와 번지 뒤에 있는 띄어쓰기까지 들어왔습니다. 가져올 문자 수를 2개 줄이면 면적만 표시할 수 있겠네요.

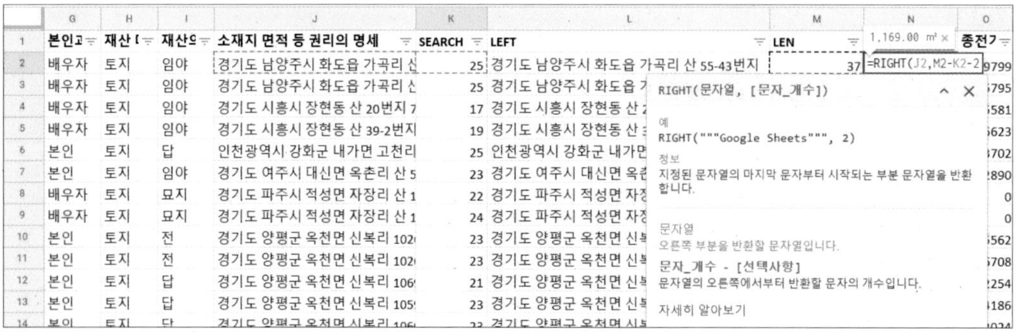

텍스트 데이터 추출 결과
수정 '- 2' 입력

이제 열 제목을 바꿔줍니다. LEFT 함수로 가져온 열에는 '주소', RIGHT 함수로 가져온 열에는 '면적'이라고 입력합니다.

	G	H	I	J	K	L	M	N	O
1	본인고	재산 [	재산으	소재지 면적 등 권리의 명세	SEARCH	주소	LEN	면적	종전フ
2	배우자	토지	임야	경기도 남양주시 화도읍 가곡리 ᄉ	25	경기도 남양주시 화도읍 가곡리 산 55-43번지	37	1,169.00 ㎡	49799
3	배우자	토지	임야	경기도 남양주시 화도읍 가곡리 ᄉ	25	경기도 남양주시 화도읍 가곡리 산 55-70번지	37	1,075.00 ㎡	45795
4	배우자	토지	임야	경기도 시흥시 장현동 산 20번지 7	17	경기도 시흥시 장현동 산 20번지	54	7,402.00㎡ 중 6	5581
5	배우자	토지	임야	경기도 시흥시 장현동 산 39-2번지	19	경기도 시흥시 장현동 산 39-2번지	55	8,266.00㎡ 중 9	6623
6	본인	토지	답	인천광역시 강화군 내가면 고천리	25	인천광역시 강화군 내가면 고천리 1339-3번지	34	793.00㎡	33702
7	본인	토지	임야	경기도 여주시 대신면 옥촌리 산 5	23	경기도 여주시 대신면 옥촌리 산 53-3번지	47	31,140.00㎡ 중	132890
8	배우자	토지	묘지	경기도 파주시 적성면 자장리 산 1	22	경기도 파주시 적성면 자장리 산 100번지	79	19,743.00㎡ 중	0
9	배우자	토지	묘지	경기도 파주시 적성면 자장리 산 1	24	경기도 파주시 적성면 자장리 산 100-3번지	81	19,743.00 ㎡ 중	0
10	본인	토지	전	경기도 양평군 옥천면 신복리 102ᄼ	23	경기도 양평군 옥천면 신복리 1026-4번지	31	44.00㎡	5562
11	본인	토지	전	경기도 양평군 옥천면 신복리 102ᄼ	23	경기도 양평군 옥천면 신복리 1026-5번지	32	285.00㎡	36708
12	본인	토지	답	경기도 양평군 옥천면 신복리 106ᄼ	21	경기도 양평군 옥천면 신복리 1069번지	41	1,921.00㎡ 중 4	2254
13	본인	토지	답	경기도 양평군 옥천면 신복리 105ᄼ	23	경기도 양평군 옥천면 신복리 1059-2번지	43	3,554.00㎡ 중 9	4186
14	본인	토지	답	경기도 양평군 옥천면 신복리 106ᄼ	23	경기도 양평군 옥천면 신복리 1060-2번지	43	1,722.00㎡ 중 4	2024
15	모	토지	답	경기도 양평군 옥천면 신복리 106ᄼ	21	경기도 양평군 옥천면 신복리 1069번지	41	1,921.00㎡ 중 7	3404
16	모	토지	답	경기도 양평군 옥천면 신복리 105ᄼ	23	경기도 양평군 옥천면 신복리 1059-2번지	44	3,554.00㎡ 중 1	6256
17	모	토지	답	경기도 양평군 옥천면 신복리 106ᄼ	23	경기도 양평군 옥천면 신복리 1060-2번지	43	1,822.00㎡ 중 6	3036
18	본인	토지	임야	인천광역시 중구 무의동 산 91-8번	20	인천광역시 중구 무의동 산 91-8번지	41	4,301.00㎡ 중 6	70737
19	본인	토지	임야	인천광역시 중구 무의동 산 91-9번	20	인천광역시 중구 무의동 산 91-9번지	41	4,300.00㎡ 중 6	42634
20	본인	토지	임야	인천광역시 중구 무의동 산 91-11ᅵ	21	인천광역시 중구 무의동 산 91-11번지	45	24,462.00㎡ 중	103466
21	모	토지	임야	경기도 화성시 팔탄면 율암리 산 5	24	경기도 화성시 팔탄면 율암리 산 56-25번지	47	8,926.00㎡ 중 3	81988
22	배우자	토지	임야	경기도 고양시 일산동구 설문동 5:	24	경기도 고양시 일산동구 설문동 530-88번지	45	9,745.00㎡ 중 8	107527
23	부	토지	임야	경기도 화성시 남양읍 남양리 920	23	경기도 화성시 남양읍 남양리 920-13번지	45	11,729.00㎡ 중	88500
24	부	토지	임야	경기도 용인시 수지구 동천동 10-:	22	경기도 용인시 수지구 동천동 10-24번지	43	3,272.00㎡ 중 3	83000

+ ≡ Sheet1 ▾

열 제목 수정 '주소', '면적'

189

오픈리파인으로
데이터 정제하기

오픈리파인은 강력한 오픈소스 데이터 정제 도구입니다. 비슷한 값을 눈으로 보고 합치는 등의 작업이 필요할 때 오픈리파인의 패싯 Facet, 클러스터Cluster 기능을 활용하면 보다 효율적으로 정제할 수 있습니다.

설치하기

이 프로그램은 openrefine.org 웹사이트에서 배포합니다.

OpenRefine 사이트
메인 화면

　　사이트에 접속해서 다운로드 메뉴를 누릅니다. 사용 중인 운영체제에 맞는 프로그램을 다운로드합니다. 오픈리파인을 사용하려면 JAVA를 설치해야 합니다. 윈도우 운영체제를 사용하는 경우에는 자바가 임베드된 윈도우즈 버전Windows kit with embedded Java 사용을 추천합니다.

OpenRefine 프로그램
다운로드 페이지

압축을 풀고 폴더에 들어가면 실행파일 openrefine.exe이 있습니다. 실행파일을 더블클릭하면 오픈리파인이 실행됩니다. 까만색 터미널 창과 웹브라우저가 실행됩니다. 사용자가 실제로 작업하는 곳은 웹브라우저입니다. 그러나 까만색 터미널 창을 종료하면 웹브라우저 화면도 작동하지 않기 때문에 터미널 창을 종료하면 안됩니다.

OpenRefine 실행
터미널 화면

OpenRefine 실행
웹브라우저 화면

웹브라우저 화면을 보면 왼쪽에 언어 설정Language Settings 메뉴가
있습니다. 메뉴에 들어가서 언어를 한국어로 바꿉니다. 언어 바꾸기
Change Language 버튼을 누르면 프로젝트 생성 화면이 표시됩니다.

프로젝트 만들기

아래 링크에 접속해 실습용 파일을 다운받으세요.

실습 파일 링크: https://bit.ly/3eJmFgx

오픈리파인 창에서 '파일 선택' 버튼을 누르고, 다운받은 파일을
선택합니다.

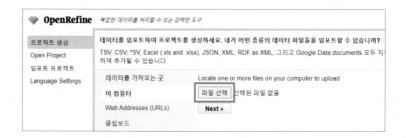

실습 파일 선택

'Next' 버튼을 클릭합니다.

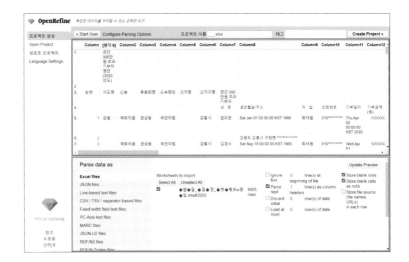

OpenRefine 실행
웹브라우저 화면
미리보기(위쪽), 불러오기
옵션(아래쪽)

위쪽에는 데이터 미리보기 화면(주황색 박스), 아래쪽에는 데이터 불러오기 옵션(파란색 박스)이 있습니다.

첫 번째 옵션인 무시할 행 개수 선택Ignore first _ lines at beginning of file을 체크하고 옆 텍스트 상자에 3을 입력합니다.

	순번	시도명	신분	후원회명	소속정당	선거명	선거구명	연간 300만원 초과 기부자	Column	Column2	Column3	Column4	Column5
1.									성 명	생년월일/주소	직 업	전화번호	기부일자	기부금액 (원)
2.	1	강원	국회의원	권성동	국민의힘		강릉시	권오준	Sat Jan 01 00:00:00 KST 1966	회사원	010*********	Thu Apr 02 00:00:00 KST 2020	5000000
3.	2								강원도 강릉시 구정면 ************				
4.	3		국회의원	권성동	국민의힘		강릉시	김경수	Sat Sep 18 00:00:00 KST 1965	회사원	010*********	Wed Apr 01 00:00:00 KST 2020	5000000
5.	4								서울특별시 강남구 언주 *************************				
6.	5		국회의원	권성동	국민의힘		강릉시	김운규	Mon Nov 21 00:00:00 KST 1960	회사원	010*********	Tue Mar 31 00:00:00 KST 2020	5000000

무시할 행 개수 선택 후
인수 '3' 입력 결과 화면

미리보기 화면에 서식 부분 세 줄이 없어졌습니다.

두 번째 옵션인 열 제목 수 결정Parse next _ lines as column headers을 2로 수정합니다.

	순번	시도명	신분	후원회명	소속정당	선거명	선거구명	연간 300만원 초과 기부자 성 명	생년월일/주소		직업	전화번호	기부일자	기부금액(
1.	1	강원	국회 의원	권성동	국민의힘		강릉시	권오준	Sat Jan 01 00:00:00 KST 1966		회사 원	010*********	Thu Apr 02 00:00:00 KST 2020	50000
2.	2								강원도 강릉시 구정면 *************					
3.	3		국회 의원	권성동	국민의힘		강릉시	김경수	Sat Sep 18 00:00:00 KST 1965		회사 원	010*********	Wed Apr 01 00:00:00 KST 2020	50000
4.	4								서울특별시 강남구 언주 *****************************					
5.	5		국회 의원	권성동	국민의힘		강릉시	김윤규	Mon Nov 21 00:00:00 KST 1960		회사 원	010*********	Tue Mar 31 00:00:00 KST 2020	50000
6.	6								경기도 용인시 수지구 *****************************					

열 제목 수정 결정 인수 '2'
입력 결과 화면

두 줄이던 열 제목이 한 줄로 병합됐습니다.

프로젝트 이름을 바꾸고 'Create Project(프로젝트 만들기)' 버튼을 클릭하세요.

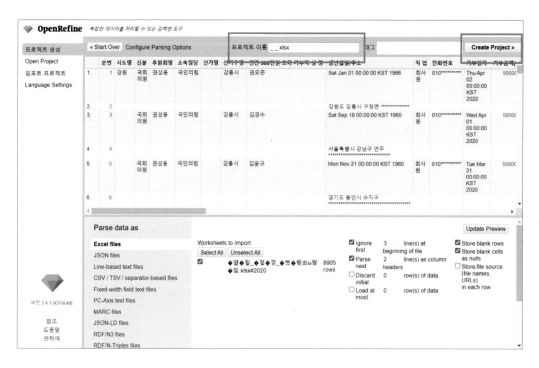

프로젝트 만들기 화면

잠시 기다리면 데이터 화면이 표시됩니다.

패싯Facet 사용하기

소속정당 열 제목을 클릭하고 패싯Facet – 텍스트 패싯Text Facet을 선택합니다.

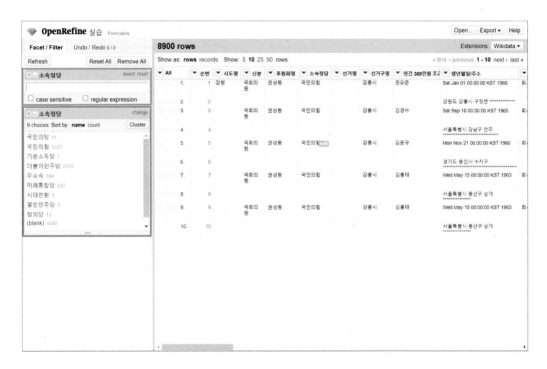

소속 정당 열 > Facet >
Text Facet 선택 화면

왼쪽에 패싯/필터 영역이 생기고 소속정당 패싯 화면이 추가됩니다. 패싯Facet은 '측면'이라는 뜻입니다. 오픈리파인에서 패싯(주황색 박스)은 스프레드시트의 필터와 비슷한 기능입니다. 필터(파란색 박스)는 직접 문자열을 입력해서 걸러낼 수 있고 정규 식regular expression을 사용할 수 있습니다.

소속정당 패싯 화면을 보면 '국민의힘'은 1223건, '미래통합당'은 237건 있다고 나옵니다. 당명을 변경하기 전 이름인 '미래통합당'을 '국민의힘'으로 수정해보겠습니다.

소속정당 패싯 화면
- 국민의힘 1223건,
미래통합당 237건

미래통합당 글자 옆에 있는 'Edit' 버튼을 누릅니다. 텍스트 상자에 국민의힘을 입력하고 'Apply(적용)' 버튼을 클릭합니다.

'미래통합당'을
'국민의힘'으로 수정

1460건 모두 '국민의힘'으로 통일했습니다.

이번에는 후원회명 열 제목을 클릭하고 텍스트 패싯을 실행합니다. 소속정당 아래에 후원회명 영역이 생깁니다.

후원회명 텍스트 패싯 화명

'Cluster' 버튼을 눌러보겠습니다. 오픈리파인이 비슷한 데이터를 자동으로 찾아줍니다.

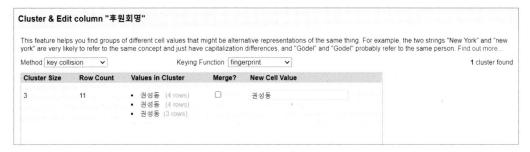

후원회명 클러스터 화면

Merge(병합) 항목에 체크한 다음, 합칠 이름을 '권성동'이라고 입력하고 'Merge Selected & Close(선택한 항목 병합하고 나가기)' 버튼을 누릅니다.

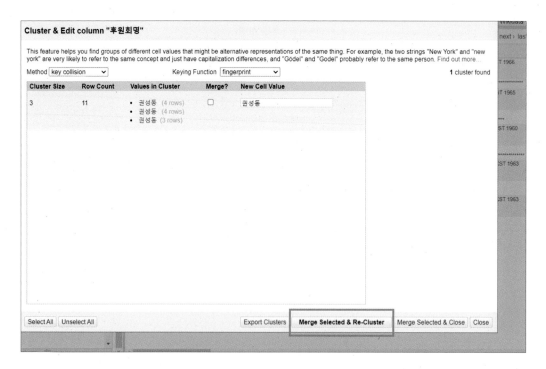

'권성동' 의원명 병합 화면

패싯 영역을 보면 띄어쓰기가 들어간 여러 종류의 '권성동' 후원
회명이 하나로 합쳐졌습니다.

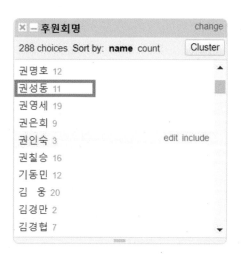

'권성동' 의원명 정제 결과

채우기 기능 사용하기

시도명 빈칸 확인

'시도명' 열을 보면, '강원'이 맨 처음 한 번만 표시(파란색 박스)
되고 나머지는 모두 빈칸(주황색 박스)입니다. 빈칸에도 시도명을
채워봅시다.

시도명 > Edit cells > Fill
down 메뉴 선택

시도명 옆 역삼각형 모양을 클릭하고 'Edit cells(셀 편집)' > 'Fill down(채우기)' 메뉴를 선택합니다. 빈 셀에 시도명 '강원'이 채워졌습니다.

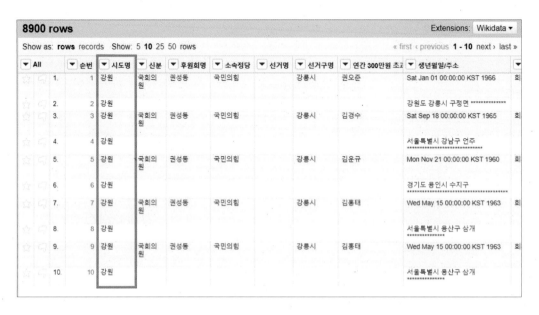

채우기 메뉴 실행 결과

파일 내보내기

Export > Excel
2007+(.xlsx) 메뉴 선택

작업한 결과를 저장해보겠습니다. 오른쪽 위 'Export(내보내기)' 버튼을 클릭하고 'Excel 2007+ (.xlsx)'을 선택합니다.

웹브라우저에 파일을 다운로드합니다. 파일을 여니 작업한 결과가 그대로 반영됐습니다.

파이썬으로
데이터 정제하기

구글 스프레드시트를 활용해 정제한 데이터를 이번에는 파이썬의 판다스pandas 라이브러리를 사용해서 정제합니다. 판다스의 데이터 프레임DataFrame 개념을 이해하고 데이터프레임을 정제할 때 사용하는 속성attribute, 메소드method, 함수 등을 사용해보겠습니다.

아래 링크에 접속해 실습용 파일을 다운받으세요.
실습 파일 링크: https://bit.ly/3xEK4s5

실습 내용은 아래 코랩 문서에도 기록했습니다.
코랩 문서: https://bit.ly/3bcwe6M

실습 준비하기

구글 드라이브에서 새로운 코랩 문서를 하나 만드세요. 코랩 왼쪽 메뉴 막대 맨 아래 '파일' 메뉴를 누르세요. '파일 업로드' 아이콘을 클릭하고 방금 다운로드받은 실습 파일을 선택합니다.

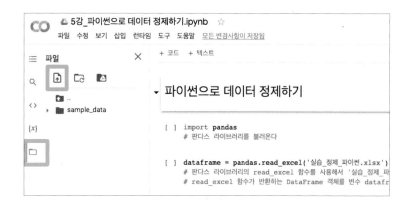

파일 업로드 화면

세션저장소에 실습파일을 업로드했습니다.

파일 업로드 완료 화면

데이터프레임 만들기

실습 코드

```
import pandas


dataframe = pandas.read_excel('실습_정제_파이썬.xlsx')
dataframe.head()
```

먼저 import 명령어를 실행해 판다스pandas 라이브러리를 불러옵니다.

판다스 라이브러리에는 다양한 출처에서 데이터를 불러오는 함

수가 있습니다. 엑셀 파일에서 데이터를 가져오는 함수는 read_
excel 함수입니다.

```
pandas.read_excel('실습_정제_파이썬.xlsx')
```

위와 같이 read_excel 함수를 실행하면 엑셀 파일 첫 번째 시트의 내용을 데이터프레임 객체로 가져옵니다. 이 데이터프레임을 'dataframe'이라는 변수에 할당하겠습니다.

```
dataframe = pandas.read_excel('실습_정제_파이
썬.xlsx')
```

위 코드를 실행하면 파이썬이 실습용 엑셀 파일을 불러와서 dataframe 변수에 저장합니다.

pandas.read_excel 함수에 관한 자세한 설명은 공식문서[1]에서 확인할 수 있습니다. 가져올 시트를 결정하거나 무시할 행의 수를 정하는 등 상세한 옵션 정보를 제공합니다.

```
dataframe.head()
```

실습 코드
dataframe.head() 출력값

dataframe 처음 다섯 줄을 표시합니다. head 뒤 괄호에 숫자를 넣으면 숫자만큼 줄 수를 표시합니다. 예를 들어 아래와 같이 쓰면 dataframe의 처음 세 줄만 표시합니다.

```
dataframe.head(3)
```

데이터프레임이란

판다스는 2차원 데이터를 데이터프레임DataFrame으로 표현합니다. 데이터프레임은 여러 행과 여러 열을 가집니다. 데이터프레임은 스프레드시트 프로그램에서 시트 한 장에 해당합니다.

데이터프레임의 열은 시리즈Series 객체로 저장됩니다. 시리즈는 1차원 데이터입니다. 각 데이터에 대응하는 index 정보를 함께 저장합니다.

데이터프레임 객체를 한눈에 살펴보려면 shape 속성 정보를 보면 됩니다. 코드를 실행하면 데이터프레임이 몇 개의 행과 열로 이루어졌는지 알려줍니다.

```
dataframe.shape
```

데이터프레임 크기가 큰 경우에는 일부만 표시할 수 있습니다. 앞에서부터 표시할 때는 head(), 뒤에서부터 표시할 때는 tail() 명령어를 사용합니다. 괄호 안에 숫자를 넣으면 그만큼의 행만 표시합니다. 비워두면 5개만 표시합니다. 이 명령어들은 데이터프레임 객체에 포함된 클래스 함수method입니다.

```
dataframe.head()
dataframe.tail()
```

데이터 선택하기

실습 코드
```
dataframe1 = dataframe.loc[::2]
dataframe2 = dataframe.loc[1::2]
```

실습용 데이터에는 하나의 관측값이 두 개의 행에 나눕니다. 홀수 행에는 주소를 제외한 열, 짝수 행에는 주소 정보가 들어가는 식으로 각 행이 다른 속성 정보를 가집니다.

실습 코드의 첫 번째 행은 전체 dataframe에서 홀수 행만 선택해서 dataframe1에 저장합니다. 두 번째 행은 전체 dataframe에서 짝수 행만 선택해서 dataframe2에 저장합니다. head() 메소드를 실행해서 dataframe1과 dataframe2의 내용을 확인해보세요.

```
dataframe1.head()
dataframe2.head()
```

아래에서 이 코드를 사용하면 왜 홀수 행 또는 짝수 행만 선택되는지 설명합니다.

데이터프레임에서 일부 데이터 선택하기

데이터프레임 객체는 일부 데이터에만 접근하게 하는 속성 정보를 포함합니다.

자주 쓰이는 속성은 DataFrame.loc 입니다. DataFrame.loc 다음에 행 또는 열의 index 값을 입력하면 선택한 정보만 표시됩니다.

```
dataframe.loc[0]
dataframe.loc[0, '후원회명']
dataframe.loc[:, '후원회명']

dataframe.loc[0:5]
dataframe.loc[0:5:2]
```

아래 코드는 dataframe에서 index가 0인 행만 보여줍니다.

```
dataframe.loc[0]
```

loc 속성으로 데이터를 선택할 때 대괄호에 쉼표를 넣으면 열도 선택할 수 있습니다.

```
dataframe.loc[0, '후원회명']
```

행은 모두 선택하고 열은 일부만 선택하려면 행을 선택하는 인수에 콜론 1개만 입력합니다.

```
dataframe.loc[:, '후원회명']
```

콜론을 활용해서 데이터를 선택하는 것을 슬라이스slice라고 부릅니다. 예를 들어 콜론 앞에 0, 콜론 뒤에 5라고 쓰면 0행부터 5행까지 모두 6개 행을 선택합니다.

```
dataframe.loc[0:5]
```

콜론을 한 개 더 추가하면 간격을 입력할 수 있습니다. 예를 들어 새로운 콜론 뒤에 2라고 적으면 두 줄 간격으로 데이터를 선택합니다.

```
dataframe.loc[0:5:2]
```

실습 코드
dataframe.loc[0:5:2]
출력값

[17] dataframe.loc[0:5:2]	# index가 0인 행부터 5인 행까지를 두 줄 간격으로 선택						
	시도명	신분	후원회명	소속정당	선거명	선거구명	성명	생년월일/주소
0	강원	국회의원	권성동	국민의힘	NaN	강릉시	권오준	1966-01-01 00:00:00
2	NaN	국회의원	권성동	국민의힘	NaN	강릉시	김경수	1965-09-18 00:00:00
4	NaN	국회의원	권성동	국민의힘	NaN	강릉시	김운규	1960-11-21 00:00:00

데이터프레임에 슬라이스를 할 때 콜론만 두 개 입력하고 뒤에 2라고 쓰면 맨 첫 행부터 끝까지 두 줄 간격으로 데이터를 선택합니다. 결과적으로 모든 홀수 행이 선택됩니다.

```
dataframe.loc[::2]
```

두 개의 콜론 앞에 1이라고 쓰면 1번 행부터 끝까지 두 줄 간격으로 데이터를 선택합니다. 결과적으로 모든 짝수 행이 선택됩니다.

```
dataframe.loc[1::2]
```

데이터 합치기

실습 코드
```
dataframe1 = dataframe1.reset_index()
dataframe1 = dataframe1.rename({'생년월일/주소':'생년
월일'}, axis=1)

dataframe2 = dataframe2.reset_index()
dataframe2 = dataframe2.rename({'생년월일/주소':'주
소'}, axis=1)

dataframe3 = pandas.concat([dataframe1, dataframe2],
axis=1)
dataframe3.head()
```

dataframe1과 dataframe2를 합쳐서 dataframe3으로 저장합니다. 합치기 전에 약간의 전처리를 해줍니다.

데이터 전처리

먼저 두 데이터프레임의 index를 초기화합니다. 원래 dataframe1을 표시해보면 index가 0과 짝수로 이루어져 있습니다.

dataframe1 의 index 확인

reset_index( ) 메소드를 사용해서 인덱스를 초기화하면 index 가 0, 1, 2 순서대로 나타납니다.

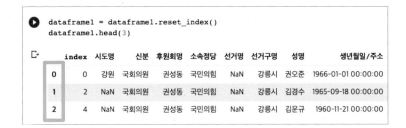

reset_index( ) 메소드
사용해 index 초기화

rename( ) 메소드는 행 또는 열의 index를 바꾸는 명령어입니다. 바꿀 내용은 사전dictionary 형식으로 전달합니다. 예를 들어 '생년월일/주소'를 '생년월일'로 바꾸려면 다음과 같이 입력합니다.

```
dataframe1.rename({'생년월일/주소':'생년월일'})
```

rename() 메소드에서 axis 인자를 지정할 수 있습니다. axis=0 이라고 쓰면, 행 이름에서 index를 수정합니다. axis=1이라고 쓰면, 열 이름을 수정합니다.

아래 코드는 dataframe1의 열 이름 중 '생년월일/주소'를 '생년월일'로 바꾸고, 바꾼 결과를 다시 dataframe1에 저장하라는 뜻입니다.

```
dataframe1 = dataframe1.rename({'생년월일/주소':'생년
월일'}, axis=1)
```

dataframe2에도 똑같은 동작을 해주는데, 대신 열 이름을 '생년

월일'이 아니라 '주소'로 고쳐야 합니다.

```
dataframe2 = dataframe2.rename({'생년월일/주소':'주
소'}, axis=1)
```

데이터 합치기

데이터프레임을 합칠 때 사용하는 명령어는 pandas.concat( )입니다. 합치려는 데이터프레임은 리스트list로 전달합니다.

```
dataframe3 = pandas.concat([dataframe1, dataframe2])
```

위 코드는 dataframe1과 dataframe2를 합친 다음에 결과를 dataframe3에 할당하라는 의미입니다.

axis 인자가 앞에서와 비슷하게 작동합니다. axis=1이라고 쓰면 열 방향(오른쪽)으로 합치고 axis=0이라고 쓰면 행 방향(아래)으로 합칩니다.

```
dataframe3 = pandas.concat([dataframe1, dataframe2],
axis=1)
```

dataframe3.head()를 실행하면 합친 결과를 확인할 수 있습니다.

```python
dataframe3 = pandas.concat([dataframe1, dataframe2], axis=1)
# concat 함수를 써서 dataframe1과 dataframe2를 합침
# 합칠 데이터프레임 목록은 리스트(list)로 전달
# 데이터를 아래로 쌓지 않고, 오른쪽 열 방향으로 합침(axis=1)
dataframe3.head(3)
```

	index	시도명	신분	후원회명	소속정당	선거명	선거구명	성명	생년월일	직업	전화번호	기부일자	기부금액(원)	index	시도명	신분	후원회명	소속정당	선거명	선거구명	성명
0	0	강원	국회의원	권성동	국민의힘	NaN	강릉시	권오준	1966-01-01 00:00:00	회사원	010**********	2020-04-02 00:00:00	5000000.0	1	NaN	NaN	NaN	NaN	NaN	NaN	NaN
1	2	NaN	국회의원	권성동	국민의힘	NaN	강릉시	김경수	1965-09-18 00:00:00	회사원	010**********	2020-04-01 00:00:00	5000000.0	3	NaN	NaN	NaN	NaN	NaN	NaN	NaN
2	4	NaN	국회의원	권성동	국민의힘	NaN	강릉시	김운규	1960-11-21 00:00:00	회사원	010**********	2020-03-31 00:00:00	5000000.0	5	NaN	NaN	NaN	NaN	NaN	NaN	NaN

실습 코드
dataframe3.head(3)
출력값

데이터를 합칠 때 쓰는 명령어는 concat 외에도 merge, join 등이 있습니다.

결측값 열 삭제하기

실습 코드
```python
dataframe3 = dataframe3.dropna(axis=1, how='all')
dataframe3.head()
```

dataframe3에서 모든 값이 결측값인 열을 삭제하고 결과를 dataframe3에 다시 할당합니다.

결측값 삭제하기

화면에 NaN으로 나온 값들은 스프레드시트에서 비어있던 셀입니다. 결측값입니다. 결측값이 있는 행이나 열을 삭제하는 명령어는 dropna( ) 입니다.

dropna( )의 인자에 axis=0을 넣으면 행을 삭제하고, axis=1을 넣으면 열을 삭제합니다. how='any'라고 쓰면 결측값을 1개라도 가

211

진 행/열을 삭제합니다. how='all'이라고 쓰면 모든 값이 결측값인 행/열만 삭제합니다.

dataframe3.dropna(axis=1, how='all')

위 명령어는 모든 값이 결측값인 열을 삭제하라는 의미입니다.
dataframe3.head()를 실행하면 결측값만 있는 열을 삭제합니다.

```
dataframe3 = dataframe3.dropna(axis=1, how='all')
# dropna는 결측값(NaN)이 있는 데이터프레임의 행이나 열을 삭제하는 메소드
# axis=1 로 쓰면 열을 삭제
# how='all' 로 쓰면 모든 값이 결측값인 행/열만 삭제
dataframe3.head(3)
```

	index	시도명	신분	후원회명	소속정당	선거명	선거구명	성명	생년월일	직업	전화번호	기부일자	기부금액(원)	index	주소
0	0	강원	국회의원	권성동	국민의힘	NaN	강릉시	권오준	1966-01-01 00:00:00	회사원	010**********	2020-04-02 00:00:00	5000000.0	1	강원도 강릉시 구정면 **************
1	2	NaN	국회의원	권성동	국민의힘	NaN	강릉시	김경수	1965-09-18 00:00:00	회사원	010**********	2020-04-01 00:00:00	5000000.0	3	서울특별시 강남구 언주
2	4	NaN	국회의원	권성동	국민의힘	NaN	강릉시	김윤규	1960-11-21 00:00:00	회사원	010**********	2020-03-31 00:00:00	5000000.0	5	경기도 용인시 수지구 **************** ...

실습 코드
dataframe3.head( )
출력값

결측값 채우기

실습 코드
```
dataframe3['시도명'] = dataframe3['시도명'].
fillna(method='ffill')
dataframe3.head()
```

지금까지 정제한 데이터를 보니 '시도명' 열에는 강원이 한 번만 나오고 아래는 결측값입니다.

```
[13] dataframe3 = dataframe3.dropna(axis=1, how='all')
     # dropna는 결측값(NaN)이 있는 데이터프레임의 행이나 열을 삭제하는 메소드
     # axis=1 로 쓰면 열을 삭제
     # how='all' 로 쓰면 모든 값이 결측값인 행/열만 삭제
     dataframe3.head(3)
```

	index	시도명	신분	후원회명	소속정당	선거명	선거구명	성명	생년월일	직업	전화번호	기부일자	기부금액(원)
0	0	강원	국회의원	권성동	국민의힘	NaN	강릉시	권오준	1966-01-01 00:00:00	회사원	010**********	2020-04-02 00:00:00	5000000.0
1	2	NaN	국회의원	권성동	국민의힘	NaN	강릉시	김경수	1965-09-18 00:00:00	회사원	010**********	2020-04-01 00:00:00	5000000.0
2	4	NaN	국회의원	권성동	국민의힘	NaN	강릉시	김운규	1960-11-21 00:00:00	회사원	010**********	2020-03-31 00:00:00	5000000.0

시도명 NaN 확인 화면

결측값은 바로 위와 같은 값으로 채워줘야 합니다. 결측값을 채우는 명령어는 fillna() 명령어 입니다. dataframe3의 '시도명'열에서 fillna( )를 실행합니다. 결측값은 여러 방법으로 채울 수 있는데 바로 위 행과 같은 값으로 넣으려면 method='ffill'이라고 쓰면 됩니다.

결측값은 '시도명' 열에서만 채워야 합니다. dataframe3['시도명'] 처럼 열을 선택해서 코드를 실행할 수 있습니다.

```
dataframe3['시도명'] = dataframe3['시도명'].fillna(method='ffill')
```

파일 저장하기

실습 코드
```
dataframe3.to_excel('정제완료.xlsx')
```

정제 결과를 저장해보겠습니다.

위 코드를 실행하면 왼쪽 파일 영역에 새로운 엑셀 파일이 생깁니다.

213

파일 영역에서
'정제완료.xlsx' 파일
저장 확인

파일을 우클릭하면 다운로드할 수 있습니다.

파일 저장 함수

판다스 라이브러리는 엑셀 외에도 CSV, Pickle 저장 기능을 제공합
니다. 아래 예시 코드처럼 쓸 수 있습니다.

```
dataframe3.to_csv('정제완료.csv')
dataframe3.to_pickle('정제완료.pkl')
```

LESSON

06

데이터
분석

6장에서는 데이터를 탐색하고 분석해서 기삿감을 찾아내는
방법을 알아봅니다.

데이터저널리즘
작업 과정

Mirko Lorenz는 데이터저널리즘을 일련의 과정으로 설명[1]했습니다. 데이터data에서 보도할 만한 가치가 있는 내용을 추출filter해내고, 전달할 수 있는 가장 좋은 형태로 시각화visualize하고, 기사화story하는 과정이라는 것입니다.

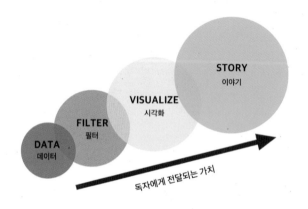

데이터저널리즘 작업 과정
(출처: Mirko Lorenz, 2010)

앞 단계의 원 크기는 작고 뒤로 갈수록 원 크기가 커지는 것이 재미있네요. 데이터저널리즘 프로젝트는 일반적으로 주제 설정, 데이터 수집, 정제에 아주 많은 시간을 들이는데 이 단계 원의 크기는 아주 작습니다. 원의 크기는 독자가 체험하는 가치를 의미합니다. 최종 결과물인 기사의 가치가 가장 크고 의미를 뽑아내지 않은 원데이터의 가치는 가장 작습니다.

또 한 가지, 데이터에서 기삿감을 뽑아내는 단계를 분석analyze이나 처리process라고 하지 않고 '필터'라고 한 것이 눈에 띕니다. 데이터에서 보도할 만한 가치가 있는 내용을 걸러내는 것을 필터라고 표현했습니다. 이 작업은 통계적 분석 기법뿐만 아니라 다양한 방법을 포함합니다.

데이터에서
기삿감 찾기

데이터저널리즘 과정 중에 우리는 필터 단계에서 데이터를 살펴봅니다. 이 단계에서 데이터에 숨겨진 의미, 다시 말해 기삿감을 찾습니다.

데이터에서 기사화할 만한 정보를 찾아내기 위해서 꼭 복잡한 통계 분석을 써야 하는 것은 아닙니다. 빈도 분석 등 간단하고 쉬운 방법으로도 좋은 기삿감을 찾을 수 있습니다. 「데이터저널리즘 핸드북」[2]에서는 많이 사용하는 데이터 기사의 유형을 다음과 같이 소개합니다.

- ◆ 단순 합계
- ◆ 비율 계산
- ◆ 내부 비교
- ◆ 외부 비교
- ◆ 시간에 따른 변화
- ◆ 순위 매기기
- ◆ 카테고리에 따른 분석
- ◆ 상관관계 분석

단순 합계 counting or totaling

데이터 기삿감의 첫 번째 유형은 단순 합계입니다. 하나씩 수를 세거나 합계를 냅니다.

"2020년, 300만 원을 초과하는 고액후원금을 기부받은 국회의원은 총 290명이다."

이 방식의 단점은 때때로 어떤 수가 작은지 또는 큰지 판단하기 어렵다는 점입니다. 따라서 숫자를 비교하는 다양한 방법을 사용하게 됩니다.

비율 계산 proportion

다음 유형은 비율 계산입니다.

"고액후원자가 더불어민주당 소속 국회의원에게 후원한 후원금은 약 102억 원으로 전체 후원금의 62%에 해당한다."

어떤 사건의 건수, 금액 합계를 계산했는데 그것이 큰지 작은지 판단이 서지 않을 때 비율을 계산해보는 것이 좋습니다.

비교 comparison

세 번째 유형은 비교입니다. 맥락을 보여주기 위해서 숫자를 데이터 내부 또는 외부의 다른 수치와 비교합니다. 내부 비교와 외부 비교가 있습니다.

내부 비교는 데이터 안에서 숫자를 비교합니다.

내부 비교internal comparison: "고액후원자들의 나이를 비교하니 1960년대생이 1849건, 70년대생은 735건, 80년대생은 217건으로 집계됐다."

외부 비교는 데이터 바깥에 있는 숫자와 비교합니다. 외부비교를 할 때는 맥락이 잘 이어지는 숫자와 비교해야 합니다.

외부 비교external comparison: "2020년 고액 정치후원금은 164억원인데, 소액 후원을 포함한 전체 정치후원금은 538억원이다."

시간에 따른 변화 change over time

다음 유형은 시간에 따른 변화입니다.

"고액후원금은 1월부터 3월까지 꾸준히 증가했다. 4월 선거 이후 급격히 줄어들었다."

이렇게 시간의 흐름에 따른 추세를 보여주는 것입니다. 추세가 의미 있는지 신중하게 판단해야 합니다.

순위 매기기 league tables

다음은 순위 매기기입니다. 다른 과학 분야에서라면 숫자가 특이하게 크거나 작은 경우를 아웃라이어, 즉 계산을 방해하는 이상한 숫자로 보고 분석대상에서 제외하는 것이 일반적입니다. 그러나 데이터저널리즘에서는 이런 경우를 특별히 보도할 만한 사례로 보기도 합니다.

"고액후원금을 가장 많이 모금한 의원은 정진석 국민의힘 의원이다. 총 1억 9300만 원을 모금했다."

상관관계 분석

다음으로 두 가지 변수 사이에 상관관계를 확인하는 방법들입니다. 아래와 같이 2개 이상 변수의 관계를 살펴보는 방법입니다.

"의원들의 당선 횟수가 많을수록 60대 이상의 고액후원자가 많은 경향이 나타났다."

이때 단순한 연관성을 바로 원인과 결과 관계로 해석하지 않도록 주의해야 합니다.

데이터리터러시

더 객관적으로 보도하기 위해 기사에 데이터를 활용하기 시작했지만 데이터저널리즘 결과물이 객관적이지 않다는 비판을 받는 경우도 있습니다. 어떤 데이터든 그 데이터가 만들어진 배경과 맥락이 있습니다. 데이터를 분석할 때 이러한 맥락을 고려하고 자의적으로 해석하지 않도록 조심해야 합니다.

예를 들어 정치후원금 기부총액을 살펴보면, 국회의원들이 2019년엔 354억 원, 2020년에는 538억 원을 모금했습니다. 1년만에 52% 가까이 증가했습니다.

이 숫자를 단순 비교해도 될까요?

2020년에는 제21대 국회의원 선거가 있었습니다. 국회의원은 선거가 있는 해에는 선거가 없는 해보다 두 배까지 더 많은 기부금을 받을 수 있습니다. 데이터를 분석할 때 이런 배경과 맥락을 놓쳐서는 안됩니다.

데이터저널리즘 핸드북[3]에서는 세 가지 질문을 던져보라고 권합니다.

첫째, 이 데이터는 어떻게 수집되었나.
데이터를 분석해 보도할 때는 먼저 데이터의 원본 출처를 확인해야 합니다. 누가 만들었는지 어떻게 만들었는지 수집 과정을 검증하면서 데이터의 문제점을 알게 되는 경우가 있습니다.

둘째, 이 데이터에서 무엇을 배워야 하나.
표본이 동질적으로 구성됐는지 등 데이터 특성을 알아야 합니다. 복잡한 내용을 보도할 때는 보도하기 전에 전문가에게 의견을 묻는 것이 바람직합니다.

셋째, 이 정보를 얼마나 신뢰할 수 있나.
데이터가 만들어진 과정을 팩트체크하면서 정보를 신
뢰할 수 있는지 평가해야 합니다. 경우에 따라서는 데
이터를 팩트체크하는 과정이 그 자체로 보도 가치를
갖기도 합니다.

스프레드시트로
데이터 분석하기

실습 데이터 다운로드

아래 링크에 접속해 '실습_분석_국회의원고액후원금.xlsx' 파일을 다운받으세요. 데이터 분석 실습에는 구글 스프레드시트 프로그램을 사용합니다.

실습 파일 링크: https://bit.ly/2PUg4HJ

실습하기 전에 파일 메뉴에서 사본만들기를 실행하세요. 실습은 사본 파일에서 진행합니다.

데이터 탐색하기

먼저 필터 정렬과 검색을 활용해 데이터를 탐색해보겠습니다. 기삿감을 찾는 가장 쉬운 방법입니다.

국회의원에게 후원을 한 사람 중 찾고 싶은 사람이 있다면 후원자 성명 열에서 필터를 활용해 찾을 수 있습니다.

제목 행을 선택한 상태에서 도구 모음 아이콘 중 깔때기 모양 필터를 클릭합니다. 한번 더 클릭하면 필터가 해제됩니다. 필터가 생성되면 제목 행에 아래방향 세모 표시가 생깁니다.

필터 만들기 아이콘

값별 필터링하기

후원자_성명 열에서 세모 표시의 필터 아이콘을 클릭합니다. 값별 필터링 부분을 보면 데이터가 모두 선택돼 있습니다.

검색할 데이터만 선택하기 위해 모두 선택 옆 '지우기' 메뉴를 클릭해 모두 선택을 해제합니다.

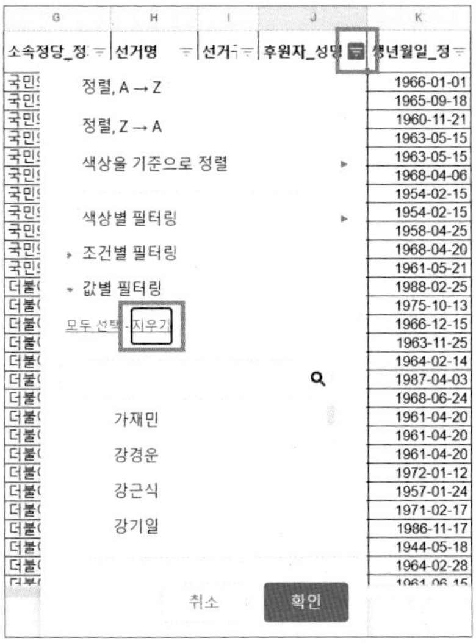

후원자_성명 열의 필터
아이콘 클릭 후 지우기 클릭

텍스트 상자를 클릭하고 '이영애'라고 입력합니다. 이름을 클릭해 선택합니다. 데이터가 선택되면 이름 앞에 V 모양의 체크 표시가 나타납니다. 확인 버튼을 클릭합니다.

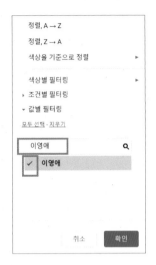

'값별 필터링' 텍스트
상자에 이영애 입력 후
표시된 이름 클릭

모두 5건의 데이터가 검색됐습니다. 데이터를 보면 1971년생 이영애와 1969년생 이영애 두 사람이 있다고 나옵니다.

김병주 의원에게 후원한 내역 중 직업란을 확인하니 '배우'라고 나옵니다.

	후원회명_정	소속정당	소속정당_정	선거명	선거구	후원자_성명	생년월일_정	생년	생월	생일	생년월일	주소	직업	전화번호	기부일자
134	한기호	국민의힘	국민의힘		춘천시철	이영애	1971-01-31	1971	1	31	710131	경기 양평군	기타	010**********	2020-07-16
961	임종성	더불어민주당	더불어민주당		광주시울	이영애	1969-01-20	1969	1	20	1969-01-20	경기도 성남	사업가	*********	2020-04-09
4035	김병주	더불어민주당	더불어민주당		비례대표	이영애	1971-01-31	1971	1	31	1971-01-31	경기도 양평	배우	02-*********	2020-08-06
4057	신원식	국민의힘	국민의힘		비례대표	이영애	1971-01-31	1971	1	31	1971-01-31	경기도 양평	자영업	010**********	2020-07-16
4312	정진석	국민의힘	국민의힘		공주시부	이영애	1971-01-31	1971	1	31	1971-01-31	경기도 양평	기타	010**********	2020-01-13
4452															
4453															

김병주 의원 후원 기록에서
고액후원자 이영애의 직업
'배우' 확인

1971년생 이영애 씨가 배우 이영애입니다. 국민의힘 한기호, 신원식, 정진석 의원과 더불어민주당 김병주 의원에게 각각 500만 원씩 후원한 사실이 보입니다.

필터를 사용하면 이렇게 찾고자 하는 결과만 선별해 데이터를 확인할 수 있습니다.

2021년 정치후원금 자료가 공개될 당시 유명인들의 고액 후원금 기부 내역이 화제였습니다.

이영애, 양희은, 조정래, 김제동 등 유명인들의 정치후원금 보도 (출처: 조선일보 2021. 2. 26. A8면)

위 기사를 보면 가수 양희은 씨, 방송인 김제동 씨 등이 고액 후원금을 보냈다고 합니다.

이번에는 조건별 필터를 활용해 양희은 씨의 후원 내역을 확인해 보겠습니다. 후원자_성명 열의 깔때기 모양 필터 아이콘을 클릭합니다. 값별 필터링에서 '모두 선택'을 누릅니다.

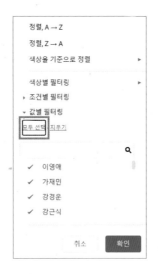

정렬, A → Z
정렬, Z → A
색상을 기준으로 정렬 ▸

색상별 필터링 ▸
▸ 조건별 필터링
▾ 값별 필터링

모두 선택·지우기

🔍

✓ 이영애
✓ 가재민
✓ 강경운
✓ 강근식

취소 확인

'값별 필터링'에서 '모두
선택' 클릭

'조건별 필터링'을 누르고, '텍스트에 포함'을 선택합니다.

정렬, A → Z
정렬, Z → A
색상을 기준으로 정렬 ▸

색상별 필터링 ▸
조건별 필터링

없음 ↕

비어 있음
비어 있지 않음

텍스트에 포함 🔍
텍스트에 포함되지 않음
시작 텍스트:
종료 텍스트:
텍스트가 정확하게 일치함

'조건별 필터링'에서
'텍스트에 포함' 선택

텍스트 창에 '양희은'이라고 입력한 뒤 확인 버튼을 클릭합니다.
열린민주당 김진애 비례대표 의원에게 2020년 11월 13일 500만 원
후원한 내역이 보입니다.

필터 검색이 끝났다면 데이터 선택을 해제해 데이터를 초기 화면
으로 돌려줍니다. 후원자_성명 열의 필터 아이콘을 클릭하고 '조건
별 필터링'에서 '없음'을 선택하고 확인 버튼을 누릅니다.

후원자_성명 열에서 필터를 사용해 데이터를 검색했듯이 후원회
명, 직업, 주소 열에서 원하는 데이터를 검색해보세요.

잘 정제된 데이터셋에서 필터 기능만 활용해도 좋은 기삿감을 찾을 수 있습니다.

피벗 테이블에서 데이터 분석하기

다음으로 기본적인 통계분석 방법을 알아보겠습니다. 먼저 스프레드시트에서 분석하는 실습을 해보고, 분석 결과를 해석할 때 주의해야 할 점을 살펴봅시다.

피벗 테이블 만들기

피벗 테이블을 만들어보겠습니다. 데이터에서 비어있지 않은 셀을 클릭합니다. 메뉴에서 '데이터' > '피벗 테이블'을 선택합니다. 피벗 테이블의 데이터 범위가 자동으로 선택됩니다.

웹브라우저 크롬이 9X.XX 버전 이상이면 삽입 메뉴에 피벗 테이블이 있습니다.

데이터 범위가 올바른지 삽입 위치가 '새 시트'로 선택됐는지를 확인하고 '만들기' 버튼을 클릭합니다.

'피벗 테이블 만들기' 화면

피벗 테이블 기본 조작 방법은 5장 데이터 정제 부분에서 자세하게 소개했습니다. 피벗 테이블이 익숙하지 않은 분들은 5장 피벗 테이블 부분을 한번 더 학습하시길 권합니다.

피벗 테이블에 값 추가하기

오른쪽 피벗 테이블 편집기에서 행 영역의 추가 버튼을 클릭한 후 후원회id 항목을 선택합니다.

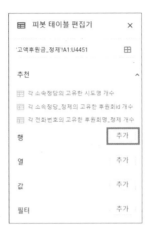

피벗 테이블 편집기의 '행' 영역에서 '추가' 버튼 클릭

표시되는 열 목록에서 '후원회id' 열 선택

왼쪽 표 영역에 국회의원 명단이 나타납니다.

다음으로 값 영역의 '추가' 버튼을 클릭한 후 기부금액_정제 항목을 선택합니다. '요약 기준'은 SUM(합계)으로 선택합니다. 피벗 테이블 편집기 영역은 아래 그림과 같습니다.

'값'까지 추가한 후 피벗
테이블 편집기의 모습

편집기 내용이 바뀌면 표 영역에도 반영됩니다. 국회의원별 고액
후원금 모금액수가 표시됩니다.

'값'까지 추가한 피벗
테이블 표 영역의 모습

	A	B	C	D
1	후원회id	기부금액_정제		
2	강기윤	33700000		
3	강대식	68000000		
4	강득구	48000000		
5	강민국	90000000		
6	강병원	46100000		
7	강선우	54500000		
8	강은미	5000000		
9	강준현	71200003		
10	강훈식	25000000		
11	고민정	35000000		
12	고영인	83800000		
13	고용진	5000000		
14	곽상도	81500000		
15	구자근	64100000		

기부횟수 열을 추가해보겠습니다. 값 영역에서 '추가' 버튼을 클
릭한 후 기부금액_정제 항목을 한번 더 선택합니다. 이번에는 '요약
기준'을 COUNTA로 변경합니다.

'값' 영역에
'기부금액_정제'를 추가한
다음, '요약 기준'을
'COUNTA'로 변경

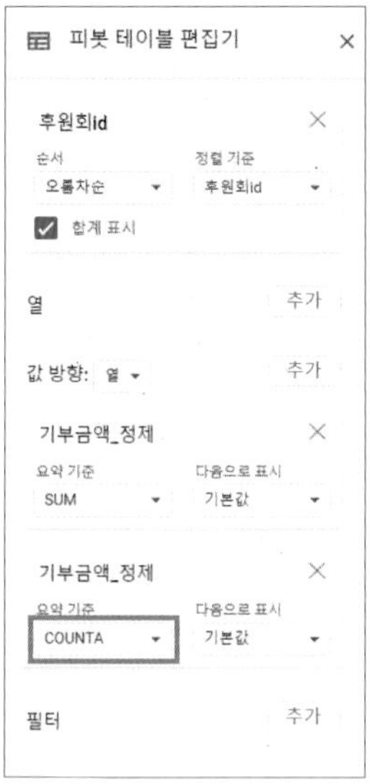

국회의원별로 고액 후원금을 몇 회에 걸쳐서 얼마나 받았는지 표시됩니다.

이번에는 후원자_성명 열을 추가해보겠습니다. 값 영역에서 '추가' 버튼을 클릭한 후 후원자_성명 항목을 선택합니다. '요약 기준'은 COUNTUNIQUE입니다. 후원자 성명의 중복값을 제거하고 고유한 값의 수를 계산합니다.

후원자_성명(요약기준:
COUNTUNIQUE)까지
추가한 후 피벗 테이블
화면. 예시로 든 강기윤
의원은 6명으로부터 7회에
걸쳐 3370만 원 모금.

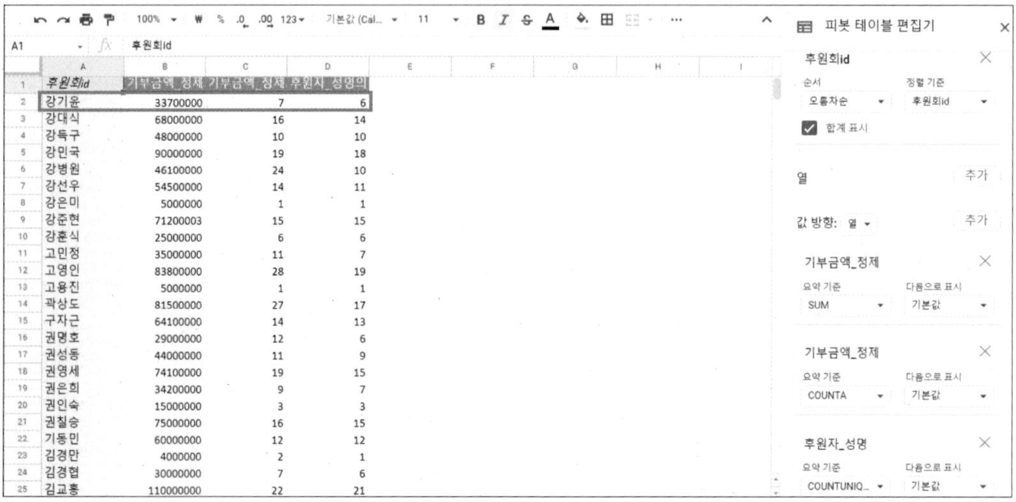

맨 위에 있는 강기윤 의원 사례를 보겠습니다.

강기윤 의원은 6명의 후원자에게 7회에 걸쳐서 3370만 원을 기부 받았다고 나옵니다. 강기윤 의원의 고액후원금 내역을 데이터에서 찾아보겠습니다. 데이터가 있는 '고액후원금_정제' 시트를 클릭합니다.

12	고영인	83800000	28	19
13	고용진	5000000	1	1
14	곽상도	81500000	27	17
15	구자근	64100000	14	13
16	권명호	29000000	12	6
17	권성동	44000000	11	9
18	권영세	74100000	19	15
19	권은희	34200000	9	7
20	권인숙	15000000	3	3
21	권칠승	75000000	16	15
22	기동민	60000000	12	12
23	김경만	4000000	2	1
24	김경협	30000000	7	6
25	김교흥	110000000	22	21

데이터가 있는
'고액후원금_정제'
시트 클릭

＋　≡　　고액후원금_정제 ▾　　피봇 테이블 1 ▾

후원회명_정제 열에서 필터 아이콘을 누르고 '지우기'를 클릭합니다. 필터를 활용해 강기윤을 선택한 후 확인 버튼을 클릭합니다.

	A	B	C	D	E	F	G	H	I	J	K
1	순번	시도	신분	후원회!	후원회명_정	소속정당	소속정당_정	선거명	선거구	후원자_성명	생년월일_정
1406	1405	경남	국회의원	강기윤	강기윤	국민의힘	국민의힘		창원시성	김덕진	1952-03-03
1407	1406	경남	국회의원	강기윤	강기윤	국민의힘	국민의힘		창원시성	김주곤	1953-01-12
1408	1407	경남	후보자	강기윤	강기윤	국민의힘	국민의힘		창원시성	박동목	1949-02-12
1409	1408	경남	후보자	강기윤	강기윤	미래통합당	국민의힘		창원시성	박준	1971-01-15
1410	1409	경남	국회의원	강기윤	강기윤	국민의힘	국민의힘		창원시성	박준	1971-01-15
1411	1410	경남	후보자	강기윤	강기윤	미래통합당	국민의힘		창원시성	진성규	1961-05-15
1412	1411	경남	국회의원	강기윤	강기윤	국민의힘	국민의힘		창원시성	황찬호	1973-07-27

후원회명_정제 열에서
'강기윤' 필터링

데이터를 보면 강기윤 의원은 모두 7번에 걸쳐 고액후원금을 받았다고 나옵니다. '박준'이라는 후원자가 두 번 후원했습니다. 나머지 후원자는 한 번 씩 후원했습니다. 따라서 기부횟수는 7, 후원자명 고윳값은 6이 나왔습니다.

피벗 테이블 정렬하기

가장 많은 후원금을 받은 의원순으로 피벗 테이블을 정렬해봅니다.

피벗 테이블 편집기의 행 영역을 보면 후원회id 카드가 추가됐습니다. 후원회id 카드에서 '정렬기준'을 클릭하고 기부금액_정제의 SUM 항목을 선택합니다. 같은 카드에서 '순서'를 클릭하고 내림차순 항목을 선택합니다.

'후원회id' 카드에서 정렬 기준을 '기부금액_정제의 SUM'으로 순서를 '내림차순' 으로 변경

고액 후원금을 많이 받은 의원 순서대로 정렬이 바뀌었습니다.

정렬 기준과 순서를 반영한 피벗 테이블 화면

	A	B	C	D	E
1	후원회id	기부금액_정제	기부금액_정제	후원자_성명의	
2	정진석	193000000	39	38	
3	김민철	170410000	62	35	
4	안민석	169090000	64	35	
5	윤상현	169000000	37	34	
6	김기현	143000000	38	37	
7	김정호	142100000	31	29	
8	이광재	140000000	35	28	
9	윤영석	134300000	41	27	
10	안규백	133300000	40	27	
11	이철규	132500000	27	27	
12	김두관	128000000	27	26	
13	윤준병	120000000	26	24	

통곗값 살펴보기

이제 몇 가지 통곗값들을 살펴 보겠습니다. 구글 스프레드시트에서는 여러 셀을 범위 선택하면 선택된 영역의 데이터 수, 평균, 최솟값, 최댓값 등 기본적인 통계 수치를 보여줍니다.

우선 기부금액 합계 부분을 모두 선택해보겠습니다. B2 셀을 선택합니다.

	A	B	C	D
1	후원회id	기부금액_정제	기부금액_정제	후원자_성명의
2	정진석	193000000	39	38
3	김민철	170410000	62	35
4	안민석	169090000	64	35
5	윤상현	169000000	37	34
6	김기현	143000000	38	37
7	김정호	142100000	31	29

B2 셀을 선택

232

Ctrl + Shift + ↓ (아래 방향키)를 누릅니다. 기부금액 합계 내역 열에 있는 데이터를 모두 선택했습니다. 여기서 합계 부분은 제외해야 합니다.

'Ctrl + Shift + ↓'를 눌러서
맨 아래 '총계'까지 선택

Ctrl 키에서 손가락을 떼고, Shift 키만 누른 채로 '↑ (위로 방향키)'를 한 번 누릅니다. 총계를 제외한 기부금액 부분만 선택했습니다.

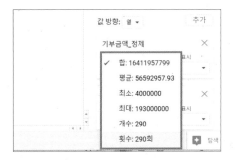

	A	B	C	D
268	윤주경	10000000	2	2
269	신현영	10000000	2	2
270	김진애	10000000	2	2
271	한무경	9900000	2	2
272	이수진_비례대	8900000	3	2
273	이동주	8500000	9	2
274	최춘식	5000000	1	1
275	최승재	5000000	1	1
276	최강욱	5000000	1	1
277	정경희	5000000	1	1
278	전봉민	5000000	1	1
279	인재근	5000000	1	1
280	이종성	5000000	1	1
281	용혜인	5000000	1	1
282	서정숙	5000000	1	1
283	배진교	5000000	1	1
284	김은혜	5000000	2	1
285	김윤덕	5000000	1	1
286	고용진	5000000	1	1
287	강은미	5000000	1	1
288	조태용	4000000	1	1
289	남인순	4000000	2	1
290	김예지	4000000	1	1
291	김경만	4000000	2	1
292	총계	16411957799	4450	2895

'Shift + ↑'를 눌러서,
총계만 빼고 나머지
합계금액만 선택

스프레드시트 오른쪽 하단 합계 금액 부분을 클릭합니다.

스프레드시트 오른쪽 하단
합계 금액 클릭

합계, 평균, 최대, 최소, 개수, 횟수 등이 보입니다.

스프레드시트가 기본으로
제공하는 통곗값 표시

234

기본적인 통곗값은 이렇게 스프레드시트에서 제공합니다.

중앙값 계산하기

그 외에 자주 사용하는 통계로 중앙값MEDIAN이 있습니다. 함수를 써서 같이 계산해 보겠습니다.

F2 셀을 선택하고 등호를 입력하고, MEDIAN 함수를 입력합니다. 괄호를 열고 앞에서 기부금액 합계를 선택한 방식으로 총계를 제외한 데이터를 선택합니다. 중앙값은 5145만 원이라고 나옵니다.

	A	B	C	D	E	F
					F2	51450000 ×
268	윤주경	10000000	2	2		=MEDIAN(B2:B291)
269	신현영	10000000	2	2		
270	김진애	10000000	2	2		
271	한무경	9900000	2	2		
272	이수진_비례대	8900000	3	2		
273	이동주	8500000	9	2		
274	최춘식	5000000	1	1		
275	최승재	5000000	1	1		
276	최강욱	5000000	1	1		
277	정경희	5000000	1	1		
278	전봉민	5000000	1	1		
279	인재근	5000000	1	1		
280	이종성	5000000	1	1		
281	용혜인	5000000	1	1		
282	서정숙	5000000	1	1		
283	배진교	5000000	1	1		
284	김은혜	5000000	2	1		
285	김윤덕	5000000	1	1		
286	고용진	5000000	1	1		
287	강은미	5000000	1	1		
288	조태용	4000000	1	1		
289	남인순	4000000	2	1		
290	김예지	4000000	1	1		
291	김경만	4000000	2	1		
292	**총계**	**16411957799**	**4450**	**2895**		

+ ≡　　고액후원금_정제 ▼　　피봇 테이블 1 ▼

F2 셀에 MEDIAN
함수 입력

평균과 중앙값

데이터의 대푯값을 정하기 위해 가장 많이 쓰이는 방법이 평균과 중앙값입니다. 평균은 최댓값과 최솟값의 영향을 받지만 중앙값은 영향을 받지 않습니다. 예를 들어, 2014년 국회의원 295명의 평균 재산은 97억 6천만 원이었습니다. 당시 재산 순위 1위는 새누리당 정몽준 의원으로 신고 재산은 2조 430억 원이었습니다.

순위	이름	재산총액(천 원)
1	정몽준	2,043,043,018
2	안철수	156,924,940
3	김세연	98,550,210
4	박덕흠	53,903,536
5	윤상현	17,778,640
6	강석호	16,350,424
7	김무성	13,744,138
8	정의화	10,277,204
평균		9,756,673
9	심윤조	9,534,572

2014년 국회의원 재산 순위에서 재산 평균값의 위치

평균: 97억 5667만 원

중앙값은 얼마였을까요? 국회의원 재산 순위 정가운데 위치한 김기준 의원의 재산은 10억 830만 원이었습니다.

순위	이름	재산총액(천원)
144	박완주	1,114,198
145	박기춘	1,112,700
146	이용섭	1,089,588
147	김을동	1,085,682
148	김기준	1,083,866
149	최규성	1,075,977
150	김성태	1,068,537
151	이재영	1,060,658
152	심재권	1,051,345
153	김영록	1,039,270

2014년 국회의원 재산 순위에서 재산 중앙값의 위치

중앙값: 10억 8386만 원

분석 결과를 보도할 때 상황에 따라 평균, 중앙값 중 적절한 대푯값을 고르는 것이 중요합니다.

파이썬으로
데이터 분석하기

'데이터 정제' 시간과 마찬가지로 파이썬의 판다스pandas 라이브러리를 사용해서 데이터를 분석합니다. 판다스 라이브러리가 제공하는 기본 계산방법을 사용하겠습니다. 또 코드를 재사용해서 작업 효율성을 높이는 방법을 소개합니다.

아래 링크에 접속해 실습 데이터 파일을 다운받으세요.
실습 파일 링크: https://bit.ly/3y0EzUO

실습 내용은 아래 코랩 문서에도 기록했습니다.
코랩 문서: https://bit.ly/3tC32wn

실습 준비하기

구글 드라이브에서 새로운 코랩 문서를 하나 만드세요. 코랩 왼쪽 메뉴 막대 맨 아래에 있는 '파일' 메뉴를 누르세요. '파일 업로드' 아이콘을 클릭하고 다운로드한 실습 파일을 선택합니다.

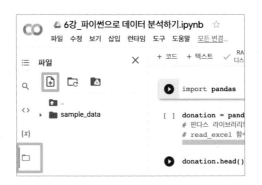

파일 업로드 화면

세션저장소에 실습 파일이 업로드됐습니다.

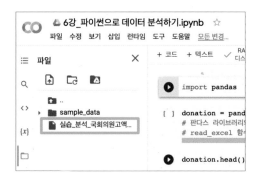

파일 업로드 완료 화면

데이터프레임 불러오기

실습 코드

```python
import pandas

donation = pandas.read_excel('실습_분석_국회의원고액
후원금.xlsx')
donation.head()
```

실습 코드 import pandas

먼저 import 명령어를 실행해 판다스pandas 라이브러리를 불러옵니다. 판다스 라이브러리에는 다양한 출처에서 데이터를 불러오는 함수가 있습니다. 엑셀 파일에서 데이터를 가져오는 함수는 read_excel 함수입니다.

```python
pandas.read_excel('실습_분석_국회의원고액후원
금.xlsx')
```

위와 같이 read_excel 함수를 실행하면 엑셀 파일 첫 번째 시트의 내용을 데이터프레임DataFrame 객체로 가져옵니다. 이 데이터프레임을 'dataframe'이라는 변수에 할당해야 합니다.

```python
donation = pandas.read_excel('실습_분석_국회의원고액
```

238

```
후원금.xlsx')
```

위 코드를 실행하면 파이썬이 실습용 엑셀 파일을 불러와서 donation 변수에 저장합니다. 하나의 행이 한 건의 후원기록이기 때문에 변수명을 donation으로 정했습니다.

```
donation.head()
```

코드를 실행하면 데이터 맨 앞 다섯 행을 보여줍니다.

```
donation.head()
```

	순번	시도명	신분	후원회명_id	소속정당	소속정당_정제	선거명	선거구명	후원자_성명	생년월일_정제	생년	생월	생일	생년월일	주소	직업	전화번호	기부일자
0	1	강원	국회의원	권성동	권성동	국민의힘	국민의힘	NaN	강릉시	권오준	1966-01-01	1966.0	1.0	1.0	1966-01-01 00:00:00	강원도 강릉시 구정면 **********	회사원	010**********	2020-04-02 00:00:00
1	2	강원	국회의원	권성동	권성동	국민의힘	국민의힘	NaN	강릉시	김경수	1965-09-18	1965.0	9.0	18.0	1965-09-18 00:00:00	서울특별시 강남구 언주 **********	회사원	010**********	2020-04-01 00:00:00
2	3	강원	국회의원	권성동	권성동	국민의힘	국민의힘	NaN	강릉시	김운규	1960-11-21	1960.0	11.0	21.0	1960-11-21 00:00:00	경기도 용인시 수지구 ...	회사원	010**********	2020-03-31 00:00:00
3	4	강원	국회의원	권성동	권성동	국민의힘	국민의힘	NaN	강릉시	김홍태	1963-05-15	1963.0	5.0	15.0	1963-05-15 00:00:00	서울특별시 용산구 삼개 **********	회사원	010**********	2020-03-30 00:00:00
4	5	강원	국회의원	권성동	권성동	국민의힘	국민의힘	NaN	강릉시	김홍태	1963-05-15	1963.0	5.0	15.0	1963-05-15 00:00:00	서울특별시 용산구 삼개 **********	회사원	010**********	2020-12-17 00:00:00

donation 데이터프레임의
첫 다섯 행을 표시한 결과

데이터 탐색하기

실습 코드

```
donation[donation['후원자_성명'] == '이영애']
donation[(donation['후원자_성명'] == '이영애') &
(donation['생년'] == 1971)]
```

조건을 만족하는 데이터 선택하기

먼저 이영애 씨의 후원 기록만 선택해보겠습니다. 판다스에서는 DataFrame[조건식]을 입력하면 조건에 해당하는 데이터만 볼 수 있습니다.

예를 들어, '후원자_성명'이 '이영애'와 일치하는 행만 표시하려면 아래와 같이 쓰면 됩니다.

```
donation[donation['후원자_성명'] == '이영애']
```

등호(=)는 한 번 사용할 때는 변수에 값을 할당하는 기능이 있습니다. 등호를 두 번 연속으로 쓰면 일치하는지를 확인하는 비교연산자로 작용합니다. 아래 코드는 데이터프레임 donation에서 '후원자_성명'이 '이영애'와 일치하는지 확인합니다.

```
donation['후원자_성명'] == '이영애'
```

코드를 실행하면 후원자 성명이 이영애와 일치하는 데이터만 표시합니다. 모두 5건입니다.

```
[ ]  donation[donation['후원자_성명'] == '이영애']
     # '후원자_성명'이 '이영애'와 일치하는 행만 선택
```

	순번	시도명	신분	후원회 id	후원회명_정제	소속정당_정제	소속정당_정제	선거명	선거구명	후원자_성명	생년월일_정제	생년	생월	생일	생년월일	주소	직업	전화번호	기부일자
132	133	강원	국회의원	한기호	한기호	국민의힘	국민의힘	NaN	춘천시철원군화천군양구군을	이영애	1971-01-31	1971.0	1.0	31.0	710131	경기 양평군 서종면 오**********	기타	010**********	2020-07-16 00:00:00
959	960	경기	국회의원	임종성	임종성	더불어민주당	더불어민주당	NaN	광주시을	이영애	1969-01-20	1969.0	1.0	20.0	1969-01-20 00:00:00	경기도 성남시 수정구 **********	사업가	********	2020-04-09 00:00:00
4033	4034	중앙	국회의원	김병주	김병주	더불어민주당	더불어민주당	NaN	비례대표	이영애	1971-01-31	1971.0	1.0	31.0	1971-01-31 00:00:00	경기도 양평군 서종면 **************	배우	02-*********	2020-08-06 00:00:00
4055	4056	중앙	국회의원	신원식	신원식	국민의힘	국민의힘	NaN	비례대표	이영애	1971-01-31	1971.0	1.0	31.0	1971-01-31 00:00:00	경기도 양평군 서종면 *********	자영업	010**********	2020-07-16 00:00:00
4310	4311	충남	국회의원	정진석	정진석	국민의힘	국민의힘	NaN	공주시부여군청양군	이영애	1971-01-31	1971.0	1.0	31.0	1971-01-31 00:00:00	경기도 양평군 서종면 ***********	기타	010**********	2020-01-13 00:00:00

'후원자_성명'이 '이영애'와
일치하도록 필터링한 결과

조건을 하나 더 추가해서 1971년생 이영애씨의 후원 기록만 확인해보겠습니다.

코드를 'DataFrame[(조건식1) & (조건식2)]' 와 같이 쓰면 두 가지 조건을 모두 만족하는 데이터만 표시합니다. 앤드 기호(&)는 여러 조건을 동시에 만족해야 하는 '그리고AND' 논리연산자를 의미합니다.

```
donation[(donation['후원자_성명'] == '이영애') &
(donation['생년'] == 1971)]
```

위 코드를 실행하면 이름은 이영애, 생년은 1971년생인 후원 기록만 나옵니다. 모두 4건입니다.

데이터 분석하기

앞에서는 데이터저널리즘에 자주 사용하는 분석 방법을 배웠습니다. 단순 합계, 비율 계산, 비교, 시간에 따른 변화, 순위, 기초 통계 등입니다. 이런 계산을 판다스에서는 어떻게 할 수 있는지 살펴보겠습니다.

단순 합계

```
donation['기부금액_정제'].sum()
donation['기부금액_정제'].count()
donation['후원회id'].nunique()
```

단순 합계를 내는 데 사용하는 명령어를 배워보겠습니다. 데이터 프레임에서 계산할 열을 선택한 다음에 sum, count, nunique 등의 명령어를 쓰면 됩니다.

예를 들어 아래 코드를 사용하면 기부금액 열을 모두 더한 합계 금액이 나옵니다.

```
donation['기부금액_정제'].sum()
```

횟수를 셀 때는 count 메소드를 사용합니다.

```
donation['기부금액_정제'].count()
```

코드를 실행하면 아래와 같이 결과가 표시됩니다. 국회의원 후원회가 2020년 한 해 동안 모두 4450회에 걸쳐 약 164억 원의 고액후원금을 모금했다고 나옵니다.

```
[ ]  donation['기부금액_정제'].sum()  # 기부금액_정제 열의 합계를 계산
     16411957799
```

sum 과 count 명령어로
단순합계를 계산한 결과

```
[ ]  donation['기부금액_정제'].count()  # 기부금액_정제 열에서 비어있지 않은 값의 수를 계산
     4450
```

고유한 값의 수를 셀 때는 nunique 메소드를 씁니다.
아래의 코드를 사용하면 후원회id 중 고유한 값의 수를 셉니다.

```
donation['후원회id'].nunique()
```

nunique 명령어로
후원회id의 고유한 값 수를
계산한 결과

```
[ ]  donation['후원회id'].nunique()  # 후원회id 열에서 고유한 값의 수를 계산
     290
```

코드를 실행하면 고액후원금을 받은 국회의원 수가 290명이라
고 나옵니다.

내부 비교

```
donation.groupby('소속정당_정제').sum()
```

소속 정당별로 고액후원금을 얼마나 모금했는지 내부 비교를 해
보겠습니다.
이렇게 특정 변수에 따라 구분해서 값을 계산할 때는 데이터프
레임의 groupby 메소드를 사용합니다. 데이터프레임 이름 뒤에
groupby 라고 씁니다. groupby('소속정당_정제') 처럼 괄호 안에는
요약하려는 열 이름을 씁니다. groupby 명령어 뒤에는 다시 점을 찍
고 계산하려는 방법을 씁니다.

```
donation.groupby('소속정당_정제').sum()
```

코드를 실행하면 정당별로 숫자형 데이터 합계를 계산한 결과가
표시됩니다.

```
[ ]  donation.groupby('소속정당_정제').sum()
     # groupby 명령어를 써서 소속정당별로 값을 요약
     # 뒤에 sum 을 붙여서 숫자형 변수들의 합계를 계산
     # sum 자리에 count, mean, nunique 등을 쓸 수 있음
```

	순번	생년	생월	생일	기부월	기부금액_정제
소속정당_정제						
국민의당	37577	21592.0	65.0	193.0	83	44200000
국민의힘	3123463	2836578.0	8899.0	22308.0	7881	5504269808
기본소득당	4065	1968.0	10.0	22.0	6	5000000
더불어민주당	6095142	5402738.0	17720.0	41527.0	14495	10236420002
무소속	595877	357130.0	1141.0	3164.0	1019	534067989
시대전환	12354	5894.0	22.0	52.0	26	10000000
열린민주당	12206	5877.0	29.0	36.0	28	15000000
정의당	22791	19659.0	61.0	146.0	67	63000000

donation 데이터프레임에
groupby 명령어를 실행해
합계를 계산한 결과

횟수를 계산하려면 sum 자리에 count를 넣으면 됩니다. 고윳값
nunique 등 다양한 방법으로 계산할 수도 있습니다.

Tip Box

groupby TIP

스프레드시트 피벗 테이블에서 '후원회id', '선거구명' 등 여러 개의
변수로 값을 요약해봤습니다.
groupby에서도 여러 개의 열을 넣을 수 있습니다. 이때 열 목록을
리스트list로 전달합니다.
예를 들어, '후원회id'와 '선거구명' 2개 변수에 따른 기부금액 합계
를 계산하려면 아래와 같이 코드를 작성합니다.
donation.groupby(['후원회id', '선거구명']).sum()

순위

```
donation.groupby('후원회id').sum().sort_values(by='기
부금액_정제', ascending=False)
```

순위를 알기 위해서는 내림차순으로 정렬하면 됩니다. 판다스 데이터프레임도 값에 따라 오름차순, 내림차순으로 정렬하는 기능이 있습니다. sort_values 메소드를 사용하면 됩니다.

앞에서 groupby를 계산한 결과에 정렬하는 명령어만 추가하면 됩니다.

sort_values 메소드를 쓸 때는 'by' 인수에 정렬하려는 열 이름을 넣고, 'ascending' 인수에서 정렬하는 방식을 정해줍니다. ascending(오름차순)에 참True 값을 지정하면 오름차순으로 정렬하고 거짓False 값을 지정하면 내림차순으로 정렬합니다.

'기부금액_정제' 열에서 내림차순으로 정렬하려면 아래와 같이 코드를 작성합니다.

```
.sort_values(by='기부금액_정제', ascending=False)
```

앞에서 후원회별로 기부금액을 계산한 결과에 sort_values 메소드를 붙이면 전체 코드는 아래와 같게 됩니다.

```
donation.groupby('후원회id').sum().sort_values(by='기
부금액_정제', ascending=False)
```

코드를 실행하면 고액후원금 모금액이 가장 많은 정진석 의원이 맨 위에 표시됩니다.

```
[ ] donation.groupby('후원회id').sum().sort_values(by='기부금액_정제', ascending=False)
    # groupby 명령어를 써서 후원회별로 합계를 계산하고
    # 기부금액_정제 열을 기준으로 내림차순 정렬
```

후원회id	순번	생년	생월	생일	기부월	기부금액_정제
정진석	167817	76430.0	239.0	681.0	116	193000000
김민철	17391	122521.0	316.0	881.0	276	170410000
안민석	48800	125878.0	429.0	646.0	263	169090000
윤상현	131239	70814.0	235.0	587.0	160	169000000
김기현	126787	74499.0	255.0	490.0	209	143000000
...	...	...	...	...	...	...
정경희	4102	1960.0	6.0	26.0	9	5000000
조태용	4120	1959.0	6.0	23.0	5	4000000
김경만	8061	3918.0	14.0	60.0	18	4000000
김예지	4039	1959.0	6.0	23.0	5	4000000
남인순	5977	3900.0	10.0	2.0	16	4000000

290 rows × 6 columns

sort_values 명령어를
실행해서 기부금액 순으로
정렬한 결과

시간에 따른 변화

```
donation.groupby(['기부월']).sum()
```

시간에 따른 변화를 살펴보겠습니다. 코드 자체는 내부 비교와 다르지 않습니다. 마찬가지로 groupby 명령어를 사용합니다. 이때 사용하는 열 이름만 시간을 보여주는 변수를 넣습니다.

명령문을 실행하면 월별 기부금액 합계가 표시됩니다.

246

```
[ ] donation.groupby(['기부월']).sum()
```

기부월	순번	생년	생월	생일	기부금액_정제
1	773794	688885.0	2231.0	5305.0	1230492000
2	875432	753815.0	2366.0	5559.0	1493315998
3	2362263	2150675.0	6997.0	16847.0	4695391000
4	1908762	1781535.0	5718.0	13856.0	3868119000
5	272044	219740.0	746.0	1785.0	251566000
6	595492	449245.0	1458.0	3401.0	752123800
7	439879	327834.0	1078.0	2604.0	512236000
8	343325	298169.0	1005.0	2449.0	382766000
9	425211	365192.0	1139.0	2870.0	528266000
10	350217	294175.0	1038.0	2357.0	389500000
11	526643	455543.0	1488.0	3411.0	736850012
12	1030413	866628.0	2683.0	7004.0	1571331989

groupby 명령어를 실행해
월별 모금액을 계산한 결과

국회의원 선거가 있던 4월까지는 고액후원금 모금액이 많았는데 5월이 되자 1/10 이하로 급감했습니다.

여러 가지 통곗값 계산

```
donation.describe()

pandas.set_option('display.float_format', '{:.0f}'.
format)
donation.describe()
```

마지막으로 여러 통곗값을 계산해보겠습니다.

판다스 데이터프레임에 describe 메소드를 쓰면 여러 가지 계산 결과를 일목요연하게 보여줍니다.

```
[ ]  donation.describe()
```

	순번	생년	생월	생일	기부월	기부금액_정제
count	4450.000000	4408.000000	4408.000000	4408.000000	4450.000000	4.450000e+03
mean	2225.500000	1962.666969	6.340064	15.301270	5.304494	3.688080e+06
std	1284.748678	10.223674	3.523182	8.731659	3.462752	1.886017e+06
min	1.000000	1928.000000	1.000000	1.000000	1.000000	1.000000e+04
25%	1113.250000	1957.000000	3.000000	8.000000	3.000000	2.000000e+06
50%	2225.500000	1962.000000	6.000000	15.000000	4.000000	5.000000e+06
75%	3337.750000	1969.000000	9.000000	23.000000	8.000000	5.000000e+06
max	4450.000000	2000.000000	12.000000	31.000000	12.000000	5.000000e+06

describe 명령어를
실행해서 여러 가지
통곗값을 계산한 결과

여러 숫자형 변수numeric variables에 따라 빈도count, 평균mean, 표준편차std, 최솟값min, 최댓값max, 사분위수(25%, 50%, 75%) 등을 계산해줍니다.

기부금액 열의 숫자가 이해하기 어렵게 나타났습니다. 숫자 표시 형식을 정수로 바꿔주어야 합니다.

아래 코드는 판다스에서 실수float의 표시형식을 소수점이 없는 실수(:.0f) 형식으로 바꾸는 코드입니다.

```
pandas.set_option('display.float_format', '{:.0f}'.
format)
```

표시형식을 바꾸고 다시 donation.describe() 코드를 실행하니 이번에는 이해하기 쉬운 형태로 숫자 형식이 바뀌었습니다.

```
[ ]   pandas.set_option('display.float_format', '{:.0f}'.format)
      donation.describe()
      # set_option 명령어를 써서 판다스에서 실수의 표시형식을 변경
      # 소수점 0자리의 숫자 형식으로 표시
```

	순번	생년	생월	생일	기부월	기부금액_정제
count	4450	4408	4408	4408	4450	4450
mean	2226	1963	6	15	5	3688080
std	1285	10	4	9	3	1886017
min	1	1928	1	1	1	10000
25%	1113	1957	3	8	3	2000000
50%	2226	1962	6	15	4	5000000
75%	3338	1969	9	23	8	5000000
max	4450	2000	12	31	12	5000000

실수의 표시형식을
수정하고 describe
명령어를 다시 실행한 화면

코드 재사용하기

파이썬을 이용해서 데이터를 분석하면 큰 이점이 있습니다. 바로 코드를 재사용할 수 있다는 점입니다.

똑같은 형태의 새로운 데이터가 나오는 경우에 활용합니다. 국회의원 고액후원금 데이터는 2021년, 2022년에도 같은 형식으로 공개합니다. 데이터를 스프레드시트로 분석하면 새로운 데이터를 얻을 때마다 똑같은 작업을 반복해야 합니다.

반면 파이썬에서는 새로운 데이터를 donation 이라는 이름으로 가져와서 똑같은 코드를 재사용할 수 있습니다.

```
donation = pandas.read_excel('실습_분석_국회의원고액
후원금_2021.xlsx')
```

위와 같이 코드를 한 줄만 수정하면 분석할 때 사용한 나머지 코드는 그대로 사용할 수 있습니다. 스프레드시트로 분석하는 것보다 훨씬 효율적이죠.

더 알아보려면

이 책에서 파이썬 기초 문법을 자세히 설명하지는 않았습니다. 실제 데이터저널리즘 프로젝트에서 파이썬을 활용하려면 변수variable, 함수function, 객체class와 메소드method 등을 반드시 이해해야 합니다.

　　파이썬에 친숙하지만 판다스를 처음 공부하시는 분은 우선 「Pandas 10분 완성」[4] 콘텐츠로 배워보시기를 권합니다. 「데잇걸즈 2」라는 교육프로그램에 한국어로 번역한 자료[5]도 있습니다.

LESSON

07

데이터 시각화란 무엇인가

7장에서는 데이터 시각화가 무엇인지 알아보고 다양한 시각화 예시를 살펴봅니다. 시각화를 구성하는 요소를 이해하고 차트 유형과 차트를 제작할 때 주의할 점을 알아봅니다.

데이터
시각화란?

데이터란 컴퓨터가 처리할 수 있는 문자, 숫자, 소리, 그림 등의 형태인 자료를 말합니다. 이 자료를 정제하고 분석해서 데이터가 의미하는 바를 찾아냅니다. 이렇게 찾은 데이터를 독자가 쉽게 이해하도록 시각적으로 표현한 것이 데이터 시각화입니다.

데이터 시각화는 데이터의 의미를 명확하고 효과적으로 전달하기 위한 도구입니다. 특히 데이터저널리즘 분야에서 시각화는 독자의 이해를 돕는 동시에 보도 메시지를 전달하는 역할을 합니다.

데이터저널리즘에서 시각화 사례 분석

선거

선거는 당선자 예측, 유권자 성향 분석 등 다양한 데이터 분석이 가능한 데이터저널리즘 핵심 주제 중 하나입니다. 특히 선거를 진행하는 지역 지도와 정당별 색을 활용해 시각화하는 경우가 많습니다.

New York Times 2020
미국 대선 결과 - 카토그램

스포츠 축제

올림픽, 월드컵 등 전 세계 스포츠 축제도 데이터저널리즘 핵심 주제 중 하나입니다. 팀별 전력 데이터를 바탕으로 한 승부 예측, 선수와 경기 데이터를 활용한 독자 참여형 콘텐츠 등 독자가 흥미를 느낄 다양한 주제로 시각화를 제작합니다.

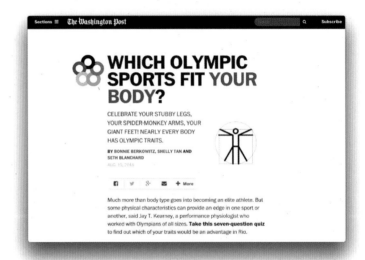

The Washington Post
2017 올림픽 데이터
시각화

기타 주제

데이터저널리즘에서는 선거나 스포츠 축제 외에도 다양한 데이터를 시각화합니다. 부동산 데이터를 활용한 집값 계산기, 특정 사건에 관련된 인물의 관계를 표현한 네트워크 등 뉴스의 핵심을 전달하는 시각화를 만듭니다.

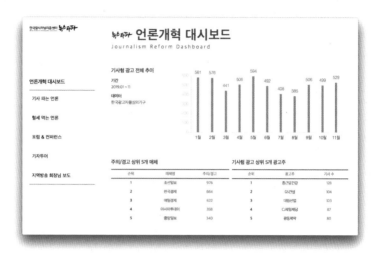

뉴스타파 언론개혁
대시보드

뉴스타파 세월호 AIS
데이터 교차검증

데이터 시각화 요소
이해하기

데이터를 시각화할 때는 어떤 도형과 색상으로 데이터를 표현할지 결정해야 합니다. 시각화 툴을 이용하면 컴퓨터가 알아서 적합한 그래프를 추천해줍니다. 하지만 컴퓨터에 맡기지 않고 본인이 결정해서 시각화를 하면 분명한 장점이 있습니다.

어떤 데이터를 차트로 제작했을 때, 처음 기대한 모습과 다른 경우가 굉장히 많습니다. 이럴 때는 시각화를 수정하는 작업이 필요합니다. 이때 시각화 요소에 대한 이해 없이 수정하다가 자칫 그래프를 왜곡하기도 합니다. 시각화에 필요한 요소를 정확히 알고 적절하게 조합해 수정하는 법을 익혀야 좋은 시각화를 만들 수 있습니다.

위치

◆ 좌표상 수치를 비교할 때 사용

◆ 가로축, 세로축으로 이뤄진 평면에 모든 데이터 표현 가능

◆ 한번에 수많은 데이터를 그래프로 구성할 수 있고 추세와 군집, 이상값 등을 찾아낼 수 있음

◆ 데이터가 많이 겹치면 각 포인트가 무엇을 나타내는지 알아차리기 힘듦.

데이터 시각화 위치
요소 유형

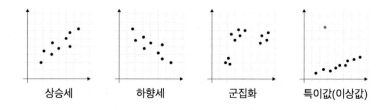

상승세　　　하향세　　　군집화　　　특이값(이상값)

길이

◆ 막대그래프에서 가장 흔하게 사용하는 시각 단서

◆ 도형의 한쪽 끝에서 다른쪽 끝까지의 거리로 시각화

◆ 막대가 길어질수록 절댓값이 더 크다는 것을 의미

◆ 같은 데이터라도 눈금에 따라 그래프에 표현되는 길이가 달라짐

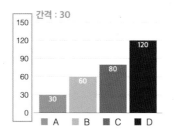 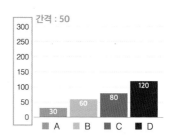

데이터 시각화 길이 요소

각도

◆ 0도부터 360도까지 변하는 값

◆ 전체에서 부분을 얼마나 차지하는지 표현할 때 사용

◆ 파이차트: 원 안의 상대적 각도가 수치를 나타내는 시각적 단서

◆ 도넛차트: 중앙 부위가 제거되어 호의 길이가 수치를 나타내는 시각적 단서

데이터 시각화 각도 요소

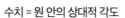

파이차트   **도넛차트**

수치 = 원 안의 상대적 각도   수치 = 호의 길이

방향

◆ 기울기의 방향에 따라 데이터 경향성이 나타남

◆ 기울기의 크기는 기준 눈금 간격과 관련됨

◆ 그래프 척도의 눈금 간격을 늘리면 작은 퍼센트 변화도 크게 보일 수 있음. 눈금 간격을 줄이면 큰 수치 변화도 작아 보이게 됨.

◆ 작은 변화가 의미 있다면 척도 눈금 간격을 늘려서 변화를 확인할 수 있도록 만들고, 반면에 작은 변화가 의미 없다면 눈금 간격을 늘리지 말고 급격한 변화를 중점적으로 보여줘야 함.

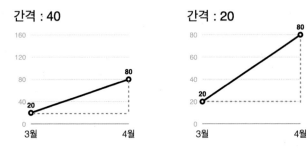

데이터 시각화 방향 요소

형태(도형)

◆ 점이나 선으로 전달이 불가능한 맥락 정보를 사각형, 원, 픽토그램 등으로 전달

면적과 부피

◆ 크기가 큰 물체는 큰 값을 의미함.

◆ 면적은 2차원 크기를, 부피는 3차원 크기를 나타냄.

◆ 길이나 높이가 같은 1차원 데이터를 가지고 2차원이나 3차원 대상의 크기를 조정할 때 실수가 많이 발생함.

◆ 데이터 차이만큼 면적이나 부피가 차이나는지 확인해야 함.

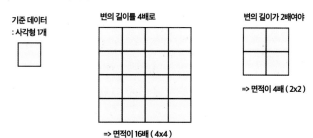

예) 데이터 값이 **4배 차이**나는 경우

기준 데이터
: 사각형 1개

변의 길이를 4배로

=> 면적이 16배 (4x4)

변의 길이가 2배여야

=> 면적이 4배 (2x2)

데이터 시각화 면적과
부피 요소

색상(색조, 채도)

◆ 색으로 데이터의 높고 낮음, 경향성을 표현함

◆ 색조: 흔히 이야기하는 색깔을 뜻함 (예) 빨간색, 초록색, 파란
색 등

◆ 채도: 색깔에서 색조의 세기를 나타냄 (예) 채도를 높이면 짙
은 빨간색, 채도를 낮추면 희미한 빨간색

◆ 색깔(색조)을 달리하여 범주별로 데이터를 나타내면 각 색깔
이 하나의 그룹을 의미하게 됨

◆ 주로 빨강/노랑 등 붉은 계열은 감소를, 초록/파랑 등 파란 계
열은 증가를 나타냄

◆ 색의 밝기나 채도를 단계별로 나눠서 데이터의 높고 낮음을
표현하기도 함

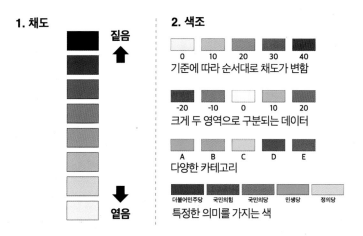

1. 채도

짙음

옅음

2. 색조

0 10 20 30 40

기준에 따라 순서대로 채도가 변함

-20 -10 0 10 20

크게 두 영역으로 구분되는 데이터

A B C D E

다양한 카테고리

더불어민주당 국민의힘 국민의당 민생당 정의당

특정한 의미를 가지는 색

데이터 시각화 색상 요소

참고자료

네이션 야우 『데이터 포인트』[1]

259

차트 유형 살펴보기

데이터의 성격이나 시각화하는 목적에 따라 적합한 시각화 유형이 다릅니다. 시각화 목적과 데이터 형태에 맞게 시각화 유형을 다양하게 분류할 수 있습니다. 데이터에 적합하지 않은 시각화 유형을 사용하면 데이터가 왜곡될 수 있기 때문에 차트 유형을 꼼꼼히 살펴야 합니다.

아래의 사이트를 활용하면 적합한 차트 유형을 손쉽게 찾을 수 있습니다. 차트를 제작하는 목적과 데이터 유형을 고려해서 적절한 차트 유형을 탐색해보세요.

The Data visualization Catalog

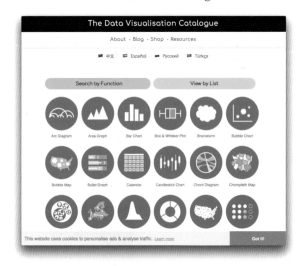

The Data visualization
Catalog

Data Viz Project

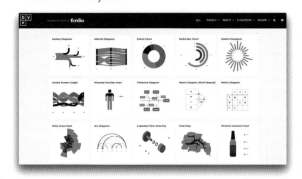

Data Viz Project Data to
Viz

from Data to Viz

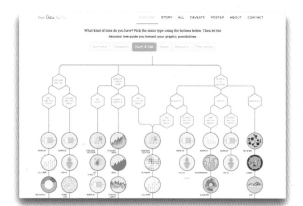

from Data to Viz

데이터 시각화
Do & Don't

데이터를 시각화할 때 정보를 명확하고 효과적으로 전달하기 위해 지켜야 할 원칙이 있습니다. 시각화는 예쁘고 화려하게 만드는 것보다 데이터에 기반해서 정보를 왜곡 없이 전달하는 것이 더 중요하기 때문입니다. 시각화에서 지켜야 할 원칙을 사례로 알아봅니다.

글꼴

차트 제목은 화려한 글꼴보다는 간결한 글꼴이 좋습니다. 화려한 제목은 차트보다 제목이 지나치게 주의를 끌어 시각화에 집중하는 것을 방해합니다. 검은 배경에 흰색 글씨로 쓰거나, 영문의 경우 모든 철자를 대문자로 쓰는 것을 지양해야 합니다. 또한 **볼드체**와 *이탤릭체*는 동시에 쓰지 않는 것이 좋습니다.

데이터 시각화 Do & Don't
글꼴 예시 1

모든 글씨를 굵게 강조하지 말고 강조하려는 부분만 굵게 표시해야 합니다. 강조하는 부분과 아닌 부분을 나눠 독자가 핵심 메시지에 집중할 수 있게 합니다.

항목	데이터	데이터
가	0.1	0.5
나	0.3	0.4
다	0.5	0.3
라	0.2	0.2
마	0.4	0.1

항목	데이터	데이터
가	0.1	**0.5**
나	0.3	**0.4**
다	0.5	**0.3**
라	0.2	**0.2**
마	0.4	**0.1**

데이터 시각화 Do & Don't
글꼴 예시 2

색상

색으로 데이터 범위를 나타낼 때는 색의 옅고 짙은 단계를 지켜
야 합니다.

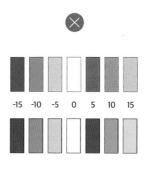

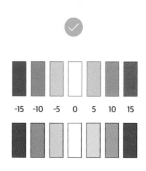

데이터 시각화 Do & Don't
색상 예시 1

그래프에 색을 너무 많이 사용하면 가독성이 떨어집니다. 만약
요소가 너무 많다면 강조하고 싶은 요소에 강한 색을 사용하고 나머
지 요소는 상대적으로 채도가 낮은 색을 사용해 그래프의 특정 부분
만 강조하도록 제작합니다.

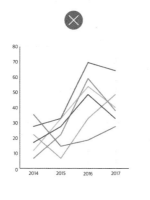

데이터 시각화 Do & Don't
색상 예시 2

그래프 규칙

가능하다면 그래프에 각 요소의 정확한 데이터 값을 써주는 것이 좋습니다.

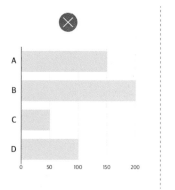
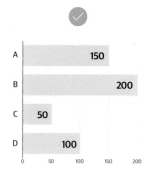

데이터 시각화 Do & Don't
그래프 규칙 예시 1

축과 눈금선 등을 활용해 데이터의 값을 대략 파악할 수 있게 합니다. 데이터를 시각적으로 전달하기 때문에 데이터를 파악할 수 있는 장치가 중요합니다. 눈금 간격도 일정하게 설정해야 합니다.

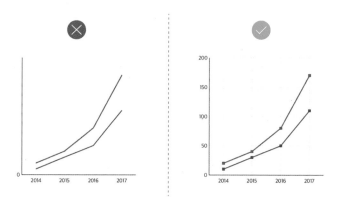

데이터 시각화 Do & Don't
그래프 규칙 예시 2

항목의 순서를 바꿔도 된다면 데이터 크기에 따라 막대를 순서대로(내림차순으로) 정렬합니다. 가장 큰 값을 가진 막대를 왼쪽 또는 위쪽에 배치합니다.

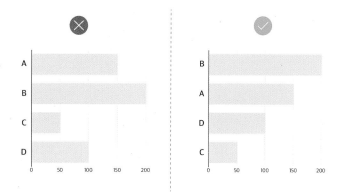

데이터 시각화 Do & Don't
그래프 규칙 예시 3

그래프를 만들 때 3D 그래프는 피하는 것이 좋습니다. 입체 효과 때문에 그래프 요소가 정확히 데이터의 어느 지점을 표현하는지 파악하기 힘들기 때문입니다.

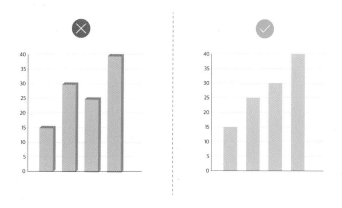

데이터 시각화 Do & Don't
그래프 규칙 예시 4

막대그래프 세로축은 0에서 시작해야 합니다. 막대를 잘라내면 각 막대의 전체 값이 명료하지 않게 됩니다. 게다가 데이터를 비교하기도 어려워집니다.

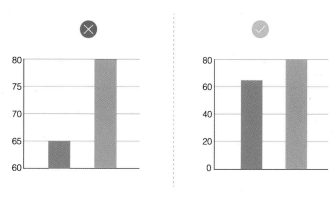

데이터 시각화 Do & Don't
그래프 규칙 예시 5

파이차트에서 가장 큰 조각은 시계방향, 두 번째부터는 반시계방향으로 나열하는 것이 가장 효율적입니다. 파이차트는 직관적으로 12시부터 시계방향으로 읽게 됩니다. 이렇게 배치하면 중요한 조각이 상단에 오고, 가장 중요도가 떨어지는 조각이 아랫부분에 옵니다.

만약 파이 조각들의 크기가 비슷하다면 모든 조각을 12시부터 시계방향으로 배치하는 것이 효과적입니다.

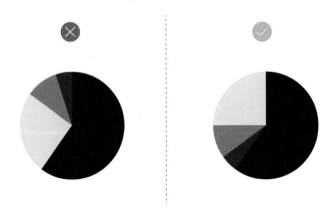

데이터 시각화 Do & Don't
그래프 규칙 예시 6

참고자료
도나 M. 윙 『월스트리트저널 인포그래픽 가이드』[2]

LESSON

08

데이터 시각화
실습

8장에서는 툴 또는 코딩을 이용해서 시각화를 만듭니다. 스프레드시트를 활용해 코딩 없이 시각화를 만들고, 동일한 예제로 파이썬을 이용해서도 시각화를 해봅니다. 이에 더해 다양한 시각화 도구를 소개하고 시각화를 위한 파이썬 코드를 상세히 설명합니다.

간단하게 만들기

아래에 언급하는 시각화 도구는 코딩 없이 클릭만으로 데이터를 시각화하는 서비스입니다. 막대그래프, 라인그래프 등 다양한 유형의 차트를 제공해 데이터 입력만으로 쉽게 시각화를 할 수 있습니다. 하지만 자유롭게 새로운 형태로 시각화를 하거나 너무 많은 데이터를 시각화하기에는 한계가 있습니다.

스프레드시트에서 제공하는 차트 유형 확인하기

구글 스프레드시트

◆ 동일한 스프레드시트 내에서 분석한 내용을 바로 시각화할 수 있는 것이 큰 장점
◆ 막대차트, 선차트, 파이차트, 스캐터차트 등 기본 차트 제공
◆ png, pdf, svg로 저장 가능
◆ png: 스프레드시트에서 제작한 그대로 이미지 저장
◆ svg: 일러스트레이터와 피그마figma[1] 등 디자인 툴에서 자유롭게 수정 가능한 형태

구글 지도

◆ 빠르게 매핑 시각화를 제작하고 공유할 때 유용함
◆ 스프레드시트의 Geocoding by Awesome Table을 활용해 주소를 위경도 변환해서 활용함
◆ 하나의 레이어에 최대 2000개 마커 표시 가능
◆ 이용사례
뉴스타파 「서울시장 투표구별 득표 격차 압구정 현대 아파트가 최대」[2]

DataWrapper[3]

- ◆ 막대그래프부터 지도까지 다양한 유형 제공
- ◆ 간단하고 빠르게 데이터 기반 콘텐츠 제작 가능
- ◆ 일부 기능 유료

RawGraph[4]

- ◆ Sankey chart, violin plot 등 Infogram이나 DataWrapper 에서 제공하지 않는 다양한 형태 제공
- ◆ 데이터를 인식해 적합한 시각화 형태 추천
- ◆ 데이터 시각화에 이해가 있어야 쉽게 사용 가능

Tableau[5]

- ◆ 막대그래프, 지도 등 다양한 유형과 인터랙티브 차트 기능 제공
- ◆ 드래그 앤 드롭만으로 차트 제작 가능
- ◆ 개별 차트보다는 대시보드를 만들어서 공유할 때 적합
- ◆ 일부 기능 유료
- ◆ 이용사례
    YTN「데이터로 본 자영업 실태 – 매출 '뚝', 장수 업소 도 '휘청'」[6]

Mapbox[7]

- ◆ 지도 시각화에 특화된 서비스
- ◆ 매핑, 줌인/아웃, 지도 위 팝업 등 기본 기능뿐 아니라 다양한 형태의 지도 시각화 기능 제공
- ◆ 대지, 바다, 도시 경계선 등 지도의 모든 요소 디자인을 사용자 가 직접 수정 가능
- ◆ 일부 기능 유료
- ◆ 이용사례
    Pudding #1 Songs in 3,000 Cities[8]
    The New York Times 2020 대선 결과 상세 지도[9]

스프레드시트로
데이터 시각화하기

데이터를 시각화하는 방법은 다양하지만 그중에서도 사용이 편한 '스프레드시트'를 이용해서 시각화를 실습합니다. 구글 스프레드시트는 정제한 데이터를 바로 시각화할 수 있어 편리합니다. 코딩 없이 시각화할 수 있고 한국어 설명을 지원하기 때문에 쉽게 사용할 수 있습니다.

이번 실습은 2020년 국회의원 정치후원금 데이터를 이용합니다. 해당 데이터는 매년 2월 중앙선거관리위원회에서 공개합니다. 국회의원들은 한 해 동안 후원금을 누구에게 얼마나 받았을까요? 2020년 정당별 국회의원 후원금 총액을 구하고 막대차트를 만들어 보겠습니다.

실습 데이터 다운로드

실습을 시작하기에 앞서 데이터를 살펴보겠습니다.

no	시도명	신분	후원회명	소속정당	선거명	선거구명	후원자 성명	생년월일_	생년	생월	생일	생년월일	주소	직업	전화번호	기부일자	기부금액(원)
1	강원	국회의원	권성동	국민의힘		강릉시	권오준	1966-01-01	1966	1	1	1966-01-01 강원도 강릉시 회사원			010********	2020-04-02	5000000
2	강원	국회의원	권성동	국민의힘		강릉시	김경수	1965-09-18	1965	9	18	1965-09-18 서울특별시 은 회사원			010********	2020-04-01	5000000
3	강원	국회의원	권성동	국민의힘		강릉시	김운규	1960-11-21	1960	11	21	1960-11-21 경기도 용인시 회사원			010********	2020-03-31	5000000
4	강원	국회의원	권성동	국민의힘		강릉시	김홍태	1963-05-15	1963	5	15	1963-05-15 서울특별시 은 회사원			010********	2020-03-30	3000000
5	강원	국회의원	권성동	국민의힘		강릉시	김홍태	1963-05-15	1963	5	15	1963-05-15 서울특별시 은 회사원			010********	2020-12-17	2000000
6	강원	국회의원	권성동	국민의힘		강릉시	임종웅	1968-04-06	1968	4	6	1968-04-06 강원도 강릉시 회사원			010********	2020-11-12	5000000
7	강원	국회의원	권성동	국민의힘		강릉시	전군표	1954-02-15	1954	2	15	1954-02-15 서울특별시 은 회사원			010********	2020-04-06	1000000
8	강원	국회의원	권성동	국민의힘		강릉시	전군표	1954-02-15	1954	2	15	1954-02-15 서울특별시 은 회사원			010********	2020-12-30	3000000
9	강원	국회의원	권성동	국민의힘		강릉시	정상수	1958-04-25	1958	4	25	1958-04-25 경기도 성남시 회사원			010********	2020-03-31	5000000
10	강원	국회의원	권성동	국민의힘		강릉시	최일순	1968-04-20	1968	4	20	1968-04-20 경기도 평택시 회사원			010********	2020-09-17	5000000
11	강원	국회의원	권성동	국민의힘		강릉시	한의상	1961-05-21	1961	5	21	1961-05-21 서울특별시 성 회사원			010********	2020-06-16	5000000
12	강원	국회의원	송기헌	더불어민주당		원주시을	김민우	1988-02-25	1988	2	25	1988-02-25 강원도 원주시 회사원			010********	2020-03-27	5000000
13	강원	국회의원	송기헌	더불어민주당		원주시을	김수래	1975-10-13	1975	10	13	1975-10-13 강원도 원주시 자영업			010********	2020-03-11	5000000
14	강원	국회의원	송기헌	더불어민주당		원주시을	김태훈	1966-12-15	1966	12	15	1966-12-15 대전광역시 디 디기타			011********	2020-03-09	5000000
15	강원	국회의원	송기헌	더불어민주당		원주시을	박광표	1963-11-25	1963	11	25	1963-11-25 강원도 춘천시 회사원			010********	2020-04-10	5000000
16	강원	국회의원	송기헌	더불어민주당		원주시을	박교선	1964-02-14	1964	2	14	1964-02-14 서울특별시 종회사원 영업			010********	2020-04-02	5000000
17	강원	국회의원	송기헌	더불어민주당		원주시을	박나사랑	1987-04-03	1987	4	3	1987-04-03 강원도 원주시 기타			010********	2020-03-25	5000000
18	강원	국회의원	송기헌	더불어민주당		원주시을	송여선	1968-06-24	1968	6	24	1968-06-24 강원도 원주시 자영업			010********	2020-02-20	5000000
19	강원	국회의원	송기헌	더불어민주당		원주시을	송선회	1961-04-20	1961	4	20	1961-04-20 강원도 원주시 기타			010********	2020-03-27	5000000

2020년 국회의원
정치후원금 데이터

국회의원 이름은 '후원회명' 칼럼에 들어있고 후원자 이름은 '성명' 칼럼에 들어있습니다. 노란색으로 칠한 부분에는 후원금을 받은 **국회의원 정보**가, 초록색으로 칠한 부분에는 **후원자 신상 정보**가 들어갑니다. 가장 오른쪽 '기부금액(원)' 열에는 기부금 액수가 원 단위로 입력되어 있습니다.

실습 파일 링크 : bit.ly/djschool8_1

위 링크에 접속해 실습 파일을 열어주세요. 우선 상단의 '파일' 탭에서 '사본 만들기'를 클릭해서 개인 드라이브에 파일 사본을 만들어주세요.

막대차트
그리기

이번 실습에서는 위 데이터를 토대로 **2020년 정당별 국회의원 후원금 총액**을 계산해서 막대차트로 만들어보겠습니다. 앞장에서 배운 피벗 테이블이 기억나시나요? 이번 시각화 실습에서도 피벗 테이블을 활용합니다. 피벗 테이블을 만들어서 국회의원의 소속 정당을 기준으로 기부금액 총합을 계산해보겠습니다.

피벗 테이블을 만들기 위해서 셀 전체를 선택해야 합니다. 알파벳 A와 숫자 1 사이에 있는 사각형을 선택해주세요. 셀 전체가 선택됩니다. 셀을 전체 선택한 상태에서 '데이터' 메뉴의 '피벗 테이블'을 선택해주세요.

웹브라우저 크롬이 9X.XX 버전 이상인 경우는 '삽입' 메뉴에 피벗 테이블이 있습니다.

'데이터' 메뉴에서 '피벗
테이블' 클릭

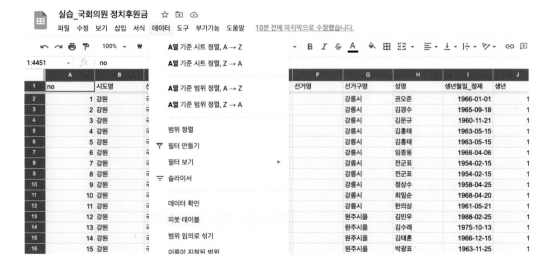

삽입 위치는 '새 시트'로 하고 '만들기' 버튼을 눌러 새로운 시트
에 피벗 테이블을 생성합니다.

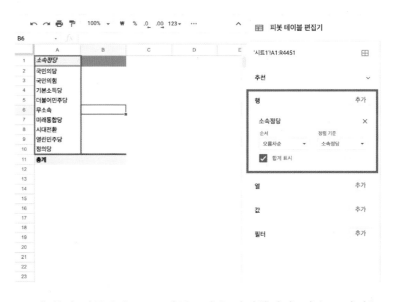

국민의힘	강릉시	김홍태	1963-05-15	1963	5
국민의힘	강릉시	임종웅	1968-04-06	1968	4
국민의힘				1954	2
국민의힘				1954	2
국민의힘				1958	4
국민의힘				1968	4
국민의힘				1961	5
더불어민주당				1988	2
더불어민주당				1975	10
더불어민주당				1966	12
더불어민주당				1963	11
더불어민주당				1964	2
더불어민주당				1987	4
더불어민주당				1968	6
더불어민주당				1961	4
더불어민주당				1961	4
더불어민주당				1961	4
더불어민주당				1972	1
더불어민주당	원주시을	이웅	1957-01-24	1957	1
더불어민주당	원주시을	조병철	1971-02-17	1971	2

피봇 테이블 만들기 ×

데이터 범위
'시트1'!1:4451

삽입 위치
◉ 새 시트
○ 기존 시트

취소 만들기

'피벗 테이블 만들기' 화면

원하는 기준으로 데이터 요약하기

피벗 테이블을 활용해 소속정당별 기부금 총액을 계산해보겠습니
다. 피벗 테이블 편집기에서 행 추가 버튼을 누르고 소속정당을 클
릭해주세요.

'행'에 '소속정당'을 추가한
피벗 테이블 모습

값 추가 버튼을 누르고 기부금액을 선택합니다. 값을 요약하는

기준은 SUM으로 설정되어 있습니다. 이 실습에서는 기부금액 총합을 계산하기 때문에 요약 기준은 그대로 두시면 됩니다. 피벗 테이블을 다양하게 활용하고 싶다면 다른 요약 기준도 살펴보세요.

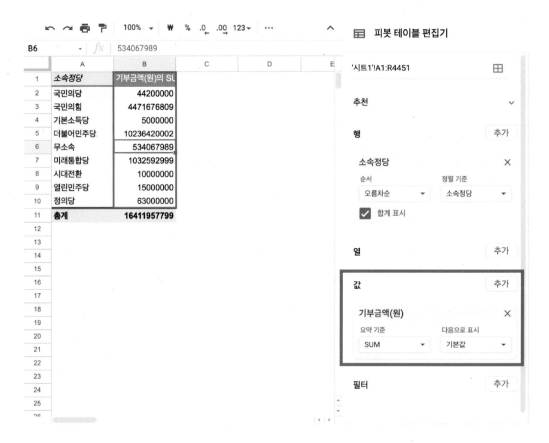

'값'에 '기부금액(원)'을
추가한 피벗 테이블 모습

피벗 테이블에 행과 값을 추가해서 소속정당별 기부금액 총합을 구했습니다. 첫 번째 열에는 소속정당 이름이, 두 번째 열에는 정당별 총 기부금액이 들어있습니다.

피벗 테이블 데이터로 차트 만들기

차트 제작에 필요한 데이터를 피벗 테이블로 제작했습니다. 피벗 테이블 맨 마지막 행에는 총계가 있습니다. 우리는 정당별 기부금액을 비교하는 차트를 만들기 때문에 차트에 총액 값은 들어가지 않습니다. 따라서 총계 부분은 제외하고 셀을 선택해주세요. 왼쪽 상단 '소속정당' 칸부터 오른쪽 아래 정의당 후원금 총액까지 드래그합니다.

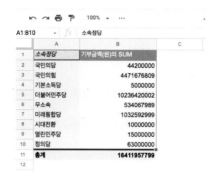

차트 제작에 필요한
데이터만 선택한 피벗
테이블

위와 같이 셀을 선택한 상태를 만들어주세요. 상단의 '삽입' 탭에서 '차트'를 클릭해주세요.

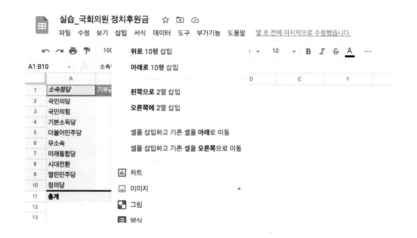

데이터를 선택한 상태에서
'삽입' > '차트' 클릭

'차트' 버튼을 눌러 스프레드시트에서 차트 하나를 생성합니다. 파이차트가 만들어졌습니다. 파이차트는 전체에서 일부가 차지하는 비중을 퍼센트(%) 단위로 효과적으로 시각화합니다. 하지만 정당별 후원금 비중을 시각화하는 것이 아니라, 정당별 후원금액 그 자체를 비교하는 목적이라면 막대차트가 더욱 효과적입니다. 막대차트를 만들면서 실습을 마무리하겠습니다.

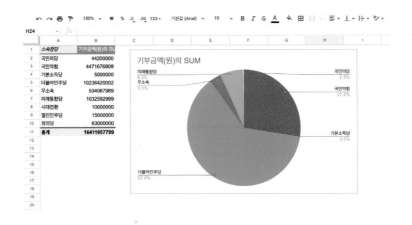

자동으로 생성된 파이차트

차트 편집기 이용하기

차트를 만들면 스프레드시트 우측에 '차트 편집기'가 생깁니다. 차트를 선택한 상태라면 오른쪽에 '차트 편집기'가, 피벗 테이블을 선택했다면 '피벗 테이블 편집기'가 나타납니다.

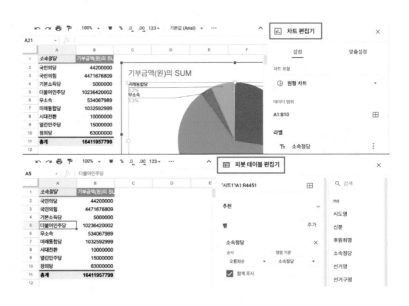

위) 차트 편집기 / 아래) 피벗 테이블 편집기

차트 유형을 파이차트에서 막대차트로 바꿔봅시다. '차트 편집기'에서 '설정' 탭을 클릭하고 차트 유형 중에서 수직막대차트 모양 아이콘을 클릭해주세요.

'차트 편집기'에서
수직막대차트 선택

다음과 같은 모양의 막대차트가 만들어집니다.

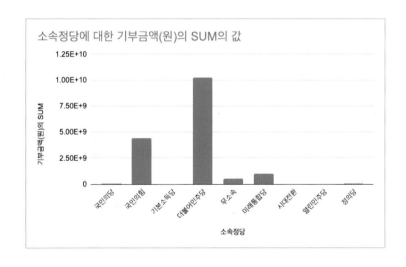

스프레드시트에서 제작한
수직막대차트

더불어민주당, 국민의힘, 무소속, 미래통합당을 제외하고는 액수를 확인하기 어렵습니다. 이럴 땐 차트 유형을 바꾸거나 텍스트 데이터값을 표시하는 방법을 주로 사용합니다. 이번에는 텍스트 데이터값을 표시해서 이용자가 차트를 쉽게 읽을 수 있도록 만들어보겠습니다. 스프레드시트에서는 텍스트 데이터값을 '데이터 라벨'이라고 표현합니다.

데이터 라벨 추가하기

스프레드시트에 데이터 라벨을 어떻게 추가할까요? '차트 편집기'의 '맞춤 설정' 탭을 클릭해주세요. '계열' 탭에서 '데이터 라벨'을 선택합니다. 차트에 데이터 라벨이 추가되었습니다.

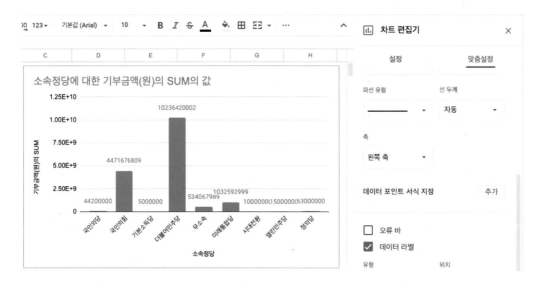

데이터 라벨을 추가한
수직막대차트의 모습

　　각 막대 위에 총 후원금액이 나오지만 액수가 너무 커서 한눈에 보기 어렵습니다. 데이터 라벨을 쉽게 읽을 수 있도록 수직막대차트를 수평막대차트로 바꿔보겠습니다.

　　'차트 편집기'의 '설정' 탭에서 '차트 유형'을 수평막대차트로 선택해주세요. 막대 방향이 바뀌면서 데이터 라벨이 사라졌습니다. 다시 데이터 라벨을 추가하겠습니다. '맞춤설정'의 '계열' 탭에서 '데이터 라벨'을 선택해주세요.

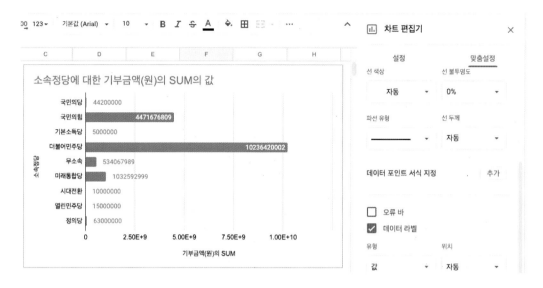

수평막대차트로 바뀐 모습

    데이터값을 한눈에 비교할 수 있도록 막대를 크기 순으로 정렬하겠습니다. 가장 큰 값이 맨 위에, 가장 작은 값이 맨 아래 와야 차트를 크기 순으로 읽기 편합니다. 차트에 있는 막대 순서를 정렬하려면 피벗 테이블 데이터 순서를 정렬해야 합니다. '피벗 테이블 편집기'를 이용해서 데이터를 정렬하겠습니다. 피벗 테이블을 클릭해서 '피벗 테이블 편집기'가 우측에 나타나도록 해주세요.

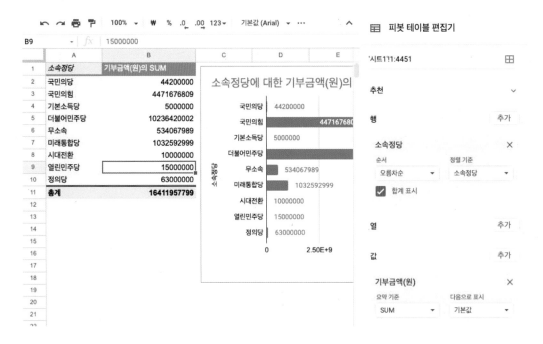

데이터 순서를 조정하기
위해 '피벗 테이블
편집기'를 켠 상태

현재 데이터가 어떤 기준으로 정렬되었는지 살펴보겠습니다. 피벗 테이블 편집기 '행' 부분의 정보를 보니 소속정당을 기준으로 오름차순 정렬되어 있네요. 오름차순은 작은 값을 시작으로 큰 값까지 차례로 정렬하는 방식입니다. '국민의당', '국민의힘'과 같은 문자열을 오름차순 정렬하면 사전 순서대로 정렬합니다.

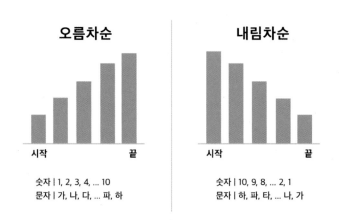

오름차순 내림차순 설명

차트에서 기부금액 총합을 기준으로 가장 큰 값을 맨 위에 두고 크기 순으로 정렬하려면 피벗 테이블을 내림차순으로 정렬해야 합니다. 내림차순은 가장 큰 값부터 작은 값까지 차례로 정렬하는 방식입니다. 소속정당 정렬 기준을 '기부금액(원)의 SUM'으로 바꾸고 순서는 '내림차순'을 선택해주세요.

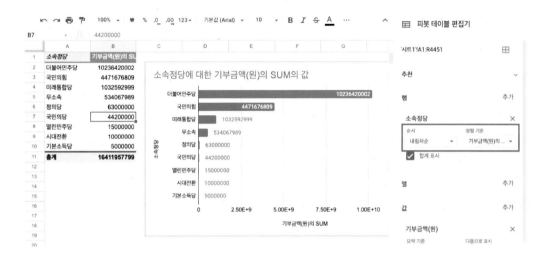

내림차순으로 정렬한
수평막대차트

디자인 수정 및 저장하기

수평막대차트를 완성했습니다. '차트 편집기'에 '맞춤설정' 탭에서 차트나 축 제목을 변경할 수 있습니다. 색상 변경, 보조선 색상, 숫자 단위까지 원하는 대로 차트 스타일을 설정할 수도 있습니다.

차트를 이미지 파일로 저장하려면 차트 우측 상단 버튼을 클릭하고, '다운로드'에서 'PNG 이미지'를 선택해주세요. 일러스트레이터와 같은 디자인 편집 툴에서 차트 디자인을 더 수정하고 싶다면 SVG 파일로 저장해서 수정하시면 됩니다.

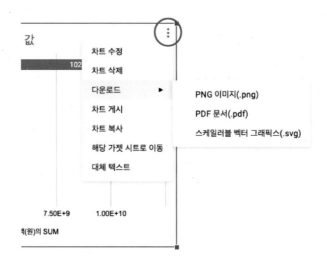

스프레드시트 차트를
저장하는 3가지 방식

구글 지도로
데이터 시각화하기

위치 정보가 있는 데이터라면 지도에 데이터를 시각화합니다. 지도 시각화 방법도 매우 다양합니다. 그중에서도 API 활용이나 프로그래밍 없이 간편하게 시각화하는 방법을 소개합니다. 구글 지도를 활용하면 기본적인 매핑 시각화를 빠르고 간편하게 만들 수 있습니다.

고위공직자 재산 데이터를 이용해서 매핑을 실습합니다. 고위공직자 재산 데이터는 매년 3월에 공개하며 건물, 토지, 자동차, 주식, 회원권 등 고위공직자가 소유한 재산 내역을 전부 수록합니다. 이 중에서 주소 정보가 정확하게 기입된 토지 데이터를 이용해서 시각화 실습을 해보겠습니다. 실습 시간이 너무 길어지지 않도록 수도권 토지로 한정해서 실습 데이터를 제작했습니다.

매핑 시각화
제작하기

재산(토지) 위치를 지도에 표시하는 매핑 시각화를 만들어봅니다.

실습 파일 다운로드 링크
: https://bit.ly/djschool_8_2

5장에서 정제한 수도권 토지 데이터를 지도에 매핑하는 실습을 진행합니다. 5장 실습 때 정제한 파일을 이용하거나 위 링크로 들어가서 사본을 만들어주세요.

지도 시각화 실습 데이터

엑셀 파일(.xlsx 형식)을 스프레드시트에서 연 파일입니다. '소재지 면적 등 권리의 명세' 열에는 주소 정보가 있습니다. 토지 면적까지 나와있네요. 5장 실습에서 불필요한 면적 정보를 지워서 '주소' 열을 만들었습니다. '주소' 열 정보를 이용해서 시각화를 제작해봅시다.

주소를 위경도로 변환하기

일반적으로 이용하는 주소 데이터는 텍스트 형식입니다. 이는 사람이 쉽게 알아볼 수 있는 형태입니다. 컴퓨터가 위치를 쉽게 인식하려면 위경도 좌표로 변환해야 합니다. 주소를 위경도로 변환하는 방법은 다양합니다. 이번 실습에서는 스프레드시트 부가기능을 활용해서 주소를 위경도 좌표로 변환합니다. 이 기능은 별도 프로그램 설치나 코딩 없이 쉽게 변환한다는 장점이 있지만, 코딩을 활용하는 것에 비해 결괏값이 부정확하다는 단점도 있습니다.

위경도 변환의 필요성

위경도 변환 부가기능 설치하기

Geocoding by Awesome Table이라는 스프레드시트 부가기능을 활용합니다. 스프레드시트 내에서 간단히 설치하고 이용할 수 있습니다. 이 부가기능은 주소 정보가 들어있는 열을 이용해서 위경도 좌표가 들어간 열을 만듭니다. 우선 설치 방법부터 살펴볼게요.

상단에 '부가기능'(또는 '확장 프로그램') 탭이 보이지 않는다면 먼저 파일을 스프레드시트로 저장해야 합니다. '파일' 탭에서 'Google Sheets로 저장'을 클릭해주세요.

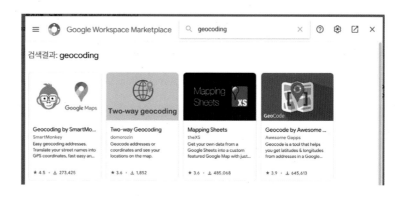

이제 '부가기능' 탭이 나타납니다. Geocoding by Awesome
Table을 처음 사용한다면 부가기능을 설치해야 합니다. '부가기능
설치하기'를 클릭해주세요.

부가기능 검색창이 나타납니다. 검색창에 geocoding을 입력해
주세요. 다양한 geocoding 프로그램이 보입니다. Geocoding by
Awesome Table을 클릭해주세요.

286

'설치' 버튼을 눌러서 Geocoding by Awesome Table을 설치해주세요.

'Geocoding by Awesome Table' 설치 페이지

주소를 위경도로 변환하기

설치가 끝나면 '부가기능' 탭에서 'Geocoding by Awesome Table', 'start geocoding'을 클릭하세요.

	A	B	C	D	E
1	no	연도	관할기관	이름	소속
2	37864	2021	국회공직자	김경만	국회
3	37865	2021	국회공직자	김경만	국회
4	37866	2021	국회공직자	김경만	국회
5	37867	2021	국회공직자	김경만	국회
6	37887	2021	국회공직자	김경협	국회
7	37901	2021	국회공직자	김교흥	국회
8	38075	2021	국회공직자	김병기	국회
9	38076	2021	국회공직자	김병기	국회
10	38181	2021	국회공직자	김선교	국회
11	38182	2021	국회공직자	김선교	국회

실습_국회의원 토지.xlsx의 사본

문서 부가기능
Geocode by Awesome Table
부가기능 설치하기
부가기능 관리
Start Geocoding
Geocode on form submit
도움말

국회의원 배우자 토지 임야 경기도 시흥시 장현동 산 39-2번지 8,266.00㎡ 중 99.0
국회의원 본인 토지 답 인천광역시 강화군 내가면 고천리 1339-3번지 793.00
국회의원 본인 토지 임야 경기도 여주시 대신면 옥촌리 산 53-3번지 31,140.00㎡
국회의원 배우자 토지 묘지 경기도 파주시 적성면 자장리 산 100번지 19,743.00㎡
국회의원 배우자 토지 묘지 경기도 파주시 적성면 자장리 산 100-3번지 19,743.00
국회의원 본인 토지 전 경기도 양평군 옥천면 신복리 1026-4번지 44.00㎡
국회의원 본인 토지 전 경기도 양평군 옥천면 신복리 1026-5번지 285.00㎡

부가기능' > 'Geocoding by Awesome Table' > 'Start Geocoding' 클릭

우측에 geocoding 탭이 생성되었습니다.

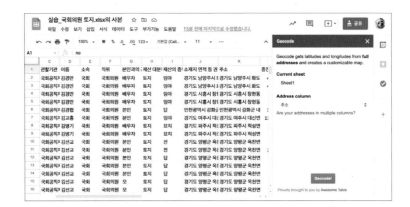

Geocoding 부가기능 창을
켠 모습

geocode 탭 Address column에 주소 정보가 있는 칼럼명을 입력합니다. 실습 데이터에서 주소는 '주소' 칼럼에 들어있습니다. 주소 칼럼을 잘 선택했다면 우측 하단의 파란색 'Geocode!' 버튼을 눌러주세요.

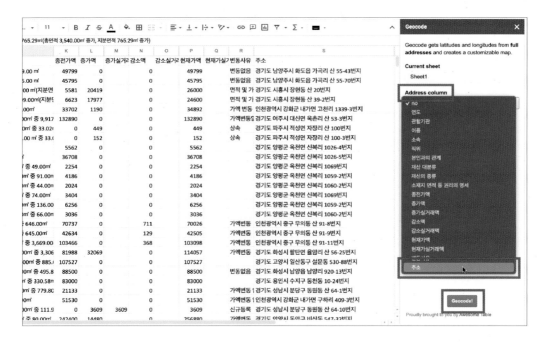

'Address column'을
'주소'로 선택하고
'Geocode!' 버튼 클릭

주소 칼럼 바로 오른쪽에 Latitude, Longitude라는 열이 두 개 생성되었습니다. geocoding한 결과물의 위도 값은 Latitude에, 경도 값은 Longitude에 입력됩니다. 조금 기다리면 위경도 변환이 완료됩니다. 시각화를 위한 데이터 준비가 끝났습니다.

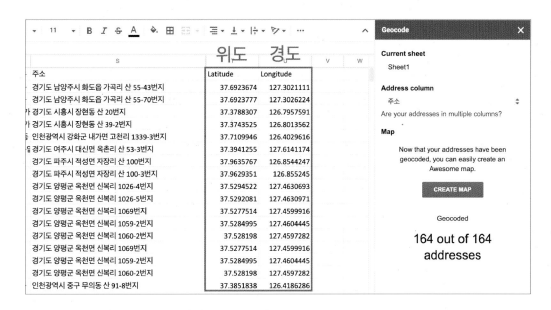

위경도 변환이 완료된
스프레드시트 모습

API를 활용한 Geocoding TIP

주소 데이터를 위경도 값으로 변환하면서 구글 스프레드시트 부가 기능인 Geocoding by Awesome Table을 이용했습니다. 별도 코딩 없이도 주소 텍스트를 위경도로 변환할 수 있어서 편리하지만, 간혹 부정확한 결과가 나오기도 한다는 거 혹시 느끼셨나요? 주소를 부정확하게 입력하면 분명 다른 지번인데도 동일한 위경도 값으로 변환되는 경우를 종종 발견할 겁니다.

이런 문제점을 보완하고 싶다면 Geocoding by Awesome Table 대신 국토교통부가 운영하는 '공간정보오픈플랫폼'을 활용합니다. 국토교통부에서 제공하는 Geocoder API를 간단히 소개할게요. 실시간으로 데이터를 요청해서 받아오는 서비스를 활용해 위경도 값을 변환하는 방식입니다. API를 활용하면 용량이 큰 데이터도 빠르게 변환하고 어떤 에러가 발생하는지도 확인할 수 있습니다.

국토교통부의 Geocoder API를 활용해 실습해보실 분들은 하단에 첨부한 Colab 코드와 레퍼런스를 참고해주세요. API를 활용하기 위해서는 인증키를 먼저 발급받아야 합니다. 사이트에 회원가입을 하고 로그인한 뒤, 상단의 '인증키' 탭에서 '인증키 발급'을 클릭하세요. 발급한 인증키를 아래 코랩 코드에 넣고 실행하시면 됩니다.

데이터 수집과 분석에 활용하는 프로그램도 결국 취재를 돕는 도구일 뿐입니다. 오류는 언제든 발생할 수 있습니다. 발생한 오류를 확인하고 바로잡는 일도 데이터저널리스트의 중요한 업무입니다.

공간정보오픈플랫폼
  : https://www.vworld.kr/dev/v4api.do
Geocoder API 레퍼런스
  : https://www.vworld.kr/dev/v4dv_
    geocoderguide2_s001.do
실습 데이터 중 위경도가 동일하게 표시되는 사례
  : https://bit.ly/3mZAPil
국토부 제공 API를 활용한 Geocoding 코랩 코드
  : https://bit.ly/3F8HxJn

구글 지도에 데이터 불러오기

위경도 변환이 완료된 데이터를 이용해서 토지 위치를 구글 지도에
표시하겠습니다.

구글 드라이브에서 '새로
만들기' > '더보기' >
'Google 내 지도' 클릭

    구글 드라이브에서 왼쪽 상단의 '새로 만들기'를 클릭하세요. '더
보기' 중에서 'Google 내 지도'를 선택하면 아래와 같은 빈 지도가
생성됩니다.

빈 지도가 만들어진 상태

    왼쪽 상단에 파란색 '가져오기' 버튼이 보이시나요? 버튼을 누
르고 변환한 위경도 값이 포함된 데이터 파일을 선택해주세요.

'Google Drive' 탭을 클릭하고 파일명을 검색하면 더 빨리 파일을 찾을 수 있습니다.

파일을 선택하면 해당 파일의 열 이름이 아래 화면과 같이 나타납니다. 각 데이터의 장소를 표시할 아이콘, 즉 마커의 위치정보로 사용할 데이터를 선택하는 과정입니다. Geocoding by Awesome Table을 사용해 생성한 위도, 경도 값이 여기에 사용됩니다. 자동으로 Latitude와 Longitude가 설정되어 있다면 '계속' 버튼을 눌러주세요.

위도와 경도를
선택하는 화면

다음으로 마커의 제목이 될 열을 선택해야 합니다. '이름'을 선택하면 국회의원 이름이 마커의 제목이 됩니다. 제목으로 설정하고 싶은 열을 자유롭게 선택하면 됩니다. 제목이 될 열의 이름을 선택하고 파란색 '완료' 버튼을 눌러주세요.

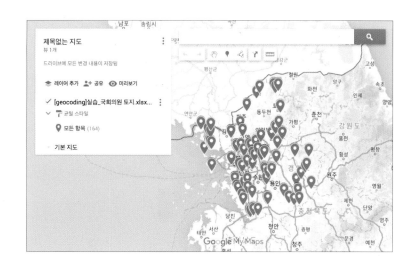

마커에 제목을 지정할 열 선택

위치 또는 사람의 이름과 같이 장소표시 아이콘의 제목으로 사용할 열을 선택하세요.

- no
- 연도
- 관할기관
- 이름
- 소속
- 직위
- 본인과의 관계
- 재산 대분류

완료   뒤로   취소

마커의 제목이 될 열을
선택하는 화면

시간이 조금 지나면 구글 지도에 데이터가 로딩되면서 토지 위치
를 나타내는 마커가 만들어집니다.

동일한 색의 마커가
표시된 지도

스타일 변경하기

구글 지도에서 제공하는 기능을 활용해서 좀 더 보기 좋은 지도 시
각화를 만들 수 있습니다. 토지 가격에 따라 마커의 색을 다르게 해
서 토지 가격 정보가 한눈에 보이게 만들어 봅시다. 실습 데이터에

서 토지 가격 정보가 들어있는 열은 '현재가액'입니다. 현재가액은
금융기관에서 제공하는 금액 정보입니다.

지도 화면 좌측 상단에 파란색 글씨로 '균일 스타일' 버튼이 보이
시나요? 이 버튼을 클릭하면 두 가지 옵션이 나타납니다.

'균일 스타일' 버튼을
클릭한 모습

지금은 위치 그룹 설정 기준이 '균일 스타일'로 되어 있습니다. 모
든 마커에 동일한 색을 칠하는 설정입니다. '균일 스타일' 버튼을 클
릭하면 다양한 기준이 나타납니다. '균일 스타일' 외에도 '숫자의 순
서', '개별 스타일', '데이터 열 기준 스타일 지정'이 있습니다.

현재가액을 기준으로 마커 색을 다르게 만들어봅시다. '위치 그
룹 설정 기준'에서 '데이터 열 기준 스타일 지정'으로 '현재가액'을 선
택해주세요.

'위치 그룹 설정 기준'을
현재가액으로 설정한
지도 모습

현재가액을 기준으로 색상이 바뀌긴 하지만, 현재가액의 값에 따
라 색이 단계적으로 바뀌는 게 아니라 색상이 무작위로 선택되었습

니다. 현재가액 구간에 따라 색을 다르게 하려면 '범위'를 체크해주세요.

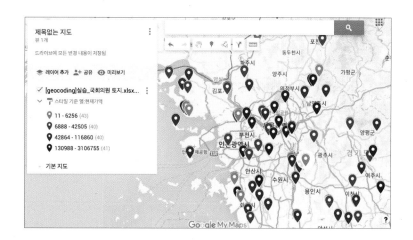

구간별로 마커의 색이
달라진 지도 모습

기본으로 파란색이 사용됩니다. 파란색을 클릭하면 다양한 색상 선택지가 나타납니다. 원하는 색을 선택하면 됩니다. 붉은 계열로 색상을 변경해볼까요?

범위 색상 선택지

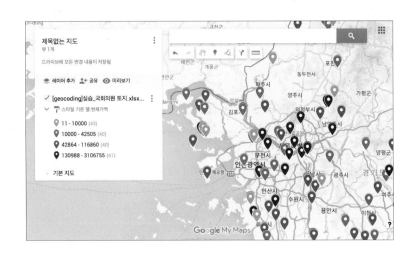

붉은 계열의 마커가
찍힌 모습

구글 지도를 이용해서 간단하게 지도 시각화를 제작했습니다. 왼쪽 상단의 '미리보기' 버튼을 눌러 지도를 확인하고, '공유' 버튼을 누르고 링크를 생성해서 다른 사람에게 직접 만든 지도를 공유해보세요.

Tip Box

참고사항

구글 지도는 하나의 레이어에 2000개의 데이터를 넣을 수 있습니다. 위치 데이터가 2000개가 넘는다면, 스프레드시트를 여러 개 만들어서 하나의 시트에 최대 2000개의 데이터만 넣어주세요. 구글 지도에 '레이어 추가'를 하면서 데이터를 여러 개 불러와서 시각화를 만들면 됩니다.

파이썬으로 데이터 시각화하기

구글 Colaboratory에서 파이썬 시각화 라이브러리를 활용해 차트를 제작하고 매핑 실습을 합니다.

코딩으로 하는 시각화는 툴을 이용한 시각화보다 어렵습니다. 프로그래밍 문법을 이해해야 할 뿐만 아니라 차트 제작 라이브러리 내용까지 익혀야 하니까요. 그럼에도 불구하고 코딩을 하는 이유가 뭘까요?

데이터 용량이 매우 큰 경우 프로그래밍을 이용해서 시각화를 해야 시간을 절약할 수 있습니다. 용량이 너무 크면 엑셀이나 스프레드시트에서 데이터가 열리지 않거나 프로그램이 잘 작동하지 않습니다. 또 시각화 코드를 한번 만들어두면 재활용할 수 있기 때문에 보도를 앞두고 데이터나 차트를 재확인할 때 효율적입니다.

matplotlib을 이용한 막대차트 제작

파이썬에서 차트를 제작하는 라이브러리는 matplotlib[10], seaborn[11] 등이 있습니다. 우리는 그중에서 matplotlib을 이용해서 막대차트를 제작해보겠습니다. '시각화실습1' Colaboratory 파일을 열고 사본을 만들어주세요.

> '시각화실습1' 코랩 파일 링크
> : https://bit.ly/3u3kkCL

```
import pandas as pd
import numpy as np
import matplotlib.pyplot as plt
```

matplotlib 라이브러리 중 pyplot을 사용합니다. pyplot은 matplotlib에서 지원하는 모듈 중 하나입니다. 코드에서는 plt로만 쓰면 충분합니다. 라이브러리의 이름을 매번 코드에 적는 게 비효율적이기 때문에 개발자들은 'as 별명' 형식을 이용해서 라이브러리를 불러옵니다. 데이터를 다룰 때 필수 라이브러리인 pandas, numpy는 각각 pd, np로 사용하겠습니다.

```
# 데이터 불러오기
data = pd.read_csv("https://docs.google.com/
spreadsheets/d/e/2PACX-1vRFbJuNOy4D7TZ6URsUjNP5G80A1x
FMmeLLSSilcTiLFbq8NeA1_j_0ncPRmx4qlnjb119nDrEIdk5f/pu
b?gid=0&single=true&output=csv")
```

실습 데이터는 5장에서 사용한 데이터인 '국회의원 정치후원금'입니다. 정당별 정치후원금 총액을 막대차트로 시각화하겠습니다.

실습할 데이터를 열고 왼쪽 상단의 '파일' 탭에서 '사본 만들기'를 클릭해 사본을 만들어주세요. 개인 드라이브에 생성한 사본 파일을 열고 '파일' 탭에서 '웹에 게시'를 선택합니다. '시트1'과 '쉼표로 구분된 값(.csv)'을 선택하고 '게시' 버튼을 누르면 링크가 생성됩니다. 이 링크를 복사해서 pd.read_csv 함수에 따옴표로 감싸서 넣어주세요.

pandas의 read_csv 함수로 데이터를 불러옵니다. data라는 변수에 실습 데이터가 저장됩니다. 데이터가 잘 들어왔는지 확인하기 위해 head( ) 함수를 실행해보겠습니다.

```
# 상위 5개 행 미리 보기
data.head()
```

괄호에 아무 숫자도 입력하지 않으면 상위 5개 행이 출력됩니다. 상위 10개의 데이터를 확인하고 싶다면 data.head(10)이라고 코드를 작성합니다. 괄호에 숫자를 입력해서 원하는 만큼 행을 출력할 수 있습니다.

	no	시도명	신분	후원회명	소속정당	선거명	선거구명	성명	생년월일_정제	생년	생월	생일	생년월일	주소	직업	전화번호	기부일자	기부금액(원)
0	1	강원	국회의원	권성동	국민의힘	NaN	강릉시	권오준	1966-01-01	1966.0	1.0	1.0	1966-01-01	강원도 강릉시 구정면 ************	회사원	010*********	2020-04-02	5000000
1	2	강원	국회의원	권성동	국민의힘	NaN	강릉시	김경수	1965-09-18	1965.0	9.0	18.0	1965-09-18	서울특별시 강남구 언주 ******************	회사원	010*********	2020-04-01	5000000
2	3	강원	국회의원	권성동	국민의힘	NaN	강릉시	김운규	1960-11-21	1960.0	11.0	21.0	1960-11-21	경기도 용인시 수지구 **************...	회사원	010*********	2020-03-31	5000000
3	4	강원	국회의원	권성동	국민의힘	NaN	강릉시	김홍태	1963-05-15	1963.0	5.0	15.0	1963-05-15	서울특별시 용산구 삼개 **************	회사원	010*********	2020-03-30	3000000
4	5	강원	국회의원	권성동	국민의힘	NaN	강릉시	김홍태	1963-05-15	1963.0	5.0	15.0	1963-05-15	서울특별시 용산구 삼개 **************	회사원	010*********	2020-12-17	2000000

data.head() 실행 결과 –
상위 5개 데이터 출력

이제 이 데이터를 요약해서 막대차트를 그려보겠습니다. 데이터를 요약하기 위해서는 groupby 함수를 사용합니다. 칼럼명에 괄호가 있는 경우 일부 환경에서 에러가 발생하기도 합니다. 그래서 기부금액(원)에서 '(원)'을 빼주는 코드를 먼저 실행합니다.

```
# '기부금액(원)'에서 '(원)'을 빼주는 코드
# groupby 함수 실행할 때 에러가 없도록
data.columns = data.columns.str.replace('\(원\)', '')
```

소속정당을 기준으로 기부금액 총합sum을 계산해보겠습니다.

```
data_bar = data.groupby('소속정당').sum()['기부금액'].reset_index()
```

위 코드가 최종 코드입니다. 한 단계씩 살펴봅시다.

```
data_bar = data.groupby('소속정당').sum()
```

이 부분은 data를 '소속정당' 기준으로 묶어서groupby 총합sum을 구합니다.

	no	선거명	생년	생월	생일	기부금액
소속정당						
국민의당	37577	0.0	21592.0	65.0	193.0	44200000
국민의힘	2689858	0.0	2383378.0	7458.0	18667.0	4471676809
기본소득당	4065	0.0	1968.0	10.0	22.0	5000000
더불어민주당	6095142	0.0	5402738.0	17720.0	41527.0	10236420002
무소속	595877	0.0	357130.0	1141.0	3164.0	534067989
미래통합당	433605	0.0	453200.0	1441.0	3641.0	1032592999
시대전환	12354	0.0	5894.0	22.0	52.0	10000000
열린민주당	12206	0.0	5877.0	29.0	36.0	15000000
정의당	22791	0.0	19659.0	61.0	146.0	63000000

data_bar 출력값

이 중에서 '기부금액' 열만 남겨봅시다. 데이터프레임에서 특정 열을 선택할 때는 대괄호 안에 칼럼명을 따옴표로 감싸서 입력합니다.

```
data_bar = data.groupby('소속정당').sum()['기부금액']
```

'소속정당' 데이터가 인덱스에 들어가있습니다. 인덱스를 0, 1, 2, 3 등의 숫자로 설정하고 소속정당은 데이터 칼럼에 들어가도록 reset_index( )를 적용하는 코드는 아래와 같습니다.

```
data_bar = data.groupby('소속정당').sum()['기부금
액'].reset_index()
```

data_bar 를 실행하면 차트에 필요한 데이터만 출력합니다. 이제 차트를 그리기 위해 필요한 데이터가 data_bar 에 들어갔습니다.

	소속정당	기부금액
0	국민의당	44200000
1	국민의힘	4471676809
2	기본소득당	5000000
3	더불어민주당	10236420002
4	무소속	534067989
5	미래통합당	1032592999
6	시대전환	10000000
7	열린민주당	15000000
8	정의당	63000000

소속정당, 기부금액 열만
선택된 data_bar 출력값

본격적으로 차트를 그려봅시다. 위 데이터를 보면 0부터 9까지 숫자가 있습니다. 숫자가 데이터의 각 순서를 지정해줍니다. 차트를 그릴 때도 이런 순서가 필요합니다. 0번째 데이터는 소속정당이 국민의당이고 기부금액은 4,420,000원이라고 컴퓨터에 알려주는 거죠. 0부터 8까지의 배열을 numpy 라이브러리 arange 함수를 이용해서 만들겠습니다. arange 함수에 데이터의 길이를 입력합니다. 데이터 길이는 len 함수로 계산합니다.

```
#데이터 매칭을 위한 배열 생성
y_pos = np.arange(len(data_bar))
```

수평막대차트를 그리는 코드를 살펴보겠습니다. 수직막대차트를 그리는 함수는 pyplot의 bar이고 수평막대차트를 그리는 함수는 barh입니다.

```
# 수평막대차트 그리기
plt.barh(y_pos, data_bar['기부금액'] )
plt.yticks( y_pos, data_bar['소속정당'] )

# 그래프 보여주기
plt.show()
```

data_bar의 기부금액 값으로 막대차트를 그립니다. yticks 함수는 y축의 눈금을 설정합니다. 소속정당명은 y축 눈금이 됩니다. plt.show()를 실행하면 차트를 확인할 수 있습니다.

```
/usr/local/lib/python3.7/dist-packages/matplotlib/backends/backend_agg.py:183: RuntimeWarning: Glyph 53685 missing from current font.
  font.set_text(s, 0, flags=flags)
/usr/local/lib/python3.7/dist-packages/matplotlib/backends/backend_agg.py:183: RuntimeWarning: Glyph 54633 missing from current font.
  font.set_text(s, 0, flags=flags)
/usr/local/lib/python3.7/dist-packages/matplotlib/backends/backend_agg.py:183: RuntimeWarning: Glyph 49884 missing from current font.
  font.set_text(s, 0, flags=flags)
/usr/local/lib/python3.7/dist-packages/matplotlib/backends/backend_agg.py:183: RuntimeWarning: Glyph 45824 missing from current font.
  font.set_text(s, 0, flags=flags)
/usr/local/lib/python3.7/dist-packages/matplotlib/backends/backend_agg.py:183: RuntimeWarning: Glyph 51204 missing from current font.
  font.set_text(s, 0, flags=flags)
/usr/local/lib/python3.7/dist-packages/matplotlib/backends/backend_agg.py:183: RuntimeWarning: Glyph 54872 missing from current font.
  font.set_text(s, 0, flags=flags)
/usr/local/lib/python3.7/dist-packages/matplotlib/backends/backend_agg.py:183: RuntimeWarning: Glyph 50676 missing from current font.
  font.set_text(s, 0, flags=flags)
/usr/local/lib/python3.7/dist-packages/matplotlib/backends/backend_agg.py:183: RuntimeWarning: Glyph 47536 missing from current font.
  font.set_text(s, 0, flags=flags)
/usr/local/lib/python3.7/dist-packages/matplotlib/backends/backend_agg.py:183: RuntimeWarning: Glyph 51221 missing from current font.
  font.set_text(s, 0, flags=flags)
```

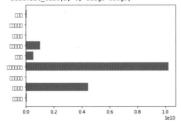

plt.show( ) 출력값: 경고 메시지가 출력됨.

실행하면 위와 같이 경고 메시지가 출력되고 글자가 사각형으로 나타납니다. 글꼴 문제로 한글이 출력되지 않은 겁니다. 이럴 땐 한글 폰트를 설치하거나 한글을 영문으로 바꿔서 문제를 해결합니다. 한글 폰트를 설치하면 가장 좋지만 시간이 너무 오래 걸릴 수 있어서 여기서는 생략하겠습니다. 대신 정당 이름을 영어로 바꿔서 실습을 마무리하겠습니다. '국민의당'과 '국민의힘' 영문명이 각각 'people party', 'people power party'라서 조금 헷갈리기는 하네요. 한글 폰트 설치 코드는 교재 뒷부분에 있습니다.

정당명을 영어로 바꾸는 코드

```python
# 정당명을 영어로 바꾸는 코드
data_bar['소속정당'] = data_bar['소속정당'].replace(['국민의힘'],'people_power_party')
data_bar['소속정당'] = data_bar['소속정당'].replace(['국민의당'],'people_party')
data_bar['소속정당'] = data_bar['소속정당'].replace(['더불어민주당'],'the_minjoo')
data_bar['소속정당'] = data_bar['소속정당'].replace(['정의당'],'justice_party')
data_bar['소속정당'] = data_bar['소속정당'].replace(['미래통합당'],'united_future_party')
data_bar['소속정당'] = data_bar['소속정당'].replace(['열린민주당'],'open_democratic_party')
data_bar['소속정당'] = data_bar['소속정당'].replace(['시대전환'],'transition_korea')
data_bar['소속정당'] = data_bar['소속정당'].replace(['기본소득당'],'basic_income_party')
data_bar['소속정당'] = data_bar['소속정당'].replace(['무소속'],'independent')
```

replace는 문자열을 바꿀 때 사용하는 메소드method입니다. 첫 번째 줄은 '국민의힘'을 'people_power_party'로 바꾸는 코드입니다. 정당 이름마다 코드를 한 줄씩 써서 이름을 바꿨습니다.

정당명을 모두 영문으로 바꾸고 차트 그리는 코드를 다시 실행합니다.

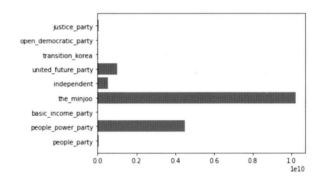

정당명을 영어로 변경한 후
plt.show() 출력값

마지막으로 가장 큰 값부터 위에서 아래로 배치되도록 막대를 정렬해보겠습니다. data_bar를 정렬하면 막대 순서를 수정할 수 있습니다. 데이터를 오름차순 또는 내림차순으로 정렬할 때 sort_values() 메소드를 사용합니다. 정렬 기준은 by에 입력합니다. ascending은 오름차순을 뜻하는 표현으로 ascending=True면 오름차순, ascending=False면 내림차순으로 정렬합니다.

```
data_bar = data_bar.sort_values(by='기부금액',
ascending=True)
```

데이터를 정렬하는 코드를 실행하고 나서 차트를 그리는 코드를 실행하면 아래와 같이 막대가 정렬된 차트가 만들어집니다.

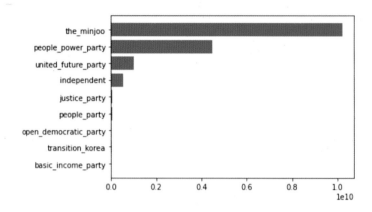

기부금이 많은 순으로
내림차순 정렬한
막대그래프

matplotlib은 차트의 스타일[12]도 제공합니다.

```
plt.style.use('fivethirtyeight')
```

pyplot의 style.use함수에 원하는 스타일 하나를 입력합니다.
실습에서는 『fivethirtyeight』에서 제작한 테마로 설정했습니다.
『fivethirtyeight』[13]은 데이터저널리즘에 특화한 언론사 중 하나
입니다.

fivethirtyeight 스타일을
적용한 막대그래프

```
#스타일 추가
plt.style.use('fivethirtyeight')

# 그래프 스타일 템플릿 사용하기 style use
## https://matplotlib.org/3.1.1/gallery/style_sheets/style_sheets_reference.html

plt.barh(y_pos, data_bar['기부금액'])
plt.yticks(y_pos, data_bar['소속정당'])

plt.show()
```

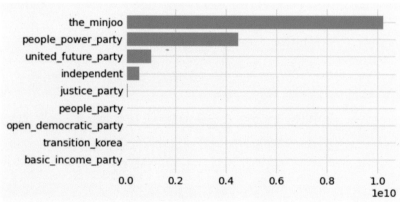

folium을 이용한 지도 시각화 제작

구글 맵을 이용해서 만든 지도 시각화를 파이썬을 이용해서 만들어봅시다. folium[14] 라이브러리를 활용합니다. '시각화실습2' Colaboratory 파일을 열고 사본을 만들어주세요.

'시각화실습2' 코랩 파일 링크
: https://bit.ly/3MkD9KX

이번 실습에서 필요한 folium과 pandas를 불러오겠습니다. pandas는 pd로 줄여 쓰기 위해 'as pd'를 붙여서 import 하겠습니다.

```
import folium
import pandas as pd
```

우선 빈 지도를 생성합니다. 구글 맵에서는 빈 지도를 생성하면 한반도가 적당한 크기로 중심에 있었습니다. 하지만 folium에서는 첫 화면 중심 위치뿐만 아니라 지도를 얼마나 확대할지도 직접 설정해야 합니다. 『뉴스타파함께센터』를 중심으로 설정합니다. 그러려면 뉴스타파함께센터 위경도 좌표가 필요합니다. 이전 매핑 실습에서는 스프레드시트 부가기능을 활용해서 위경도 값을 구했습니다. 구하려는 위경도 좌표가 적을 때는 검색으로도 충분히 찾을 수 있습니다.

구글 '뉴스타파함께센터' 검색 결과

구글에 '뉴스타파함께센터'를 검색하고, '지도' 탭을 클릭합니다.

빨간 마커가 뉴스타파함께센터에 찍혀있습니다. 마커를 우클릭하면 위경도 좌표가 나타납니다. 이 좌표를 클릭하면 위경도 값이 복사됩니다. 이 값을 Map 메소드에 입력합니다. 만약 위경도 값이 보이지 않는다면 '주변검색'을 클릭해서 지도에 나타나는 위경도 값을 코드에 입력합니다.

뉴스타파함께센터 구글 맵
위경도

```
#마커 하나 추가하기

folium.Marker(

        location = [37.56087212868964, 126.99574479951808],

        popup = '뉴스타파함께센터',

    ).add_to(map1)
```

```
#지도 불러오기

map1
```

복사한 위경도 값을 location에 입력합니다. 대괄호로 묶어서 적어줍니다. popup은 마커를 클릭했을 때 뜨는 문구를 설정합니다. 일단 '뉴스타파함께센터'로 적겠습니다. 만든 마커를 지도에 넣어야 합니다. 마커 메소드에 .add_to(지도)를 붙여줍니다.

map1에 마커가 잘 찍혔는지 확인해보겠습니다. map1을 실행하면 지도를 확인할 수 있습니다.

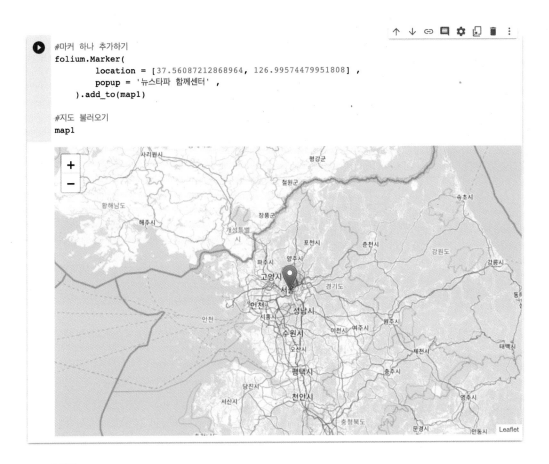

map1 출력값

구글 맵을 이용한 매핑 실습에서 했듯이 100개 이상의 토지 데이터를 지도에 매핑해봅시다. 먼저 데이터프레임을 불러오겠습니다. 구글 지도 매핑 때 사용했던 지오코딩까지 완료한 공직자 재산공개 데이터를 엽니다. 상단의 '파일' 탭에서 '웹에 게시'를 클릭합니다. 화면 가운데에 창이 뜨면 '시트1'과 '쉼표로 구분된 값(.csv)'을 클릭하고 '게시' 버튼을 클릭합니다. 그러면 링크가 하나 생성됩니다. 이 링크로 스프레드시트를 csv형식으로 불러올 수 있습니다. Ctrl+C(윈도우) 또는 Command+C(맥)를 눌러서 링크를 복사합니다.

```
# 데이터 불러오기
data = pd.read_csv("[웹에 게시]로 생성한 링크")
```

307

 # 상위 5개 데이터 확인

data.head()

복사한 링크를 read_csv에 넣습니다. 쌍따옴표로 링크를 감싸서 넣어야 합니다. 스프레드시트에 있던 데이터가 코랩의 data로 들어옵니다. data에 지오코딩 데이터가 잘 들어왔는지 확인해볼까요? data.head()를 실행하면 상위 5개의 데이터를 확인할 수 있습니다.

```
# 상위 5개 데이터 확인
data.head()
```

	no	연도	관할기관	이름	소속	직위	본인과의 관계	재산 대분류	재산의 종류	소재지 면적 등 권리의 명세	종전가액	증가액	증가 실거래액	감소액	감소 실거래액	현재가액	현재 가실 거래액	변동사유	주소	Latitude	Longitude
0	37864	2021	국회공직자윤리위원회	김경만	국회	국회의원	배우자	토지	임야	경기도 남양주시 화도읍 가곡리 산 55-43번지 1,169.00 ㎡	49799	0	NaN	0	NaN	49799	NaN	변동 없음	경기도 남양주시 화도읍 가곡리 산 55-43번지	37.692367	127.302111
1	37865	2021	국회공직자윤리위원회	김경만	국회	국회의원	배우자	토지	임야	경기도 남양주시 화도읍 가곡리 산 55-70번지 1,075.00 ㎡	45795	0	NaN	0	NaN	45795	NaN	변동 없음	경기도 남양주시 화도읍 가곡리 산 55-70번지	37.692378	127.302622
2	37866	2021	국회공직자윤리위원회	김경만	국회	국회의원	배우자	토지	임야	경기도 시흥시 장현동 산 20번지 7,402.00㎡ 중 66.00 ㎡(지분면적 76...	5581	20419	NaN	0	NaN	26000	NaN	면적 및 가액 수정	경기도 시흥시 장현동 산 20번지	37.378831	126.795759
3	37867	2021	국회공직자윤리위원회	김경만	국회	국회의원	배우자	토지	임야	경기도 시흥시 장현동 산 39-2번지 8,266.00㎡ 중 99.00㎡(지분면적 8...	6623	17977	NaN	0	NaN	24600	NaN	면적 및 가액 수정	경기도 시흥시 장현동 산 39-2번지	37.374353	126.801356
4	37887	2021	국회공직자윤리위원회	김경협	국회	국회의원	본인	토지	답	인천광역시 강화군 내가면 고천리 1339-3번지 793.00㎡	33702	1190	NaN	0	NaN	34892	NaN	가액 변동	인천광역시 강화군 내가면 고천리 1339-3번지	37.710995	126.402962

data.head( ) 출력값: 상위 5개만 표시

위경도 데이터는 Latitude와 Longitude에 들어있습니다. 데이터를 행 단위로 읽어올 때는 iloc을 사용합니다. iloc에 행번호를 입력하면 됩니다. 파이썬에서는 숫자를 0부터 셉니다. 1,2,3,4,5가 아니라 0,1,2,3,4로 세는 것이죠. 따라서 첫 번째 데이터를 불러오려면 iloc[0]을 입력해야 합니다. data.iloc[0]을 실행하고 결과를 확인해보겠습니다.

 # 데이터 프레임 행 선택

data.iloc[0]

```
no                                                     37864
연도                                                      2021
관할기관                                            국회공직자윤리위원회
이름                                                       김경만
소속                                                        국회
직위                                                      국회의원
본인과의 관계                                                  배우자
재산 대분류                                                    토지
재산의 종류                                                    임야
소재지 면적 등 권리의 명세     경기도 남양주시 화도읍 가곡리 산 55-43번지 1,169.00 ㎡
종전가액                                                     49799
증가액                                                        0
증가실거래액                                                   NaN
감소액                                                        0
감소실거래액                                                   NaN
현재가액                                                     49799
현재가실거래액                                                  NaN
변동사유                                                    변동없음
주소                              경기도 남양주시 화도읍 가곡리 산 55-43번지
Latitude                                              37.6924
Longitude                                             127.302
Name: 0, dtype: object
```

첫 번째 행 데이터가 출력되었습니다. 여기서 위도 데이터만 뽑아내겠습니다. 대괄호에 칼럼명을 입력하면 원하는 열의 데이터를 뽑아낼 수 있습니다. 위의 data.iloc[0]에 ['Latitude']를 추가하겠습니다.

실행 코드
data.iloc[0]['Latitude'] 와
출력값

```
# 데이터 프레임 행 선택
data.iloc[0]['Latitude']

37.6923674
```

위도 값인 37.6923674만 출력되었습니다. 0번째 행의 경도를 뽑아내려면 data.iloc[0]['Longitude'] 라고 입력하면 됩니다. 이렇게 행 순서를 iloc에 입력하고 열 이름을 입력하면 원하는 행과 열의 데이터를 뽑아낼 수 있습니다. 이 원리를 이용해 데이터프레임에서 필요한 값만 가져와서 지도에 마커를 찍어보겠습니다. 우선 0번째 행의 데이터로 마커를 찍어봅시다.

0번째 위도는 data.iloc[0]['Latitude'], 경도는 data.iloc[0]['Longitude']입니다. popup에는 토지 소유자 이름을 넣어주겠습니다. data에서 토지 소유자 이름은 data.iloc[0]['이름']에 들어있습니다. 이를 코드로 쓰면 아래와 같습니다.

```
# 데이터 첫번째 행으로 마커 찍기
folium.Marker(
        location = [data.iloc[0]['Latitude'], data.iloc[0]['Longitude']],
        popup = data.iloc[0]['이름'],
    ).add_to(map1)

map1
```

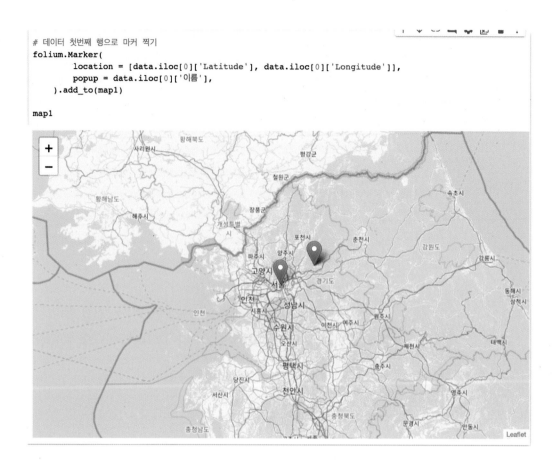

map1 출력값:
'뉴스타파함께센터'와
0번째 데이터값이 마커로
표시됨

코드를 실행하면, 뉴스타파함께센터 마커의 오른쪽에 새로운 마커가 생깁니다.

바로 다음 행에 있는 첫 번째 데이터를 마커로 찍는 코드는 이렇게 씁니다. 숫자만 바꾸면 됩니다.

```
# 데이터 두 번째 행으로 마커 찍기
folium.Marker(
        location = [data.iloc[1]['Latitude'], data.iloc[1]['Longitude']],
        popup = data.iloc[1]['이름'],
    ).add_to(map1)
```

데이터 행이 100개가 넘을 텐데, 이렇게 마커를 만드는 코드를 100번 넘게 적고 숫자도 100번 바꿔줘야 할까요? 데이터 행 개수를 확인해보겠습니다. 데이터프레임 길이는 len 함수로 확인합니다.

실행코드 len(data) 와
출력값

```
len(data)

164
```

총 164개네요. 마커를 만드는 코드를 164번 쓰고 숫자만 바꿔주는 것은 너무 비효율적입니다. 프로그래밍에서는 반복적인 일을 반복문을 써서 해결합니다. 우선 코드를 보겠습니다. 새로운 지도를 만들고 반복문으로 마커 164개 만드는 코드입니다.

```python
# 새로운 지도
map2 = folium.Map(location = [37.5655723,126.9774113], zoom_start=8)

for i in range(0, len(data)) :
    folium.Marker(
        location = [data.iloc[i]['Latitude'], data.iloc[i]['Longitude']],
        popup = data.iloc[i]['이름'],
    ).add_to(map2)
```

Marker 메소드를 살펴볼게요. 숫자가 들어갔던 부분에 i라고 적혀있습니다. i는 변하는 값입니다. for i in range(0, len(data)): 라는 부분을 살펴보겠습니다. range 함수는 0부터 len(data)까지 숫자를 순서대로 만들어줍니다. i에는 그 숫자들이 차례로 하나씩 들어옵니다.

i = 0 일 때 0번째 마커가 만들어지고 i = 1 일 땐 1번째 마커가 만들어지는 방식으로 맨 마지막 마커까지 만드는 겁니다.

이 코드를 실행하면 아래와 같이 164개 마커가 찍힌 지도가 생성됩니다.

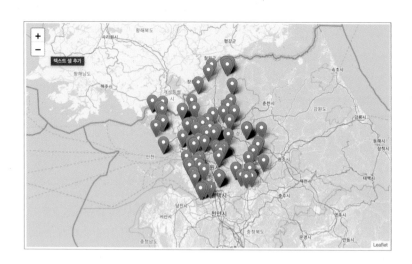

map1 출력값: 164개의
마커가 표시됨.

구글 맵에서와 같이 현재가액을 기준으로 마커 색상을 바꾸려면
어떻게 해야 할까요? folium에서도 충분히 할 수 있지만 이를 구현
하기 위해서는 조건문 개념을 학습해야 합니다. 조건문이나 반복문
은 프로그래밍에서 굉장히 중요한 개념이지만, 초심자들에겐 너무
낯설고 어렵기도 합니다. 프로그래밍을 이용한 지도 시각화를 능숙
하게 하고 싶다면 프로그래밍 개념을 더 살펴보시기 바랍니다.

folium의 다양한 기능은 아래 링크에 있습니다.

https://python-visualization.github.io/folium/

Colab에서 한글 폰트 설정하기

Colab에서 기본으로 제공하는 폰트가 한글을 지원하지 않으면 폰
트가 깨져서 (주로)사각형이 나옵니다. 아래에 간단한 해결 방법을
첨부했지만 컴퓨터 환경설정이나 Colab 환경설정이 컴퓨터마다 다
르기 때문에 도움이 되지 않을 수도 있습니다. 그럴 땐 너무 실망하
지 마시고 프로그래밍에 내공을 쌓아 다시 한글 폰트 설정에 도전해
보시기 바랍니다.

matplotlib의 font manager을 import 하고 한글을 지원하는
나눔폰트를 설치해야 합니다.

```
import matplotlib.font_manager as fm
```

```
# 나눔폰트 설치
!apt-get update -qq
!apt-get install fonts-nanum* -qq
```
시스템에 설치된 폰트를 확인하는 코드입니다.

```
# 시스템에 설치된 폰트 확인
sys_font = fm.findSystemFonts()
sys_font # 설치된 폰트들의 경로가 출력됨
```

sys_font 출력값: 경고
메시지가 출력됨.

```
['/usr/share/fonts/truetype/nanum/NanumMyeongjoEcoExtraBold.ttf',
 '/usr/share/fonts/truetype/liberation/LiberationMono-Regular.ttf',
 '/usr/share/fonts/truetype/nanum/NanumSquareRoundB.ttf',
 '/usr/share/fonts/truetype/liberation/LiberationSerif-Italic.ttf',
 '/usr/share/fonts/truetype/nanum/NanumMyeongjoEco.ttf',
 '/usr/share/fonts/truetype/humor-sans/Humor-Sans.ttf',
 '/usr/share/fonts/truetype/nanum/NanumGothicCoding.ttf',
 '/usr/share/fonts/truetype/liberation/LiberationSerif-Bold.ttf',
 '/usr/share/fonts/truetype/nanum/NanumGothicEcoBold.ttf',
 '/usr/share/fonts/truetype/nanum/NanumBarunGothicBold.ttf',
 '/usr/share/fonts/truetype/nanum/NanumGothicEcoExtraBold.ttf',
 '/usr/share/fonts/truetype/nanum/NanumGothic.ttf',
 '/usr/share/fonts/truetype/nanum/NanumGothicEco.ttf',
 '/usr/share/fonts/truetype/nanum/NanumGothicLight.ttf',
 '/usr/share/fonts/truetype/nanum/NanumSquareL.ttf',
 '/usr/share/fonts/truetype/liberation/LiberationSans-Regular.ttf',
 '/usr/share/fonts/truetype/liberation/LiberationSans-BoldItalic.ttf',
 '/usr/share/fonts/truetype/liberation/LiberationMono-BoldItalic.ttf',
 '/usr/share/fonts/truetype/nanum/NanumGothicExtraBold.ttf',
 '/usr/share/fonts/truetype/nanum/NanumSquareR.ttf',
 '/usr/share/fonts/truetype/nanum/NanumMyeongjoBold.ttf',
 '/usr/share/fonts/truetype/nanum/NanumPen.ttf',
 '/usr/share/fonts/truetype/nanum/NanumBrush.ttf',
 '/usr/share/fonts/truetype/liberation/LiberationSansNarrow-BoldItalic.ttf',
 '/usr/share/fonts/truetype/nanum/NanumSquareRoundL.ttf',
 '/usr/share/fonts/truetype/nanum/NanumGothicCoding-Bold.ttf',
 '/usr/share/fonts/truetype/nanum/NanumSquareB.ttf',
 '/usr/share/fonts/truetype/nanum/NanumGothicBold.ttf',
```

위와 같은 결과가 나올 겁니다. 폰트가 저장된 위치를 정확하게 알려줍니다. 가장 오른쪽 부분을 보면 폰트 이름이 '폰트명.ttf'와 같은 형식으로 적혀있습니다. 나눔고딕으로 폰트를 설정해보겠습니다. 설치된 폰트에 나눔고딕이 없다면 출력된 폰트 경로 중에서 나눔폰트 경로를 복사합니다.

```
# 나눔폰트 중 하나의 경로를 복사해서 아래 path에 붙
여넣기
path = '/usr/share/fonts/truetype/nanum/NanumGothic.
```

```
ttf'
```
 # NanumGothic.ttf 파일이 없다면 다른 폰트 파일의 경로를 복사해주세요.
```
font_name = fm.FontProperties(fname=path, size=10).
get_name()
print(font_name)

%config InlineBackend.figure_format = 'retina'

fm._rebuild()
plt.rc('font', family=font_name) #위의 경로로 지정한
폰트로 설정
```

이 코드를 다 실행하고도 차트에 한글이 나오지 않는다면, 코랩 상단의 '런타임' 탭에서 '런타임 초기화'를 클릭하고 처음부터 코드를 다시 실행합니다. 그래도 폰트가 설치되지 않을 수도 있습니다. 구글이나 유튜브에 'colab matplotlib 한글'을 검색해서 다른 사람들이 문제를 해결한 방법을 참고해보시기 바랍니다.

미주

LESSON 1

1 Brant Houston, 'Computer-Assisted Reporting-A Practical Guide' 3th Edition, 2003

2 https://wikileaks.org/

3 Leigh, David; Harding, Luke. <WikiLeaks: Inside Julian Assange's War on Secrecy> . PublicAffairs, 2011

4 https://en.wikipedia.org/wiki/David_Leigh_(journalist)

5 김용진, 『그들은 아는 우리만 모르는』, 2012, 개마고원

6 http://newstapa.org/article/jCN-6

7 http://newstapa.org/article/4GpnK

8 https://www.poynter.org/reporting-editing/2014/today-in-media-history-in-1952-a-univac-computer-helped-cbs-news-predict-the-winner-of-the-presidential-election/

9 https://smart.science.go.kr/scienceSubject/computer/view.action?menuCd=DOM_000000101001007000&subject_sid=246

10 James L. Aucoin, The Evolution of American Investigative Journalism, University of Missouri, 2007

11 James L. Aucoin, The Evolution of American Investigative Journalism, University of Missouri, 2007

12 Anderson, C.W.. Apostles of Certainty, Oxford University Press. 2018

13 '언론재단, 컴퓨터 활용보도 맞춤 연수', 미디어오늘, 2001년 5월 24일 http://www.mediatoday.co.kr/news/articleView.html?idxno=13830

14 「정권 따라 검찰 요직 춤췄다」, 동아일보, 2000년 12월 14일 https://www.donga.com/news/article/all/20001214/7622163/1

15 「KBS 탐사보도팀의 '스포트라이트'는 꺼지지 않는다!」, PD저널, 2008년 5월 21일 http://www.pdjournal.com/news/articleView.html?idxno=15851

16 https://www.hankookilbo.com/Collect/2284

17 https://interactive.hankookilbo.com/v/farmmap/

18 https://news.kbs.co.kr/news/view.do?ncd=786645

19 https://www.youtube.com/watch?v=rTrJD8yiEWQ&list=PLF38DEA3F657790C5&index=1

20 https://www.hani.co.kr/arti/SERIES/1208/home01.html

21 https://www.seoul.co.kr/news/newsView.php?id=20200107001011

22 https://www.hankookilbo.com/News/Read/201904181641056941

23 https://datajournalism.com/read/handbook/one

24 https://datajournalism.com/read/handbook/two

25 https://datajournalismhandbook.org/handbook/one/introduction/what-is-data-journalism

26 https://www.theguardian.com/news/datablog/2011/jul/28/data-journalism

27 https://youtu.be/nkqQqQn9SvQ?t=607

28 http://www.journalist.or.kr/news/article.html?no=50649

29 https://newstapa.org/tags/불법대선개입

30   https://newstapa.org/tags/가짜학회

31   https://data.newstapa.org/datasets/가짜학회-WASET-한국-관련-데이터

32   https://newstapa.org/tags/세금도둑추적2020

33   https://moneytrail.newstapa.org/

34   https://open.assembly.go.kr

35   https://www.pulitzer.org/winners/miami-herald

36   https://publicintegrity.org/

37   https://www.youtube.com/embed/-1qBrwtPvuY?start=468

38   https://colab.research.google.com/notebooks/intro.ipynb?hl=ko#scrollTo=5fCEDCU_qrC0

39   https://parkpictures.tistory.com/351

LESSON 2

1   https://newstapa.org/tags/스티비상

2   https://www.google.co.kr/advanced_search

3   https://help.naver.com/support/contents/contents.help?serviceNo=606&categoryNo=25788

4   https://www.google.com/intl/ko/search/howsearchworks/algorithms/

5   https://ko.wikipedia.org/wiki/필터_버블

6   http://books.google.com/

7   https://newstapa.org/article/mkdVF

8   http://dna.naver.com/search/searchByDate.nhn

9   https://newstapa.org/article/3tBZA

10   https://newstapa.org/article/nkQMS

11   https://gwanbo.go.kr/main.do

12   http://www.nsdi.go.kr/lxportal/?menuno=4074

13   http://dart.fss.or.kr/

14   https://newstapa.org/article/FUZII

15   https://www.alio.go.kr/home.do

16   https://newstapa.org/article/uLXu9

17   https://www.prism.go.kr/homepage/

18   https://newstapa.org/article/gclqY

19   http://info.nec.go.kr/

20   https://newstapa.org/article/5TcoQ

21   https://newstapa.org/article/KowMe

22   https://likms.assembly.go.kr/bill/main.do

23   https://newstapa.org/article/JEnrW

24   https://newstapa.org/article/Os3Qf

25   https://newstapa.org/article/eYoMs

26   https://data.newstapa.org/

27   https://jaesan.newstapa.org/

28   http://www.index.go.kr/main.do

29   https://www.riss.kr/index.do

30   https://casenote.kr/

31   https://www.google.com/publicdata/directory

32   http://researchclinic.net/

33   https://pipl.com/product/pipl-search

34   http://graph.tips/

35   https://data.newstapa.org/kernels/7

LESSON 3

1   https://www.open.go.kr/

2   https://www.simpan.go.kr/nsph/index.do

3   https://www.simpan.go.kr/nsph/sph130.do

4   http://www.law.go.kr/lsInfoP.do?lsiSeq=195063&efYd=20170726#0000

5   http://www.opengirok.or.kr/

6   https://www.newstapa.org/article/t140Z

7   https://www.newstapa.org/article/rT3bV

8   https://www.newstapa.org/article/b9gYj

9   https://newstapa.org/tags/세금도둑추적

10   https://moneytrail.newstapa.org/

11   https://www.open.go.kr/

12   http://opengov.seoul.go.kr/sites/default/files/notice/casebook-disclosueOfInformation_2018.pdf

13   http://www.opengirok.or.kr/attachment/cfile23.uf@2639CC4D581ADE4A2D7D22.pdf

14   https://www.opengirok.or.kr/attachment/cfile22.uf@994DC1345C908E6E13173D.pdf

LESSON 4

1   https://www.google.com/intl/ko_kr/sheets/about/

2   https://support.google.com/docs/answer/3093342?hl=ko

3   https://support.google.com/docs/answer/3093342?hl=ko&ref_topic=9199554

4   https://www.assembly.go.kr/assm/memact/congressman/memCond/memCond.do

5   https://webnautes.tistory.com/779

6   https://wikidocs.net/2839

7   https://opentutorials.org/module/2980/17644

LESSON 5

1   https://pandas.pydata.org/docs/reference/api/pandas.read_excel.html

LESSON 6

1   Mirko Lorenz, 2010. 8., Status and Outlook for data-driven journalism, Data-driven
     journalism: What is there to learn?, 암스테르담 https://www.slideshare.net/mirkolorenz/
     ddjpaperfinal-100929162524phpapp01

2   https://datajournalism.com/read/handbook/one/understanding-data/data-stories

3   https://datajournalism.com/read/handbook/one/understanding-data/become-data-literate-

in-3-simple-steps

4   https://pandas.pydata.org/pandas-docs/stable/user_guide/10min.html

5   https://dataitgirls2.github.io/10minutes2pandas/

LESSON 7

1   http://www.yes24.com/Product/Viewer/Preview/11342119

2   http://www.yes24.com/Product/Viewer/Preview/12292773

LESSON 8

1   https://www.figma.com/

2   https://newstapa.org/article/KowMe

3   https://www.datawrapper.de/

4   https://rawgraphs.io/

5   https://www.tableau.com/

6   https://www.ytn.co.kr/_ln/0103_202103270529289705

7   https://www.mapbox.com/

8   https://pudding.cool/2018/06/music-map/?date=202102

9   https://www.nytimes.com/interactive/2021/upshot/2020-election-map.html

10   https://matplotlib.org/

11   https://seaborn.pydata.org/

12   https://matplotlib.org/stable/gallery/style_sheets/style_sheets_reference.html

13   https://fivethirtyeight.com/

14   http://python-visualization.github.io/folium/

◆ 미주는 깃허브에서도 링크로 제공합니다.